Joshua Fogel

·

Maiden Voyage

The *Senzaimaru*
and the Creation of Modern
Sino-Japanese Relations

University of California Press

Oakland

2014

Джошуа Фогель

·

Первое плавание

Путешествие «Сэндзаймару» и возникновение современных китайско-японских отношений

Academic Studies Press

Библиороссика

Бостон / Санкт-Петербург

2024

УДК 94(520)
ББК 63.3(5Япо)
Ф74

Перевод с английского Анны Слащевой

Серийное оформление и оформление обложки Ивана Граве

Фогель, Джошуа.

Ф74   Первое плавание: путешествие «Сэндзаймару» и возникновение современных китайско-японских отношений / Джошуа Фогель ; [пер. с англ. А. Слащевой]. — СПб.: Academic Studies Press / Библиороссика, 2024. — 358 с. — (Серия «Современное востоковедение» = «Contemporary Eastern Studies»).

ISBN 979-8-887199-05-4 (Academic Studies Press)
ISBN 978-5-907767-94-2 (Библиороссика)

После столетий фактической изоляции и принудительного открытия японских портов в результате экспедиции Перри сёгуны в 1862 году приняли беспрецедентное решение отправить официальную делегацию в Китай по морю. Они направили судно «Сэндзаймару» в Шанхай с целью изучить современные условия торговли и дипломатии в этом мультикультурном городе. Японцы отправились в путешествие вместе с британским экипажем и провели в Китае десять недель, общаясь с китайцами и представителями западных держав. Это был первый официальный контакт Китая и Японии за несколько веков.

УДК 94(520)
ББК 63.3(5Япо)

ISBN 979-8-887199-05-4
ISBN 978-5-907767-94-2

Посвящается Филипу Куну и Акире Ирие

Список иллюстраций

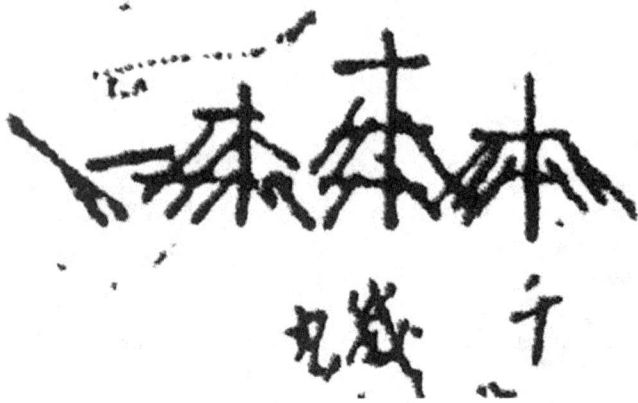

Рис. 1. Набросок «Сэндзаймару» с подписью

Введение
1862 год в истории и Шанхай в 1862 году

Главным образом речь в этой книге пойдет о 1862 годе, а также о событиях, которые предшествовали первой за почти 300 лет официальной встрече китайцев и японцев[1]. Как и все прочие годы, 1862 год походил на любой другой, и точно так же отличался от них. Сейчас наверняка более известен год 1861-й, отмеченный первой инаугурационной речью президента Авраама Линкольна (1809–1865), за которой последовали нападение южан на форт Самтер (Южная Каролина) и начало Гражданской войны. В начале марта этого же года на другом краю земного шара царь Александр II (1818–1881) освободил русских крестьян от многовековой зависимости, отменив крепостное право. В свою очередь, 1862 год стал первым полным годом Гражданской войны в Штатах. 9 марта 1862 года на Хэмптонском рейде произошло самое известное на тот период истории США морское сражение между броненосцами — «Монитором» Союза (ныне США) (спущен на воду 30 января) и «Мерримэком» Конфедератов (спущен на воду 8 марта).

Позже, 19 июня, правительство США (наконец) запретило рабство, хотя Гражданская война затянулась еще на три жутких года, продолжив нести за собой смерти и разрушения. Сражение

---

[1] В хронике «Шанхай, 1862 год» Ю Синминя из 473 страниц прибытию «Сэндзаймару» уделен ровно абзац. Очевидно, в том году произошло множество иных событий.

при Энтитеме (Мэрилэнд), 17 сентября, в котором погибли 23 тысячи человек, стало самым кровавым днем в истории США. Через пять дней, 22 сентября, Линкольн объявил, что 1 января выпустит так называемую «Прокламацию об освобождении рабов», которая отменяла рабство и объявляла свободными более трех миллионов рабов в штатах, охваченных восстанием. В этом году состоятся и другие битвы.

Чтобы профинансировать Гражданскую войну, в 1861 году правительство США ввело первый подоходный налог, а в следующем году создало Налоговое управление США. Президент Линкольн ввел бумажную валюту 25 февраля 1862 года, почти через тысячу лет после того, как она впервые появилась в Танском Китае (618–907). Бесспорно, косвенно связан с войной и факт установления первой телеграфной линии 6 ноября между Нью-Йорком и Сан-Франциско.

Многие деятели культуры появились на свет в 1862 году (например, Густав Климт, ум. 1918, Австрия), и многие умерли (например, Генри Дэвид Торо, р. 1817). 4 июля освобожденные штаты США праздновали День независимости, в тот же день Льюис Кэрролл (Чарльз Доджсон, 1832–1898) сочинил сказку, которая станет классикой — «Алиса в Стране чудес». Позднее, летом и весной того же года, произошло событие, которое, если бы было правдой, можно было бы назвать экстраординарным: Федор Достоевский (1821–1881) в ходе большого тура по Европе «взял интервью» у Чарльза Диккенса (1812–1870) — однако это оказалось лишь тщательно продуманной мистификацией [Naiman 2013: 16–21][2]. Всего за полтора года до этого Достоевский опубликовал «Записки из мертвого дома», а Диккенс в 1861 году выпустил «Большие надежды». История встречи этих гениев была слишком хороша, чтобы быть правдой.

В то же время к 1862 году в Китае уже почти десять лет бушевало восстание тайпинов, но бунтари, которые собирались свергнуть династию Цин (1644–1911), теперь лишились большей части своих военачальников и с каждым днем все больше отсту-

---

[2] Превосходный литературный детектив!

пали. После нескольких попыток осады Шанхая с его огромной иностранной общиной, предпринятых тайпинами в первой половине 1862 года, войска Цин с помощью американского моряка, солдата и авантюриста Фредерика Таунсенда Уорда (1831–1862) и его «Непобедимой армии» (дословно «Всегда побеждающей» армии — Ever Victorious Army) нанесли тайпинам решающее поражение в битве при Цыси, в десяти милях от Нинбо. В битве 21 сентября Уорд получил ранение, на следующий день он умер. Как мы увидим, через несколько дней после известий о событии, которому главным образом посвящена эта книга, тайпины снова предприняли попытку захватить Шанхай, и японские гости в Китае оказались близки к эпицентру событий — если не стали непосредственными их свидетелями. Вскоре, впрочем, тайпины по приказу лидера, Небесного царя Хун Сюцюаня (1814–1864), покинули город, чтобы защитить свою Небесную столицу — Нанкин.

В августе 1861 года умер император Сяньфэн (годы правления: 1851–1861), и наследником стал его пятилетний сын, император Тунчжи (годы правления: 1862–1874). Очевидно, что новый император был слишком юн, поэтому его мать, вдовствующая императрица Цыси (1835–1908), стала править государством в качестве регента вместе с ним (по совпадению королева Виктория [1819–1901] тоже овдовела в 1861 году и процарствовала еще долгое время). Первое китайское министерство иностранных дел Цзунли ямэнь возникло в марте 1861 года, и с течением времени становилось все более значимым учреждением; именно оно несло ответственность за японцев, которые в 1862 году без предупреждения появились в Шанхае. В том же 1862 году началась знаменитая Реставрация Тунчжи [Wright 1966].

Среди постыдных событий, характеризующих 1862 год, можно упомянуть первую попытку пиратского захвата парохода «Айрон принс». Конечно, о пиратах слышали и раньше, поскольку они на протяжении многих столетий действовали на берегах Китая, однако они всегда были ограничены в технологичном аспекте и, как следствие, могли нападать и захватывать только парусные суда. Таким образом, 1862 год знаменует собой начало новой эпохи пиратства, которая рушила наивные представления о том, что скорость, обеспечиваемая паром, сделает корабли неуязвимыми для разбоя.

В Японии в 1862 году уже начался период *бакумацу*; тогда никто и предположить не мог, что правительство Токугава сойдет с исторической сцены еще до окончания десятилетия. Первая дипломатическая миссия на Запад состоялась в 1860 году, когда большая группа японцев отправилась в США на борту судна «Канринмару», чтобы ратифицировать Канагавский договор («Японо-американский мирный договор»), навязанный Японии Таунсендом Харрисом (1804–1878). Как утверждалось, они сами управляли судном голландской постройки, хотя на корабле присутствовал военно-морской офицер Джон Мерсер Брук (1826–1906) и их сопровождал американский эсминец «Поухатан». На дипломатическом фронте начало 1862 года ознаменовалось успехом: 21 января из Синагавы было отправлено первое японское посольство в Европу.

Тем не менее за последние 15 лет сёгуната случилось множество убийств реформаторов, их сторонников или высокопоставленных самураев, и практически любой наделенный властью человек, готовый уступить западным державам или посмевший прекословить императорской власти, в то время рисковал своей жизнью. Британский коммерсант Чарльз Леннокс Ричардсон (1834–1862) следуя с коммерческой базы в Шанхае домой, в Лондон, остановился по пути в Иокогаме. 14 сентября во время обзорной экскурсии он был убит вместе с тремя британцами членом свиты даймё из княжества Сацума за то, что не уступил дорогу. Несмотря на действие принципа экстерриториальности по отношению к Ричардсону, его поведение было воспринято как неуважительное и стало причиной убийства недалеко от деревни Намамуги, ныне — Иокогама. Этот инцидент имел серьезные дипломатические и военные последствия для Японии[3].

Как уже отмечалось, 1862 год отличался от всех остальных годов, несмотря на то что во многих других отношениях был очень похож на них. В октябре 1862 года система принудительных ко-

---

[3] См. [Satow 2006 (1921)].

мандировок для даймё (*санкин котай*), которая являлась определяющей частью политического устройства Токугавы, прекратила свое существование; это вместе с открытием портов для иностранных судов несколькими годами ранее служило предвестием надвигающегося падения режима Токугава в том виде, в котором он сформировался в XVII веке. Тем не менее многие правительства по ходу истории и/или в результате институциональных реформ превращались в нечто неузнаваемое для своих основателей. Другими словами, режиму Токугава в любом случае оставалось недолго, хотя в 1862 году это было не так уж очевидно и уж точно никто не мог этого предугадать. То, что династия Цин продержалась еще ровно полвека, пережив восстание тайпинов, действительно было чудом, однако и она была свергнута революцией, когда были запущены процессы коренного реформирования.

Важно не преувеличить и не преуменьшить значение рейса «Сэндзаймару» в Шанхай. Китайцы и японцы встречались на протяжении предыдущих трех столетий. Их взаимодействия главным образом происходили в результате рейсов китайских торговых судов в единственный открытый для них порт Нагасаки и были опосредованы жесткой системой, но уже теперь ясно, что образ Японии как «закрытой страны» в эпоху Токугава сильно преувеличен. Многие китайские деятели искусства, художники, врачи и другие специалисты плавали на этих торговых судах и на какое-то время оставались в Нагасаки, где часто встречались со своими японскими коллегами[4]. Также относитель-

---

[4] См. [Ōba 2012; Toby 1984; Jansen 1992; Fogel 2009]. Через несколько лет известный китайский чиновник Ли Хунчжан (1823–1901), в свою бытность генерал-губернатором Чжили, напишет о нормализации торговли между Китаем и Японией следующее: «Мы часто торговали [с Японией] с годов Шуньчжи [1644–1661] до Цзя[цин, 1796–1820] и Дао[гуан, 1820–1850]. Официальные торговые корабли из Чжэцзяна и Цзянсу каждый год отправлялись в Японию и продавали меди на несколько миллионов катти (мера веса в Китае, примерно 604 грамма. — *Прим. пер.*)». См. [Chouban yiwu shimo 1995–1999, 79: 47]. За 20 лет до этого китайский торговец Чень Цзижень описал сцены коммерческой торговли между китайцами и японцами в Нагасаки (1851–1852) в рукописи «Fengli chuan riji beicha» (*Фэнли чуань жицзи бэйча*) [Chen J.].

но небольшое количество японцев непреднамеренно оказывались в Китае, когда их рыболовецкие суда сбивались с курса или терпели кораблекрушение. Многие японцы погибали в море, и лишь единицы возвращались на родину. Кроме того, в период действия запрета на путешествия в Китай приезжали небольшие, но значимые группы дзенских монахов.

Однако встреча, которая состоялась в 1862 году, была официальной, чем и отличалась от остальных. Японцы, бывшие членами команды на борту «Сэндзаймару», представляли собой занимательную группу, состоящую из очень непохожих, а иногда и абсолютно противоположных друг другу людей; вместе с ними на борту находились и чиновники сёгуната, которым было поручено встретиться с китайскими коллегами и оценить возможности для будущих коммерческих и, возможно, дипломатических связей. Хотя «Сэндзаймару» был загружен товарами, он не пользовался большим коммерческим успехом в Шанхае: на дипломатическом фронте дела шли гораздо лучше. А последнее и было его главной миссией. Правительство Цин хотело ограничить дипломатические отношения и отказало Японии в просьбе открыть консульство в Шанхае, тем не менее встреча в 1862 году стала первым шагом в процессе, который привел не только к первому современному договору между странами — Японско-цинскому соглашению о дружбе 1871 года, — но и к первому полноценному и равному договору в системе международного права Восточной Азии. А после него в конечном счете появилось и консульство.

Мы начнем издалека, изучим предысторию «Сэндзаймару», судна, которое доставило японцев в Шанхай. В начале 1860-х годов у японцев не было океанских судов — более того, они в них и не нуждались. Откуда же взялся этот корабль?

Затем мы перейдем к рассмотрению планирования, предпринятого бакуфу (правительством сёгуната) и местными чиновниками в Нагасаки (и, в меньшей степени, Хакодате), и обсудим, кем были эти японцы на борту и почему они получили такие привилегии. Мы также опишем их опасное путешествие в Шанхай поздней весной 1862 года.

Оказавшись в Шанхае, ведущие японские игроки разошлись поодиночке, но в основном небольшими группами по городу, чтобы изучить его, каждый по-своему. Чиновники сёгуната провели несколько встреч с местным окружным интендантом и посредником, голландским коммерсантом и дипломатом по имени Теодор Крус (1822–1889). Другие искали как можно больше информации о восстании тайпинов, в то время как третьи (которые совершали покупки) оценивали рыночные возможности, которые Шанхай, да и Китай в целом могли предоставить Японии. От тех, кто оставил рассказы, мы знаем о многочисленных «беседах» (при помощи кисти, о чем мы расскажем чуть позже), проведенных с китайцами в попытках получить ответы на бесчисленные вопросы.

Внимательно изучив их труды, и особенно описания их взаимодействия с китайцами, мы перейдем к выявлению проблем, которые больше всего беспокоили и занимали японцев: употребление опиума, христианство, западные державы, тайпинские повстанцы и другие насущные проблемы. Но во всех случаях куда больше они интересовались будущим Японии, которое находили в отражении Китая. Все беды, свидетелями которых японцы были в Китае, стали для них наглядными и негативными уроками.

И первый вопрос, который не имеет однозначного ответа и которым мы должны задаться с самого начала, хотя разрешить его отнюдь не просто, заключается в том, кем они себя считали. Считали ли они себя представителями княжеств? Или гражданами Японии? В некоторых, четко разграниченных случаях они действовали в первую очередь от имени княжеств, и особой любви на борту «Сэндзаймару» между этими представителями и чиновниками сёгуната, которые представляли бакуфу, замечено не было. Однако можно найти и обратные примеры, особенно когда они порицали очевидные слабости Китая и его раболепие перед западными странами и называли себя «японцами», противопоставляя таким образом себя хозяевам. После смерти трех членов экипажа в Шанхае несколько авторов рассказов о путешествиях озадаченно писали, что не знали, как относиться к смерти «вдали от дома», — проблема, которая не стояла перед многими поколениями японцев. Тела невозможно было перевезти на родину. Их кремировали и похоронили вдали от родных и предков. Трудно понять, какой смысл они вкладывали в понятие «Япония», но, возможно, для них она была культурным образованием и организацией с историей, а не современным национальным государством с современной армией, централизованным правительством и единой системой образования, до которого было (пока) еще далеко[5].

Проблемы, с которыми, по их мнению, столкнулся Китай, и неэффективные меры реагирования на них не вынуждали японцев — по крайней мере, тех, кто писал о поездке, — принижать или подвергать сомнению целостность китайского народа или культуры. Возможно, они ненавидели династию Цин или жалели китайцев, и безусловно, были не согласны со многими мерами, принятыми китайскими властями, но нет абсолютно никаких доказательств того, что это путешествие знаменует начало очернения Китая и китайцев. Критику Китая и его жителей японцами более уместным будет сравнить с речами молодой, здоровой сестры, которая хотела бы увидеть, как старший брат восстановит свои силы и былую доблесть.

Окружной интендант (даотай) Шанхая ясно дал понять, что «Сэндзаймару» получит разрешение на остановку в Шанхае только на необходимое для разгрузки время, а затем должен будет отправиться обратно в Японию, а также взял с японцев обещание не предпринимать «опрометчиво» еще одну попытку захода в китайские порты без спроса. Тем не менее, когда японцы зашли в Китай, им уже нельзя было отказать в последующем входе. Они вернулись менее чем через два года, и позднее мы рассмотрим эту миссию, «Кэндзюммару», предпринятую в конце зимы 1864 года, а также другие ранние контакты. К концу десятилетия почва для установления полноценных дипломатических отношений уже была подготовлена — японцам потребовалось на это менее десяти лет. Здесь наше повествование будет окончено.

---

[5] Об этом пишем в [Fogel 2005a: 3–5].

Начало изучения путешествия «Сэндзаймару» было положено новаторскими трудами Окиты Хадзимэ (1905–1985). Будучи студентом Императорского университета Киото в 1920-х годах, Окита специализировался на английской и американской литературе, особенно на романах Генри Джеймса (1843–1916), чей напыщенный стиль, по-видимому, не стал препятствием для Окиты — позже он переведет два произведения этого англо-американского автора и напишет о них два исследования [Okita 1955; Okita 1956; Okita 1965]. В январе 1933 года он устроился преподавателем английского языка в Японскую женскую старшую школу в Шанхае, основанную в 1920 году Ассоциацией японских резидентов в Шанхае (*Нихон кёрю: миндан*), известной как JRA[6]. В феврале 1942 года Окита перешел в Шанхайскую женскую старшую коммерческую школу, также основанную JRA (в 1940 году) [Chen Z. 2007: 133–138; Chen Z.].

По мере упрочения своей репутации в японской общине Шанхая Окита все больше озадачивался необъяснимым отсутствием интереса у соотечественников к истории их собственной общины и явной неактуальностью последней в их повседневной жизни — как если бы они жили в ожидании подходящего момента, чтобы вернуться в Японию и начать нормальную жизнь там. Другие сообщества экспатов в Китае и многих других странах вели себя примерно так же (некоторые называют этот феномен сидением на чемоданах). С 1939 по 1945 год Окита написал много статей для японской прессы в Шанхае, особенно для «Тайрику симпо:» («Известия с материка»), а весной 1941 года возглавил Шанхайскую исследовательскую группу по истории и географии (*Сянхай рэкиси тири кэнкю:кай*). Хотя Окита, по-видимому, выполнял бо́льшую часть работы в группе, одним из ее руководителей был Асидзава Сюнносукэ (1907–1985). Асидзава, уроженец Шанхая, уехал учиться в Японию, но затем вернулся и прожил там много лет, управляя типографией, унаследованной от отца,

---

6   Об Ассоциации японских резидентов в Шанхае, которая занималась образованием японских детей, см., например, [Fogel 2000]. Наиболее полный источник на тему — огромный том [Shanghai kyoryū mindan sanjūgo shūnen kinen shi 1942]. Из недавнего — [Kojima 1999].

Асидзавы Тамидзи (р. 1875), который поселился в Шанхае в 1903 году. В задачи исследовательской группы Окиты входило: изучение окрестностей и мест, имеющих отношение к истории Японии, сбор документов, публикация исследований и проведение периодических встреч, семинаров и выставок; в штаб-квартире Японской молодежной ассоциации был создан отдел, где Асидзава отвечал за вопросы культуры [Nozawa 1991: 46–47; Takatsuna 1995: 25–28; Chen Z. 2002].

В начале 1940-х Окита выпустил внушительное количество высококачественных исследований. Безусловно, у него был исключительный доступ к материалам, и филологическое образование идеально подходило для рассматриваемых тем — в дополнение к высокому уровню английского, часто необходимому для понимания своеобразного стиля статей XIX века в «Норт-Чайна херальд» и «Чайниз репозитори», он одинаково хорошо владел литературным китайским и многими диалектами японского. Сначала Окита занялся изучением происхождения и истории шанхайских топонимов, а также истории изменений названий улиц, и изложил результаты исследования в небольшой книге. Этот проект вскоре увлек его, и он стал изучать историю самой японской общины Шанхая [Okita 1941]. Летом 1941 года он отправился в альма-матер в Киото, чтобы навестить выдающегося лингвиста и ученого Симмуру Идзуру (1876–1967); Окита подарил Симмуре свой труд о географических названиях, а Симмура подарил ему экземпляр собственного недавно опубликованного сборника эссе под названием «Энсэй со:ко:» («Исследования дальнего Запада»). Затем Окита отправился навестить Муто Тёдзо (1881–1942), трудившегося в Старшей коммерческой школе Нагасаки (ныне Университет Нагасаки). В 1920-е годы Муто опубликовал несколько важных исследований о первых японских поездках в Китай в 1860-х годах; он передал Оките рукописную копию дневника одного из путешественников на «Сэндзаймару», Мацудая Ханкити [Nozawa 1991: 42–43; Takatsuna 1995: 29–30; Shinmura 1935a; Matsudaya 1997 (1942)].

Первые результаты исследований его группы были собраны в «Шанхайских исследованиях» (*Сянхай кэнкю:*), альманахе, опубликованном в феврале 1942 года и задуманном как периодическое издание, однако новые выпуски этого альманаха так никогда и не вышли. В единственном выпуске было опубликовано первое комплексное исследование Окиты, а также дневник Мацудая. Издателем был знаменитый книжный магазин «Утияма», принадлежавший с 1917 года Утияме Кандзо (1885–1959), близкому другу Лу Синя (1881–1936). В качестве справочного материала Окита начал усердно перечитывать подшивку «Норт-Чайна херальд» в библиотеке Северо-Китайского отделения Королевского Азиатского общества. Когда в конце 1941 года началась война на Тихом океане, библиотека была закрыта японской армией, и Окита начал пользоваться библиотекой района Сюцзяхуэй города, находящегося тогда под японской оккупацией. Это исследование привело его к написанию небольшой книги под названием «Сянхай хо:дзин си кэнкю:» («Исследования истории японцев в Шанхае»), которая вышла тиражом всего 30 экземпляров в мае 1942 года [Okita 1942c][7].

Несмотря на то что Оките было всего 37 лет, в сентябре 1942 года он оставил преподавание и занял должность научного сотрудника в «Катю: ко:-а сирё: тё:садзё» (Исследовательский институт документов по развитию Азии в центральном Китае), который был создан японским правительством в ноябре того же года. Став штатным ученым, в декабре Окита публикует свое крупное исследование «Кодзё: си дан: Сянхай ни кансуру ситэки дзуйхицу» («Рассказы из истории Шанхая: исторические заметки о Шанхае»), и в декабре следующего года в том же издательстве выходит его книга «Нихон-то Сянхай» («Япония и Шанхай»).

Окита продолжал работать в этом исследовательском подразделении до августа 1945 года. Японская военная полиция на короткое время наняла его в качестве переводчика, возможно, подневольно, но в любом случае этот опыт не помог ему после войны. После 13 лет, прожитых в Шанхае, он вернулся в Японию в марте 1946 года. Хотя впоследствии Окита время от времени

---

[7] Рукопись датирована маем 1942 года; копия в библиотеке университета Киото.

публиковался по темам, которые так занимали его в первой половине 1940-х годов, после войны он фактически перестал этим заниматься. С этого момента он писал в основном о британской литературе и работал над несколькими учебниками по английскому языку. Его последним местом работы стал Университет Рюкоку в Киото (1976–1981) [Takatsuna 1995: 31–32, 34–36].

Окита был не первым ученым, обратившимся к истории «Сэндзаймару», но в ходе исследования связи между Японией и Шанхаем он обращался к ней множество раз, более того, его статья 1947 года из двух частей положила начало послевоенному академическому изучению этой темы [Okita 1948]. История «Сэндзаймару» обязана своей известностью в Японии во многом новаторской работе Окиты. Она рассматривалась в исторической литературе и изображалась в телевизионных сериалах (см. главу 10), хотя за пределами Японии о ней говорят мало. В последние годы интерес к этой теме начали проявлять китайские ученые[8].

Автор данного исследования сам за последние два десятилетия написал несколько статей о «Сэндзаймару», и эта книга главным образом основана на них, а также на китайской и особенно японской научной литературе, которая появилась с тех пор [Fogel 2008; Fogel 2009: 51–66; Fogel 2004; Fogel 2005b; Fogel 1996: 43–57]. Я также сделал несколько собственных открытий в процессе работы в архивах Национального морского музея (NMM) в Гринвиче, Великобритания, и общаясь с архивистами в Нидерландах. Относительно недавняя находка официальных китайских документов, составленных в ходе встреч чиновников японского сёгуната с окружным интендантом Шанхая, и их перевод на японский язык стали важным дополнением к имеющимся научным материалам. Таким образом, хотя чтение и написание статей, необходимых для завершения этой книги, заняли много времени, оно не было потрачено зря.

---

[8] См. роман в [Shiba 1971] и телесериал, показанный в 1977 году по мотивам другого романа Сибы, [Shiba 1972], в котором, впрочем, путешествие не упоминается. Недавнее отличное китайское исследование на тему — [Feng 2001].

Выражаю благодарность всем людям в Нидерландах, которые ответили на мои электронные сообщения и письма, и особенно Герману Мусхарту за предоставленные письма (и их переводы), использованные мной в главе 1, и информацию, цитируемую в других местах, а также Вил Фюррер-Крус, специалисту по генеалогии семьи Крус, которая предоставила мне схему пяти поколений семьи, включая ветвь Теодора и его детей. Также спасибо Михелу Хоксу, Гансу ван де Вену и Анне Кортевег за помощь с отдельными голландскими терминами. Кроме того, особую благодарность я хочу выразить моему старому другу Питеру Зарроу, который позаботился о том, чтобы я получил полный комплект необходимых документов из архива *Цзунли ямэнь*, использованных главным образом при написании главы 9. Я благодарю Кирка Ларсена и Ричарда Ригби, рецензентов издательства Университета Калифорнии. Я также выражаю благодарность Роберту Бикерсу и Бристольскому университету за разрешение использовать изображение на обложке.

Справка о приложении. Чтобы сделать исследование максимально прозрачным, я включил как можно больше оригинальных текстов; сюда среди прочего входят различные путевые заметки японцев на борту «Сэндзаймару» и официальные китайские записки, которые передавались сверху вниз по цепочке бюрократического аппарата государства Цин. Все они перенесены в приложение, а ссылки на примечания можно найти в тексте сразу после текста цитат.

Я посвящаю эту книгу Филипу А. Куну и Акире Ириэ, ставшим моими первыми преподавателями истории Восточной Азии в Чикагском университете более 40 лет назад и поддерживающим мои труды на протяжении этих десятилетий. Когда они уехали из Чикаго в другой университет, никто не смог их заменить.

Глава 1
«Армистис», Шанхай и посредник

Поскольку сёгунат Тогугава более 200 лет запрещал морские путешествия под страхом смертной казни, к 60-м годам XIX века у японцев было немного опыта в строительстве океанских судов или управлении ими. Конечно, они путешествовали на рыбацких лодках в прибрежных водах архипелага и вдоль внутренних рек, но заплывать далеко в океан было запрещено, да и размер самих лодок этого не позволял. Тем, кто терял грот или по какой-либо иной причине оказывался в открытом море, везло, если их подбирали иностранные моряки; затем они практически не могли вернуться в Японию, потому что, хоть и не по своей вине, нарушили запрет на морские путешествия.

Японцы впервые осознанно пересекли океан в 1860 году, когда большая группа (всего в миссии было 96 человек) отплыла на борту «Канринмару» в США, чтобы ратифицировать Американо-японский договор о дружбе и торговле [Miyoshi 1979; Auslin 2004; Totman 1980], подписанный в 1858 году на борту американского корабля «Поухатан». Пройдет еще несколько лет, прежде чем они смогут самостоятельно управлять подобным судном.

Путешествие в материковую Азию или на острова Юго-Восточной Азии было значительно менее трудным, хотя, безусловно, временами опасным. На протяжении многих столетий (по крайней мере с I века н. э.) японцы плавали в Китай и Корею с коммерческими, культурными и религиозными целями, пусть и не всегда успешно с точки зрения навигации. Они также побывали на Филиппинах, во Вьетнаме, Тямпе и Камбодже. Однако этим успешным морским достижениям в середине XVII века внезапно пришел конец. Двести лет спустя японцам предстояло наверстать упущенное.

Хотя японцы взялись за дело серьезно и еще до открытия портов внимательно наблюдали за иностранными судами и техниками мореплавания, в начале 1860-х, когда японское правительство решило установить коммерческие и дипломатические связи с Китаем, помощь все-таки еще требовалась. Однако уже через два года они были готовы действовать самостоятельно. Но даже когда японцы в конце концов научились управлять кораблями в открытом море, они все еще были далеки от того, чтобы строить собственные суда.

Таким образом, решение японского правительства отправиться с миссией по морю появилось раньше, чем сама возможность построить корабль или управлять им, — сравнение с «телегой впереди лошади» в этом случае будет вполне уместным. Западные державы навязывали покровительство Японии, и сёгунат хотел любой ценой избежать участи, которая уже постигла Китай. Даже при ограниченном доступе к информации о внешнем мире главный урок, извлеченный японцами из сопротивления Китая давлению Запада и последующих потерь в боевых действиях и суверенитете, был прост: присоединяйтесь к сильным до того, как вас сочтут слабым. Один из лидеров Либеральной партии Сугита Тэйити (1851–1929) наиболее лаконично сформулировал этот тезис после своей поездки в Китай в 1884 году: «Люди Запада пришли [в Восточную Азию], борясь за свои интересы и желая утвердить гегемонию. Мы, находясь в сфере влияния, задумались: стать ли нам их главным блюдом или же стать одним из гостей за столом. Конечно, лучше сидеть за столом и есть, чем быть съеденным» [Sugita 1928: 582, 584][a].

Предыстория «Сэндзаймару»

До «Сэндзаймару» существовало британское судно под названием «Армистис». Оно упоминается впервые в «Регистре Ллойда Британского и иностранного судоходства» под № 875, как принадлежащее некоему Дж. Лонгтону: «Рейс: Санд. Ю. Ам.» (другими словами, оно курсировало между Сандерлендом в Великобритании и Южной Америкой). Корабль был построен в 1855 году на верфи некоего Р. Уилкинсона в Сандерленде, крупном британском центре судостроения на северо-восточном побережье Англии[1]. В ежедневном «Регистре Ллойда» (ныне существует только в виде сотен рукописных страниц на микропленке в Национальном морском музее Гринвича, Великобритания), который представляет собой ежедневный отчет обо всех британских кораблях, замеченных в портах по всему миру, есть несколько более ранняя запись об «Армистисе». 30 июля 1855 года он прибыл в порт города Дил, стоящего на берегу пролива Ла-Манш, примерно в 80 милях к востоку от Лондона, откуда отправился в Монтевидео (столицу тогда еще молодого государства Уругвай). Хозяин судна обозначен как «Пис» («Х. Пис» в последующих изданиях «Регистра Ллойда»).

На протяжении следующих трех лет эта информация остается почти неизменной. Судно значится как барк (не путать с баркой) — относительно небольшое океанское судно с четырехугольными парусами и тремя мачтами. Вес составлял 358 тонн (иногда 374 тонны, но это, должно быть, дополнительный материал, взятый на борт), обшивка из мунц-металла и «морского металла» (предположительно сплава из свинца, сурьмы и ртути. — *Прим. пер.*), размеры: 111 футов 5 дюймов в длину, 25 футов 5 дюймов в ширину и 16 футов в глубину[2].

Из «Регистра Ллойда» за первые несколько лет существования мы узнаем, что для «Армистиса» постепенно наступали перемены. Уже в 1856 году он плавал не только между Дилом, Грейвсендом (в устье Темзы к востоку от Лондона) и Южной Америкой, но и в Коломбо, столицу Цейлона (ныне Шри-Ланка) у побережья

---

[1] [Oliver 1982]. См. также переписку по электронной почте с Аланом Ховардом из музеев и архивов Тайн-энд-Уира (24 октября 2017 года).

[2] [Lloyd 1856, № 875], см. также запись в регистре от 30 июля 1855 года. В регистре Ллойда [Lloyd 1864–1865, № 938] приводятся размеры корабля. Хондзё Эйдзиро (1888–1973) утверждает, что размеры корабля составляли 126 × 28 × 17 футов, хотя не приводит источников. См. [Honjō 1938: 131].

Индии, в Тэйбл-бэй (недалеко от Кейптауна, Южная Африка), и к острову Маврикий в Индийском океане; в 1857 году добавился Кочин (порт на западном побережье Индии) и другие порты. Капитана судна иногда называют «Пирс» (Pearse), хотя, возможно, это опечатка[3].

С середины декабря 1858 года, когда корабль находился в Грейвсенде, и до начала ноября 1859 года, когда он был замечен в Диле, откуда отбыл в Сан-Франциско, «Армистис» просто исчезает из «Регистра Ллойда». Возможно, его поставили на ремонт или просто о нем не вносили записи, хотя последнее менее вероятно. В «Регистре» за 1859 год он значился как принадлежащий порту Ливерпуль. Смена основных портов, возможно, была связана со сменой владельцев — теперь это был «Дж. Салливан», «рейс» был указан как «Лон. Мыс Д. Н.» (Лондон — мыс Доброй Надежды), а шкипер — «Х. Пис». 2 ноября 1859 года капитаном «Армистиса» впервые указан «Ричардсон», из этой записи мы также узнаем, что «Армистис» курсирует между Дилом и Грейвсендом в Великобритании и различными портами — Сан-Франциско и Ванкувером — на западном побережье Северной Америки. Затем, 9 ноября 1859 года, в Грейвсенде он, как написано, «возвращен в Сан-Франциско (с повреждениями)»[4]. Что-то важное, хотя пока и неизвестное для истории, изменилось в коммерческих планах владельца и капитана «Армистиса», поскольку с этого момента судно больше не отправлялось в Африку или на Индийский субконтинент; бо́льшую часть 1860 года оно курсировало между Лондоном и портами западного побережья Северной Америки: Пьюджет-Саундом и Порт-Таунсендом штата Вашингтон, Сан-Франциско в Калифорнии, и Викторией в Британской Колумбии, а также совершило рейс в Вальпараисо, портовый город в центральной части Чили.

---

[3] Записи в регистре Ллойда от 2 апреля 1856; 13 мая 1856; 09 июня 1856; 6 августа 1856; 2 марта 1857; 19 мая 1857; 7 августа 1857; 17 октября 1857; 10 ноября 1857; 22 декабря 1857.

[4] [Lloyd 1859, № 872]. См. также регистр Ллойда от 2 ноября 1859 года; 10 ноября 1859 года и 25 ноября 1859 года.

И снова к наступлению нового, 1861 года случилась важная
и непредвиденная перемена. «Регистр Ллойда» от 15 декабря
1860 года гласит, что «Армистис» оказался в порту Шанхая, где
провел уже более двух месяцев. Эта информация также была
опубликована в газете «Норт-Чайна херальд»; впервые упоминается о том, что судно остановилось в порту Восточной Азии,
в которой, однако, оно и останется до конца своих дней. В начале
октября того же года газета сообщила, что судно под командованием капитана Генри Ричардсона перевозило «рангоуты и пр.», то
есть устройства из дерева или металла, используемые для поддерж-
ки парусов на судне, а в конце октября получателями груза были
указаны «Харкорт и Ко» (Harkort and Co.). В «Регистре Ллойда»
о судне не упоминается, но «Норт-Чайна херальд» отмечает, что
оно снова прибыло в Шанхай 9 января 1861 года из Нагасаки
(первое упоминание о японском порту, открытом для британцев
с 1859 года) и что грузополучателем теперь был А. Р. Тилби[5].
    В течение 1861 года «Армистис» курсировал между Нагасаки
и несколькими китайскими портами: он заходил в Усун (пять
раз), Шанхай (шесть раз) и Сямэнь (дважды)[6]. Во время одного

---

[5] См. регистр Ллойда от 15 декабря 1860 года; «Норт-Чайна херальд» от
     6 октября 1860 года, с. 160; 27 октября 1860 года, с. 172; 1 декабря 1860 года,
     с. 192; 29 декабря 1860 года, с. 208; см. также [Okita 1943: 89]. «А. Р. Тилби»,
     по всей видимости, долго жил в Шанхае. В [China 1862: 72] он указан как
     судовой брокер из Шанхая.

[6] См. регистр Ллойда за разные даты на протяжении 1861 года. [Paske-Smith
     1868: 430] отмечает, что «Армистис» зашел в Нагасаки 26 июля 1861 года,
     капитаном указан Ричардсон, а грузополучателями — «Мальтби и компания»
     (Maltby & Co.). В «Нагасаки шиппинг лист энд адвертайзер» (10 июля 1861 го-
     да) содержится объявление от самого Джона Мальтби (датированное 7 мая
     1861 года): «Настоящим я объявляю о создании Комиссионного агентства
     в Порту (то есть в Нагасаки) под названием "Мальтби и компания"». Регистр
     Ллойда от 28 сентября 1861 года сообщает, что «Армистис» прибыл в Усун
     неподалеку от Шанхая 21 июля из Нагасаки. Тем самым корабль вряд ли смог
     бы закончить все дела и вернуться в Нагасаки шесть дней спустя; впрочем,
     эти сведения нигде более не подтверждаются. Изучив подшивку «Норт-
     Чайна херальд», Окита Хадзимэ предположил, что капитан Ричардсон со-
     вершил восемь поездок в Нагасаки на борту «Армистиса», хотя наверняка
     их было на несколько больше, в том числе включая те, о которых не сообща-
     лось в «Норт-Чайна херальд». См. [Okita 1942d: 57].

из рейсов из Нагасаки в Шанхай, который закончился 8 марта 1861 года, груз указан как «разное». Это повторится еще несколько раз на протяжении года. В начале 1862 года корабль снова прибыл из Нагасаки с грузом, указанным как «мелкие предметы»; к сожалению, понять, чем пометка «мелкие предметы» отличается от пометки «разное», для нас не представляется возможным[7].

«Армистис» был не первым судном в водах Восточной Азии, перевозившим товары между Шанхаем и Нагасаки. «Норт-Чайна херальд» перечисляет ряд судов: «Фетида», «Тун Ю» и «Истерн стар», которые перевозили те же грузы с января 1859 года (когда японские порты открылись для западной торговли)[8]. Тем более «Армистис» не первое британское судно, которое занималось регулярными перевозками. Эта честь выпала 700-тонному пароходу «Азов» компании Peninsular and Oriental Steam Navigation Company (P&O), который начал перевозить товары 31 августа 1859 года и которому требовалось всего четыре дня пути в одну сторону[9]. Вскоре два других парохода P&O начали выполнять те же рейсы: 812-тонный «Аден» (который мог управиться за три дня) и 816-тонный «Кадис» [Okita 1943: 82; Okita 1942d: 55, 58][10].

---

7   «Норт-Чайна херальд» от 9 марта 1861 года, с. 38; 16 марта 1861 года, с. 44; 6 июля 1861 года, с. 108; 19 октября 1861 года, с. 168; 21 декабря 1861 года, с. 204; 18 января 1862 года, с. 12; 22 марта 1862 года, с. 44. Когда «Сэндзаймару» 31 июля 1861 года отправился в Нагасаки, то в качестве груза были указаны «мелкие предметы». См. «Норт-Чайна херальд» от 9 августа 1861 года, с. 120.

8   Все указаны в «Норт-Чайна херальд» от 16 июля 1859 года, с. 200.

9   Реклама пароходных перевозок между Шанхаем и Нагасаки появлялась в каждом выпуске «Норт-Чайна херальд» с 13 августа по 24 сентября 1859 года. Пароход назвался «Азофф», но часто и с одной «ф».

10 См. также записи в Tod & Macgregor Shiplist. URL: http://www.gregormacgregor. com/Tod&Macgregor/Cadiz_87.htm, и об обоих кораблях в: The Ships List. URL: www.theshipslist.com/ships/lines/pando.html. «Азов» совершил примерно десять плаваний между Шанхаем и Нагасаки, а затем, в начале мая 1860 года, пропал с маршрута, продолжая курсировать по другим рейсам в Восточной Азии; «Аден» совершил первое плаванье между Шанхаем и Нагасаки 19 мая 1860 года. У. С. Ветмор оставил воспоминания об этом путешествии из Шанхая в Нагасаки, которое состоялось в конце 1859 года, как и Уиллем Й. С. Р. Хёйссен ван Каттендике описал путешествие в начале того года. См.

Капитан Ричардсон в конце 1860 года привел «Армистис» в это море из британских и других иностранных судов, а также многочисленных китайских кораблей, стоящих в материковых гаванях. В следующем году он совершил огромное количество рейсов, перевозя огромные грузы из одного порта в другой. Такая лихорадочная деятельность «Армистиса» продолжилась до начала 1862 года, когда к многочисленным китайским портам захода добавились Шаньтоу (устар. Сватоу) и Гонконг[11]. После первого рейса в Шанхай и Нагасаки и даже после продажи японцам «Армистис» больше никогда не покидал пределов Восточной Азии.

К 1862 году в «Регистре Ллойда» владельцем и капитаном «Армистиса» значился Генри Ричардсон [Lloyd 1862–1863, № 933]. В «Регистре» можно встретить еще несколько упоминаний этого корабля, но они, вероятно, ошибочны, поскольку корабль в первой половине года был продан японскому правительству. В «Регистре» есть и другие погрешности: он продолжает упоминать «Армистис» во всех изданиях вплоть до 1870 года. Ричардсон и его команда, конечно, понятия не имели, насколько важной для истории станет его продажа. Несомненно, больше всего их заботило собственное возвращение домой из Нагасаки после того, как «Армистис» будет передан в руки японцев. Имена 15 членов экипажа неизвестны истории — по крайней мере, на данный момент, — и о Генри Ричардсоне мы знаем не больше, только его имя: неизвестно ни место его рождения, ни место проживания в Великобритании. Его было бы проще отследить, будь у него менее распространенное имя. В конце концов, он (с командой) вместе с женой отправится в Шанхай на «Сэндзаймару» (как

[Wetmore 1894: 37; Kattendyke 1975: 146–157]. См. также [To-A 1982: 9]. P&O была первой британской мореплавательной компанией, которая открыла отдел в Японии; см. [Cable 1937: 173–174; Paske-Smith 1968: 224–225].

[11] «Ллойдс лист» от 15 декабря 1860 года, а также 14 февраля, 27 февраля, 18 марта, 27 марта, 15 апреля, 13 мая, 28 мая, 15 июня, 27 июня, 30 июля, 17 августа, 27 августа, 16 сентября, 28 сентября, 28 октября, 14 октября 1861 года, 24 января, 17 февраля, 18 марта и 15 апреля 1862 года.

вскоре назовут «Армистис»), а потом исчезнет в глубинах истории. Даже достоверная «Норт-Чайна херальд» не пишет о его отъезде из Шанхая. Ранее мы уже отмечали, что в 1862 году у японцев появился корабль, но им по-прежнему не хватало человека, который бы умел им управлять или хотя бы имел представление о том, как это делается; вскоре мы увидим, что для того, чтобы попасть в Шанхай, они снова наняли Ричардсона и его команду.

Шанхай и переход от парусов к паровому двигателю

Все это время отрасль региональных и межрегиональных коммерческих перевозок претерпевала существенные изменения. На протяжении веков корабли плавали в основном за счет энергии ветра, но с 1850-х годов все больше и больше судостроителей переходили на пар. Для создания пара требовался уголь, и чем дольше длился рейс, тем больше угля требовалось перевозить вместе с другими грузами, а также пассажирами и экипажем — или приобретать в пути. По этой причине переход от ветра к пару происходил в течение длительного периода времени, достигнув кульминации примерно к 1890 году. Несмотря на большие расстояния, Британия, которая доминировала в трансокеанской торговле, после открытия Суэцкого канала в 1869 году обнаружила, что пароходная торговля с Китаем значительно расширилась благодаря дорогим продуктам — самым ценным из которых был чай, — которые она импортировала [Harley 1971: 215, 217, 224]. И все же парусные суда продолжали демонстрировать необычайную живучесть даже во второй половине XIX века и после открытия Суэцкого канала[12].

Таким образом, несмотря на десятилетия присутствия пароходов в отрасли и бо́льшую легкость управления ими, парусные суда не сдавали позиций до конца столетия. «Армистис» был не

---

[12] Максимально подробно и убедительно об этом пишет [Graham 1956], см. [North 1958: 537–555]. Иное мнение у [Harley 1988].

только пионером межазиатской, китайско-японской торговли, но и лучшим в своем классе судов, несмотря на повсеместное распространение пароходов. Именно в разгар этого слияния технологий (ветра и пара) японцы приобрели первое океанское судно.

Логика, казалось бы, подсказывает, что даже самые осведомленные японцы в начале 1860-х мало что понимали в тонкостях навигации. Нет сведений о том, что японские чиновники пытались приобрести пароход, но в конечном счете остановились на парусном судне. Расходы действительно были приоритетом, но технология, похоже, не сыграла никакой роли. Логика, однако, не является точной наукой и не всегда приводит к научно точным выводам. Чарльз Александр Гордон (1820–1899), сержант британской армии, посетил Японию в 1861 году во время службы в Китае. Находясь в Нагасаки, он рассказал следующее:

> Перед отправлением в город я посетил паровую фабрику на противоположной стороне гавани. Я высадился с местной лодки на крепком пирсе неподалеку и, никем не потревоженный и не остановленный, прошел прямо в здание. Там вовсю работали паровые машины, подобные тем, которые есть на наших верфях, но в значительно меньших масштабах. Японские рабочие под руководством голландских надсмотрщиков изготавливали различные детали для паровых двигателей и корабельной архитектуры. На небольшой пароход, все еще стоявший на стапелях, устанавливали паровые двигатели. Все они, как мне сказали, были изготовлены на месте. Однако, как ни велико было мое удивление по этому поводу, оно значительно возросло, когда я узнал, что среди паровых судов в порту было одно под названием, если не ошибаюсь, «Шотландия», на котором работали одни японцы.
> Среди других изделий, которые производились там, были оси, кривошипы, зубчатые колеса; и когда я проходил по фабрике в сопровождении одного из надзирателей, который, кстати, был очень вежлив, он указал мне на предмет, который, по его словам, был моделью парового котла для крупногабаритного судна, которую они начали ковать [Gordon 1863: 447–448].

Таким образом, голландцы явно наставляли японцев — очевидно, способных учеников — в строительстве морских судов следующего поколения, и последние, несомненно, понимали относительные преимущества пара и паруса для транспортировки грузов через океаны, а также все тонкости коммерческой торговли в таком месте, как Шанхай. Шанхай был не только самым крупным портом в регионе, но и местом наибольшего товарооборота. Уже к 1760 году он стал наиболее важным торговым портом Цинского Китая. Внешняя торговля в нем велась еще до начала XIX века[13]. С годами — особенно в период после Первой опиумной войны (1839–1842) и последовавшего за ней Нанкинского договора, когда все больше выходцев с Запада селились в городе, — Шанхай стал магнитом для внешних и внутренних коммерческих интересов. Когда в течение 1850-х годов тайпины разорили близлежащие культурные центры, тысячи китайцев бежали в Шанхай в поисках безопасности, обеспеченной иностранными державами.

Расположенный в центральной части протяженного тихоокеанского побережья Китая, Шанхай сыграл ключевую роль как в открытии Китая для внешней торговли, так и в открытии Японии для экспорта. Это был самый близкий к Японии китайский порт с многовековой историей — Шанхайский поселок (чжэнь) появился в 1267 году при династии Южная Сун, уезд Шанхай был впервые создан в 1553 году династией Мин, и ближе к концу ее существования несколько раз подвергался нападениям мародеров, «японских» пиратов [Brook 2002; Wang 2002; Tanaka 1961; Meskill 1994: 81, 84]. Торговля между Китаем эпохи Мин и Японией периода Муромати была активной и взаимовыгодной. С начала XV века она в основном проходила на борту японских судов, управляемых группами дзенских монахов [Verschuer 2006: 113, passim; Mizuno 2003: 109–112; Sakuma 1992:

---

[13] [Johnson 1995: 155–275; Meng 2006: ix, xiii, xviii–xix; Fogel 2010: 313–33]; см. также [Hamashita, Kawakatsu 1991]. Поразительная, но малоизвестная страница истории китайско-японских отношений в годы восстания тайпинов находится в [Kojima 1978].

220–221; Tanaka 1975: 159–60; Fujita 1938: 129–174; Kimiya 1927, 4: 410–425]. Со временем Шанхай стал процветающим центром ремесел и торговли. В 1685 году новая династия Цин основала там таможню для сбора доходов, а к началу XIX века в Шанхае действовала канцелярия даотая Сусун (окружного интенданта Сусуна); неофициально эту должность приравнивали к должности шанхайского даотая. Накануне встречи, о которой далее пойдет речь, население Шанхая оценивалось в 200 000 человек [Feng 2001: 32–33, 36].

Жители Запада уже давно осознали растущую значимость Шанхая как торгового порта. Предприимчивый миссионер Карл Гюцлафф (1803–1851) совершил серию поездок в Китай в начале 1830-х годов, и еще тогда, до начала Опиумных войн и разрушения «Кантонской системы», которая ограничивала всю внешнюю торговлю портовым городом Кантоном (Гуанчжоу), оказался глубоко впечатлен: «Здесь стоит отметить, что Шанхай занимает второе место после Кантона по значимости», так как туда направлялось много кораблей. Вскоре после заключения Нанкинского договора, положившего конец первой Опиумной войне, Роберт Форчун (1813–1880) сообщал:

> Шанхай, безусловно, является наиболее важной станцией для внешней торговли на побережье Китая и, следовательно, привлекает значительную долю общественного внимания [...] Не может быть никаких сомнений в том, что через несколько лет он не будет соперничать с Кантоном, но и станет местом гораздо более важным [Gutzlaff 1834: 303].

Известный русский писатель Иван Александрович Гончаров (1812–1891) путешествовал на борту фрегата «Паллады» в качестве секретаря адмирала Евфимия Васильевича Путятина (1803–1883) во время его судьбоносной поездки в Японию в 1853 году. На обратном пути в Россию в ноябре того же года «Паллада» остановилась в Шанхае, и после некоторого замешательства Гончаров описывает нам яркую картину, представшую перед его глазами:

Ближе к Шанхаю река заметно оживлялась: беспрестанно встречались джонки, со своими красно-бурого цвета парусами, из каких-то древесных волокон и коры. [...] Мили за три от Шанхая мы увидели целый флот купеческих трехмачтовых судов, которые теснились у обоих берегов Усуна. Я насчитал до двадцати рядов, по девяти и десяти судов в каждом ряду. В иных местах стояли на якоре американские так называемые клиппера. [...] Вон и Шанхай виден. Суда и джонки, прекрасные европейские здания, раззолоченная кумирня, протестантские церкви, сады — всё это толпится еще неясной кучей, без всякой перспективы. [...] Какую блистательную роль играет теперь, и будет играть еще со временем, Шанхай! Рост значимости Шанхая обусловлен его географическим положением [Гончаров 1997: 406, 407, 431][14].

Вкратце, если японцы решили бы выйти к миру, а не ждать, пока он нагрянет на родные острова, им пришлось бы исследовать эту внешнюю сферу без чрезмерной опоры на иностранцев. Тем не менее, учитывая все недостатки, с которыми они были вынуждены начинать свое исследование, им пригодилась бы любая информация, которой только можно было бы завладеть. Очевидно, нужен был некто сведущий в политике и коммерции, а также имеющий связи в Японии.

Нагасаки и Шанхай

До рассматриваемого периода сделки между Японией и Китаем редко проводились через Нагасаки и Шанхай. Японские суда часто отплывали из порта на Кюсю, но они направлялись в Нин-

---

[14] Путятин и «Паллада» прибыли в Нагасаки через месяц после коммодора Перри и его визита в залив Урага; там они показали японцам, как работает паровой двигатель, и примерно через год те смогли якобы придумать такой же. Смятение Гончарова перед посещением Шанхая возникло из страха: он боялся, что Шанхай будет таким же, как и другие британские колонии. «Вчера наши уехали на шхуне в Шанхай. Я не поехал, надеясь, что успею: мы здесь простоим еще с месяц. Меня звали, но я не был готов, да пусть прежде узнают, что за место этот Шанхай, где там быть и что делать? пускают ли еще в китайский город? А если придется жить в европейской фактории и видеть только ее, так не стоит труда и ездить: те же англичане, тот же ростбиф, те же "much obliged" и "thank you"» [Гончаров 1997: 398].

бо или Чжапу. Шанхай относительно поздно начал принимать корабли из Японии, во многом потому, что при всех масштабах и важности внутри страны он довольно поздно включился в международную торговлю.

Самые ранние сведения, связывающие Нагасаки с Шанхаем, относятся к японцам, потерпевшим кораблекрушение. В трактате о Японии «Сун ши» («История династии Сун») упоминается о 73 японцах, несчастных жертвах шторма на море, выброшенных на берег в 1183 году (2-й год Чуньси) в уезде Хуатин, Сючжоу (часть большого Шанхая). Потерпевших кораблекрушение снабдили едой и деньгами; позднее, в 1193 году (4-й год Шаоси), еще нескольким японцам, унесенным ветром, посчастливилось добраться как до Тайчжоу, так и до Хуатина [Tsunoda, Goodrich 1951: 73; Ishihara 1975: 75]. Источник не сообщает об их дальнейшей судьбе, но можно предположить, что они вернулись в Нагасаки.

Похожие инциденты периодически случались. Об одном из них, который произошел в 1761 году, рассказывает Окита Хадзимэ: 14 японских моряков из Сэндая на севере Хонсю потерпели кораблекрушение в Тихом океане и оказались выброшены на берег в устье реки Янцзы. Их сопроводили в Сучжоу для расследования. Житель Сучжоу по имени Чэнь Сювэнь неоднократно ездил в Нагасаки, понимал по-японски, поэтому согласился переводить для них. Затем японцев отвезли в Шанхай и продержали там несколько недель, где они стали объектами пристального любопытства местного китайского населения. Их окружали на каждом шагу, когда они выходили на улицу, что лишало их возможности свободно передвигаться по городу; к сожалению, они не оставили записей о своем пребывании в Шанхае. Спустя шесть месяцев китайское судно доставило их в Нагасаки [Okita 1942b: 96].

Истории о потерпевших кораблекрушение чаще встречаются в XIX веке, но вряд ли среди них есть более известная, чем история Отокити (1818–1867). Его странствия, начавшиеся в 1831 году, подробно описаны в другом месте, и здесь нет необходимости их повторять [Haruna 1979; Haruna 1988; Beasley 1991: 92–95]. Как и многие другие, кто попал в подобную ситуацию, Отокити жил в Шанхае и помогал потерпевшим кораблекрушение соотечественникам. В конце эпохи Токугава, в 1850-х и 1860-х годах, китайские коммерсанты из Шанхая приехали в район Хиробаба в Нагасаки, некоторые по делам, а некоторые — спасаясь от восстания тайпинов. С ними консультировались три торговца Торговой палаты Нагасаки, которые сопровождали миссию «Сэндзаймару» и о которых пойдет речь ниже, и некоторые из них упоминаются поименно в единственном источнике, который достался нам от одного из этих торговцев — Мацудая Ханкити (1832–1880).

Вероятно, связь Шанхая и Нагасаки укрепилась благодаря путешествию «Сэндзаймару». Нагасаки долгое время был единственным открытым портом Японии, а Шанхай стал посещаемым портом Китая. Еще до появления самих японцев в Шанхае, с 1859 года, британские и, возможно, американские суда перевозили японские товары в город из Нагасаки, обеспечивая своего рода нишевой рынок, который только и ждал, когда японцы на него выйдут. Эта связь сохранялась и в 1870-х годах, когда постепенно начала возникать первая японская община экспатов, консульство и школы за рубежом [Fogel 2009: 67–99]. По мере того как пароходы входили в туристическую и транспортную сферу региона и росла конкуренция за маршруты, временное расстояние между двумя городами продолжало сокращаться.

Неуловимый голландец

Одна из самых больших трудностей в прослеживании истории «Сэндзаймару» заключается в поиске сведений о человеке, который позволил японцам успешно войти в порт Шанхая без предупреждения (и, возможно, незаконно), но явно без каких-либо заранее проведенных приготовлений. Они нашли союзника в лице голландского коммерсанта и вице-консула в Шанхае по имени Теодор Крус (1822–1889), который имел обширные контакты с голландской общиной в Нагасаки. Хотя подробности его общения с японцами до их прибытия в Шанхай на борту «Сэндзаймару» в июне 1862 года остаются в значительной степени неизвестными (документальных подтверждений пока не обнаружено), мы знаем, что он несколько раз путешествовал между Нагасаки и Шанхаем до первого японского рейса этого корабля и поддерживал обширные контакты и, несомненно, столь же обширную переписку с коллегами из Нагасаки.

Мы проанализируем его посредничество между японцами и даотаем Шанхая в следующей главе, а здесь ограничимся лишь упоминанием того факта, что Крус лично поручился за честность японцев во время их первой встречи с даотаем (к слову, сам он познакомился с ними накануне этой самой встречи), и из недавно обнаруженных документов известно, что он также мог получить значительную сумму за свои услуги. Как он сказал китайским чиновникам,

> вот уже более 200 лет наша страна торгует с Японией, и дружба между нами укрепилась. И поэтому я не мог помешать японским чиновникам прибыть в Шанхай на торговом судне нашей страны [предположительно голландском] вместе с торговцами и их продукцией. Они прошли все таможенные процедуры, и как только они продадут все свои товары, я гарантирую, что они немедленно вернутся домой, не покупая никаких китайских товаров[b, 15].

Кто же такой этот Крус, который сначала появляется практически из ниоткуда в 1862 году и предоставляет китайским властям японскую полуправду (мягко говоря), рассказывая им о том, что корабль, на котором приплыли японцы, принадлежит Нидерландам, а после играет одну из главных ролей в организации первой за несколько веков официальной встречи между китайскими и японскими официальными лицами, которая в итоге, менее чем через десять лет, приведет к установлению дипломатических отношений?

---

[15] *Циньминь Цзунли гэгуо шиу ямынь Циндан, уюэ гэгуо ань, Жибэнь.* дело 01–21–22 (1) в [Huang 2003: 180–81]. Ранее упоминание есть в китайском источнике: [Yao 1967 (1897): 15].

Очевидно, Крус активно стремился избежать внимания общественности, и поэтому историкам сложно дать его детализированный портрет. Попытки узнать о нем через Национальный архив (Nationaal Archief) в Амстердаме и Нидерландскую торговую компанию (Nederlandsche Handel-Maatschappij) в Гааге оказались совершенно непродуктивными. Архивариус Министерства иностранных дел (Ministerie van Buitenlanse Zaken) подтвердила, что Крус действительно служил в голландском консульстве в Шанхае с 1860 по 1873 год, но добавила: «Тем не менее мы можем заверить вас, что у нас нет архивных сведений о том, что вы ищете»[16].

Возможно, вся история, как и вся политика, как это часто отмечают, носит локальный характер. Местные архивариусы в городе его рождения (Дордрехт в провинции Южная Голландия) и смерти (Эхт в провинции Лимбург) смогли предоставить некоторые сведения, но в основном только подтверждение фактов его рождения и смерти. Архивариус из Дордрехта добавил небольшой, но интересный факт: Крус происходил из католической семьи. Далее он отметил нехватку сведений о нем: «Очевидно, он не оставил следов в родном городе, поскольку другой информации о нем не найти»[17].

Несмотря на эти тупики, генеалогический маршрут поисков оказался более многообещающим, и Центральное генеалогическое бюро (Centraal Bureau voor Genealogie), а также специалист по генеалогии семьи Крус, Уил Фуррер-Крус, смогли помочь. Таким образом, теперь можно с уверенностью сказать, что Теодор Крус родился в Дордрехте 17 мая 1822 года в семье Германа (1795–1877) и Иоханны Барбары Крус (урожденной Кикен или Киекен, 1801–1837). Герман был пекарем по профессии (как и его отец, Дирк, 1757–1827), а позже перегонщиком алкоголя. Иохан-

---

[16] Переписка с Риком Д. Х. ван Велденом (24 июня 2004 года) из Национального Архива и с Маргрит ван дер Слёйс из Министерства внутренних дел (28 июня 2004 года).

[17] Переписка с Франком Ховенсом (10 июня 2004 года) из архива Лимбурга и с Хелен Стросма (9 июня 2004 года) из архива в Дордрехте.

на Барбара умерла в 35 лет, в довольно молодом даже для того времени возрасте, однако Герман не стал жениться повторно[18].

До сих пор нет сведений о юности или образовании Круса. Хотя он несколько лет проработал вице-консулом Нидерландов в Шанхае, туда его, по-видимому, привела не дипломатическая служба. В XIX веке часто бывало так, что в отдаленных европейских и американских консульских учреждениях служили местные коммерсанты, которым приходилось брать на себя консульские обязанности. Посольства и консульства по сей день работают сверхурочно, чтобы поддерживать коммерческие интересы соотечественников за рубежом. В XIX веке один и тот же человек часто играл две или более ролей. Крус был одним из таких, способным служить и родине и себе лично без видимого или, по крайней мере, предполагаемого конфликта интересов.

Как сообщил архивариус Министерства иностранных дел Нидерландов, Крус занимал должность вице-консула Нидерландов в Шанхае с 1860 по 1873 год. В некоторых источниках он числится консулом, но тот факт, что его имя отсутствует в памятном издании 1998 года, посвященном 200-летию Министерства иностранных дел Нидерландов, по-видимому, указывает на менее важную занимаемую должность. Шанхай был операционной базой его компании «Т. Крус и компания». По-китайски она была известна как «Дяньцюй янхан», что, по-видимому, означает «Компания Т. Круса»[19]. Однако прежде всего он служил представителем Нидерландской торговой компании в Шанхае, служба же в министерстве была дополнительной [Muller 1918: 166].

---

[18] [Delhougne 1959: 214, 216; Furrer-Kroes, Kroes n.d.: 107], см. также личную переписку с И. М. Принсом из Центрального генеалогического бюро, куда вошел некролог Крусу 1889 года из его архивной коллекции «семейных объявлений», и с Уил Фуррер-Крус, которая прислала роспись пяти поколений предков семьи Крус и Теодора.

[19] Благодарим Уилт Айдема за разгадку значения слова «Дяньцюй», которая многие годы беспокоила ученых. Крус также использовал для своего предприятия китайское название «Дянье янхан», а Миянага Такаси пишет, что это китайское имя братьев Димье (Dimier Brothers) — производителей-часовщиков, на которых работал Крус в качестве представителя в Шанхае; это имя используется ими и поныне в Китае. См. [Miyanaga 1995: 73].

Можно задаться вопросом, какие задачи должно было выполнять консульство в Шанхае в то время, когда голландцев в городе в 1860-х годах было самое большее две или три дюжины (при все еще крошечном иностранном населении в 569 человек, среди них 295 британских граждан [не считая 29 парсов и 30 магометан, предположительно тоже подданных Британской империи] и 125 американцев, в декабре 1859 года), а также когда существовало несколько других государственных коммерческих предприятий, сопоставимых с Нидерландской торговой компанией. Выбор времени имел решающее значение для отношений между Голландией и Восточной Азией. В тот самый год, когда «Сэндзаймару» совершил свое историческое плавание — а фактически 23 июля 1862 года, когда японцы находились в Шанхае, — был совершен акт передачи ответственности от Министерства колоний Нидерландов Министерству иностранных дел за судьбу отношений между Нидерландами и Японией, Китаем и Сиамом[20]. Подобно китайцам и японцам, голландцы в это время тоже переживали институциональную модернизацию международных отношений, и это, по-видимому, требовало присутствия Министерства иностранных дел, независимо от того факта, много или мало голландцев проживает в Шанхае.

Крус так и не приобрел ничего, даже отдаленно похожего на известность в иностранном сообществе Шанхая, отчасти потому, что, несмотря на длительное пребывание в городе, никогда не входил в Муниципальный совет Шанхая, и, несомненно, отчасти из-за своего желания оставаться в тени. Прежде чем поселиться в городе, он, по-видимому, предпринял что-то вроде разведывательной поездки в Восточную Азию в 1859 году. «Норт-Чайна херальд» поместила несколько крошечных заметок о том, что он

---

[20] Часть сведений мы получили от профессора Германа Й. Мосхарта из Лейденского университета (ныне на пенсии), эксперта в области отношений между Голландией и Восточной Азией. Общие сведения о народонаселении — из [Haneda 1978: 159–160]; см. также «Норт-Чайна херальд» от 21 января 1860 года, с. 11. В сравнении с этим в «Норт-Чайна херальд» от 5 марта 1859 года, с. 122, сообщалось, что куда более укорененное голландское сообщество в Нагасаки состоит из 31 человека, включая к тому же «и иных лиц».

прибыл в Шанхай 9 марта на борту британского парохода «Формоза», что 8 мая он снова прибыл в Шанхай (из Нагасаки) на борту американского парохода «Ян-цзы» и что он отбыл из Шанхая в Гонконг 15 июня, снова на борту «Формозы», и, предположительно, оттуда вернулся в Европу[21].

Характер этой первой поездки остается неизвестным — поскольку он не приступал к работе на государственном посту еще примерно год, она могла быть как личной, так и официальной. Подтверждением сообщений в «Норт-Чайна херальд» служат неопубликованные письма Альберта Йоханнеса Бодуэна (1829–1890), агента Нидерландской торговой компании в Нагасаки, который, как и Крус в Шанхае, вскоре (с 1863 года) стал голландским консулом в Нагасаки; большинство этих писем были адресованы сестре Бодуэна в Утрехт. В одном из таких писем, датированном 6 апреля 1859 года, вскоре после прибытия Бодуэна в Нагасаки, он писал:

> Крус планирует навестить меня в Японии, и ему придется перебиваться без трюфелей и бургундского! Вода здесь дешевая, это уже что-то! Хлеб неплохой, куры есть, картошки почти нет... Мне сказали, что есть овощи; сезон фруктов, похоже, подошел к концу. Я встретил офицера медицинской службы [Й. Л. К.] Помпе ван Меердерворта [1829–1908], который находится на службе у японского правительства и поэтому останется здесь на несколько лет[22].

Через три недели (17 апреля 1859 года) он добавил: «Наш друг Крус приехал из Шанхая и вот уже возвращается обратно».

У нас нет достоверных сведений о том, когда именно в 1860 году Крус поселился в Шанхае, но с 9 марта 1861 года — через два

---

[21] «Норт-Чайна херальд» от 12 марта 1859 года, с. 126; 14 мая 1859 года, с. 162, 164; 18 июня 1859 года, с. 182.

[22] Цитатами из этого и последующих писем братьев Бодуэнов мы обязаны Герману Мосхарту, который показал их нам и перевел нужные фрагменты. Помпе ван Меердерворт прожил в Нагасаки пять лет, участвовал в создании медицинского колледжа и преподавал медицину молодым японским врачам. См. [Wittermans, Bowers 1970; Römer 1921: 116–135].

года после первого прибытия Круса в Шанхай — и на протяжении следующих 13 недель «Норт-Чайна херальд» помещала на своей первой странице следующее уведомление (см. также рис. 2)[23]:

УВЕДОМЛЕНИЕ

Настоящим уведомляю, что я зарегистрирован в Шанхае, как торговец и комиссионер под фирмой и названием T. KROES & CO.

ТЕОДОР КРУС

Шанхай, 1 февраля 1861 года

За 13 лет в Шанхае Крус время от времени публиковал подобные объявления в «Норт-Чайна херальд», которые дают нам представление о его в целом весьма небогатой событиями жизни на Азиатском континенте. Например, в течение примерно полугода, с 13 декабря 1862 года по 9 мая 1863 года, в каждом номере «Норт-Чайна херальд» появлялась следующая реклама:

КОЛОНИАЛЬНОЕ ОБЩЕСТВО МОРСКОГО
И ОГНЕВОГО СТРАХОВАНИЯ БАТАВИИ

Нижеподписавшиеся, назначенные агентами указанного Общества, готовы предоставить СТРАХОВКУ от ОБЫЧНЫХ МОРСКИХ РИСКОВ по обычным тарифам местных отделений.

T. KROES & CO.

Агенты в Шанхае

Шанхай, 1 февраля 1862 года

---

[23] «Норт-Чайна херальд» от 9 марта 1861 года, с. 37; 16 марта 1861 года, с. 41; 23 марта 1861 года, с. 45; 30 марта 1861 года, с. 49; 6 апреля 1861 года, с. 53; 13 апреля 1861 года, с. 57; 20 апреля 1861 года, с. 61; 17 апреля 1861 года, с. 65; 4 мая 1861 года, с. 69; 11 мая 1861 года, с. 73; 18 мая 1861 года, с. 77; 25 мая 1861 года, с. 81; 1 июня 1861 года, с. 85. В каждом номере сразу после было размещено следующее уведомление.

УВЕДОМЛЕНИЕ

Отдел нашей компании в Шанхае был закрыт 28 февраля 1861 года. Все незавершенные счета отдела будут уплачены T. KROES & CO. в Шанхае. Мистер ТЕОДОРУС КРУС с этого дня не имеет права подписи от имени нашей конторы в Китае.

«БРАТЬЯ ДИМЬЕ и КОМПАНИЯ». Китай, 1 марта 1861 года

Рис. 2. Теодор Крус (второй слева), А. Ф. Бодуэн (в центре),
А. Дж. Бодуэн (сидит на стуле справа); другие лица не установлены

Вышеприведенное уведомление, по-видимому, гласит, что по
крайней мере в течение короткого периода времени Крус пробо-
вал силы в страховании одновременно со службой в голландском
дипломатическом корпусе и в качестве экспедитора Нидерландской торговой компании. В аналогичном уведомлении, впервые
опубликованном 19 апреля 1862 года и выходившем еженедельно

до 26 июля, сообщалось, что Крус, как вице-консул Нидерландов, занимался всеми делами, касающимися имущества покойного Х. А. Крамера, явно гражданина Нидерландов, который скончался, оставив после себя неоплаченные долги[24]. Таким образом, в тот период он играл по меньшей мере три роли.

Независимо от того, чем Крус занимался до отъезда в Азию в 1859 году, он зарекомендовал себя как успешный коммерсант, в основном экспедитор и доверенное лицо голландских и иностранных судов, заходивших в порт Шанхая. По-видимому, он также совершал регулярные поездки в Нагасаки, где уже сформировалась голландская община, которая, впрочем, в начале 1860-х годов насчитывала всего около 50 или 60 человек. Вероятно, он содержал там же офис T. Kroes and Co. До 1863 года он оставался холост, а затем, в возрасте 40 лет, женился в Макао на Аделине Йоханне Марии Каролине Хойкенсвельд-Слагек (1827–1876), которая была на пять лет моложе. Из истории семьи совершенно непонятно, что одинокая женщина за 30 делала в португальской колонии неподалеку от Гонконга, и все же некоторый свет на это проливают письма. Можно сделать предположение, хотя пока и неубедительное, что в Китае Крус перешел в протестантизм, и, возможно, эта перемена как-то связана с его женой. Она могла так или иначе быть вовлечена в миссионерскую деятельность европейцев в этом регионе, хотя это не более чем предположение.

За год до свадьбы Круса и Хойкенсвельд-Слагек А. Й. Бодуэн писал своей сестре (10 июля 1862 года):

> Вероятно, вы знаете, что мисс Аделина Слагек вышла замуж «в перчатке» за мистера Н. К. Сибурга, работающего в компании de Coningh Carst & Lels в Нагасаки, и, вероятно, сейчас она где-то недалеко от Шанхая. Эта дама получит очень неприятное сообщение: мистер Сибург умер 27 июня от нервной лихорадки. Он попросил меня позаботиться о наследстве, на что я согласился, и в эти дни был очень

---

[24] «Норт-Чайна херальд» от 19 апреля 1862 года, с. 61, до 26 июля 1862 года, с. 117.

занят. Вчера я выставил на аукцион его мебель и т. д., и последнее, что я могу для него сделать, — поставить памятник на его могилу. Бедному еще не исполнилось и 35 лет. Его жена приедет к Крусу, и ему предстоит выполнить неприятное задание.

Выражение «выйти замуж "в перчатке"» — устойчивый голландский оборот речи (использовавшийся до Второй мировой войны), обозначающий свадьбу через доверенных лиц[25]. Остается открытым вопрос, почему после смерти мужа она обратилась к Крусу. Возможно, она узнала о смерти мистера Н. К. Сибурга по прибытии в Шанхай от Круса как от вице-консула. Как бы то ни было, несмотря на дурные вести, они, похоже, поладили; таким образом, это письмо, по крайней мере, объясняет то, как они познакомились. Сибург, кстати, был голландским морским офицером, и его могилу, памятник на которой Бодуэн поклялся установить, все еще можно найти на старом кладбище международного поселения в Нагасаки (как и могилы братьев Бодуэн)[26].

Из писем А. Й. Бодуэна и его брата, доктора Антония Франциска Бодуэна (1829–1885), директора больницы Нагасаки и профессора медицины в заведении, которое вскоре стало медицинским колледжем при Университете Нагасаки, мы узнаем гораздо более точные и откровенные свидетельства об этом браке. В одном письме (датированном 15 ноября 1862 года) Альберта Йоханнеса, автора большинства этих неопубликованных (и неотредактированных) писем, который писал сестре на родину, непосредственно сообщается о предстоящей свадьбе Круса:

> Крус планирует жениться, и можешь представить, на ком? На леди, которая приехала на Восток из-за покойного Сибурга. По словам Тоона [их прозвище для брата Антония], она совсем некрасива и почти преклонных лет; племянница Нэнс Пенн хорошо ее знает. С финансовой точки зрения она

---

[25] По традиции мужчина, который выступал за жениха, надевал пару перчаток, тем самым показывая, что он не будет касаться невесты. См. [Kogel 2010: 51].

[26] Составлено Исследовательской группой иностранного поселения в Нагасаки. См. www.nfs.nias.ac.jp/page042.html#NCS.

совершает выгодный обмен, потому что у Сибурга не так
уж много денег, а наш друг Крус держит повозку, что весьма
неплохо! Думаю, она очень дорого обходится в месяц в этом
ужасно дорогом Шанхае. Я все еще хожу пешком, а Тоон
держит лошадь.

Их брак продлился чуть меньше 13 лет, и, судя по небольшому
количеству сохранившихся свидетельств, был счастливым. Брат
госпожи Крус пошел работать в T. Kroes and Co., хотя начинание это
было не столь успешно. У нас есть письмо из Нагасаки, отправленное
голландским ученым, морским офицером и фотографом доктором
Кунрадом Вольтером Гратамой (1821–1888) от 18 апреля 1866 года,
в котором сообщается о его визите в Шанхай: «Я [...] поселился
у голландского вице-консула Круса, где пробыл до 12-го числа. Крус
и его жена — приятные, добросердечные люди [...] Хотя я только
с ними познакомился, пробыл у них уже целую неделю»[27].

Иностранцы, жившие в Шанхае тех лет, редко описывали свой
опыт в светлых тонах. В лучшем случае Шанхай представал су-
ровым, а в худшем — по прямолинейному выражению лорда
Олифанта (1829–1888), который писал в 1859 году, — он считался «самым нездоровым [портом], в который направляются корабли, поскольку заболеваемость и смертность здесь выше, чем
даже на западном побережье Африки» [Oliphant 1969: 269]. Крус
признался А. Й. Бодуэну в письме, написанном в начале 1864 года, что он планировал вскоре уехать домой, чтобы повидаться со
стареющим отцом, который в любом случае до 1877 года не умрет;
в письме (от 20 марта 1864 года) Бодуэн сообщал среди прочих
местных новостей:

> Без сомнения, г-жа Крус поедет с ним в Европу, другой во-
> прос — сможет ли Крус так легко убедить ее вернуться
> в Китай. Вероятно, ей станет куда удобнее в Европе, чем
> в Китае, а Крус достаточно мягок, чтобы уступить ей и оста-
> вить ее там. Я не имел чести быть знакомым с г-жой Крус,
> только понаслышке.

---

[27] [Gratama 1987], как сообщено в переписке Й. Т. Брокмейером (17 февраля
2004 года).

Этот фрагмент говорит нам больше о Бодуэне, чем о супругах Крус.

Год спустя (10 июня 1865 года) Альберт Йоханнес написал своей сестре из Нагасаки, что г-жа Крус родила дочь и «ее муж в восторге». Дочь назвали Дорин Эрмини Эжени Мари Крус (ум. 1932), и она родилась в Шанхае 4 июня, менее чем за неделю до письма Бодуэна[28]. Конечно, это значит, что г-жа Крус действительно вернулась с мужем в Китай после визита в Нидерланды. Но Бодуэн, который, кажется, не мог написать хотя бы пару радостных предложений подряд и который оставался холостяком, как и его брат, продолжает: «Шанхайские дамы регулярно приезжают в Нагасаки, но я надеюсь, что г-жа Крус останется в Шанхае. Терпеть не могу дам с плачущими детьми». Вот резкие, но откровенные эмоции, на которые так богаты письма из личной переписки. Еще год спустя (5 июля 1866 года), на этот раз во время собственного визита в Китай, Бодуэн отметил: «Как вы знаете, я путешествовал из Иокогамы в Шанхай и вчера остановился у Крусов [...] Дочь Круса очаровательная блондинка с голубыми глазами, настоящая голландка. У г-жи Крус и мистера Круса дела идут хорошо. Брат г-жи работает у ее мужа». В разгар лета того же года, и в подтверждение собственных опасений, высказанных им годом ранее, Бодуэн писал (23 сентября 1866 года) сестре, что г-жа Крус вместе с 15-месячной дочерью и няней-итальянкой гостили у него в течение восьми недель: «На днях она уедет. Жара и опасные дни Шанхая скоро закончатся, так что все возвращаются домой. Дочь Круса во всем похожа на своего отца, такая же белокурая и со светло-голубыми глазами».

В письме, датированном 19 октября 1867 года, сообщалось о явно неблагоприятном повороте событий. В то время госпоже Крус было всего 40 лет, ее здоровье резко ухудшилось после рождения второго ребенка, и все Крусы — родители, дочь, младенец, слуги — собрались ехать в Нагасаки. Можно только представить, как встревожила Альберта эта новость. Сообщив об этом сестре,

---

[28] См. www.genealogieonline.nl/en/database-van-broekhoven/I103129.php.

он добавил: «Крус, вероятно, сразу же вернется в Шанхай, но как долго здесь пробудут его жена и дети, я не знаю. Вероятно, 14 дней, так как сейчас становится все холоднее, и она будет тосковать по Шанхаю. Я надеюсь, что она полностью поправится». Были ли эти надежды продиктованы заботой о ее благополучии или о собственном комфорте? Никто не может сказать.

Крус официально проживал в Шанхае до 1873 года — в тот год Государственный альманах Королевства Нидерландов (Staatsalmanak voor het Koningrijk der Nederlande) упомянет о его пребывании в городе в последний раз[29]. Однако, судя по всему, он уехал из Шанхая еще в конце предыдущего года. Бодуэн упомянул в письме, отправленном из Иокогамы (9 декабря 1872 года), что «В. М. ван дер Так [агент Нидерландской торговой компании в Иокогаме] получил письмо от Круса из его дома неподалеку от Лукки в Италии. Он там остался, и я не верю, что он вернется в Шанхай». На этот раз Бодуэн был прав, и с этого времени Крус, судя по всему, жил в Сегроминьо в итальянском округе Лукка[30]. Причиной переезда, видимо, стало ухудшение здоровья его жены. 24 января 1876 года она скончалась в Виареджо, Лукка, недалеко от западного побережья Италии. Последнее письмо с упоминанием Крусов от А. Й. Бодуэна к сестре, датированное 20 марта 1874 года, передает те теплые чувства и сожаления, которые испытывал по отношению к ним автор:

> Шурин Круса, Э. Слагек, не очень преуспел в Шанхае. Он не мог бросить пить, его уволили из компании [...], и он уехал в Европу, я полагаю, в Италию. У него ничего нет, и он слишком стар, чтобы начинать что-то новое или оправляться от пьянства. Он потерянный человек и проблема для своей семьи. Похоже, дела Круса в Италии идут не очень хорошо. Мне жаль его, потому что он всегда очень много работал и заслужил спокойную старость.

---

[29] [Staatsalmanak 1876], как сообщено в переписке Й. Т. Брокмейером из Архива города Амстердама. В издании за 1860 год он указан как вице-консул в Шанхае.

[30] В [Mulder, Christiaans 1999: 600] Крус тоже числится как вице-консул.

Крус вернулся в Голландию после смерти жены и 2 июня 1880 года женился во второй раз, на этот раз на некоей Йоханне Марии Жозефине Малдер (1838–1916) в Венло, провинция Лимбург. На тот момент ему было 57, жена была на 16 лет моложе мужа. Они прожили там всю жизнь. Крус умер неподалеку, в Эхте 28 мая 1889 года, вскоре после 67-го дня рождения. Вторая г-жа Крус также скончалась в Эхте 13 января 1916 года[31].

Прибытие «Сэндзаймару» в порт Шанхая

Все игроки за пределами Японии теперь нам известны. «Армистис» ходит в регулярные рейсы между Нагасаки и Шанхаем именно по тому маршруту, по которому в 1862 году отправятся японцы. Шанхай, несомненно, стоило посетить, чтобы получить представление о западном мире, не отправляясь в Европу или Северную Америку, поскольку в нем все важные страны были представлены как бы в миниатюре, и особенно чтобы увидеть вблизи мир международной торговли и дипломатии. И теперь мы кое-что знаем о голландце, который помог зайти японцам в порт (и, конечно, сумел неплохо на этом заработать).

Прибытие «Сэндзаймару» стало сюрпризом для жителей Шанхая, но пресса и общественность, должно быть, быстро узнали об этом: на причале столпились любопытные горожане, пресса была готова немедленно осветить это экстраординарное событие — один из репортеров даже поплыл навстречу «Сэндзаймару» и получил сенсацию. Но об этом мы поговорим позже. Ниже мы приводим статью, опубликованную в «Норт-Чайна хералд», в которой сообщалось о прибытии японцев[32].

---

[31] См. http://genwiki.nl/limburg/index.php?title = Mulder&action = edit.

[32] «Норт-Чайна хералд» от 7 июня 1862 года, с. 90. На с. 92 этого же выпуска указано, что судно «Сэн-Зай-Мару», «яп. барк» (то есть японская барка) прибыло 2 июня под командованием капитана Ричардсона, а грузополучателем был T. KROES & CO.

«Норт-Чайна хералд»

БЕСПРИСТРАСТНЫЙ, А НЕ НЕЙТРАЛЬНЫЙ
ШАНХАЙ, СУББОТА, 7 ИЮНЯ 1862 ГОДА

Япония в настоящее время являет торговому миру интересное зрелище, вполне в духе нашего века прогресса. Недавнее прибытие в порт Шанхая судна, сошедшего с английской верфи и следовавшего под японским флагом, само по себе заслуживает внимания. Факт, что это судно не только куплено японским правительством, но и загружено продуктами и товарами для торговли за рубежом, проливает совершенно новый свет на исключительную государственную политику этого необычного народа. До сих пор нам давали понять, что тайкун и его якунины и даймё, которые деспотически правят подданными, не только выступают против внешней торговли, но и презирают тех, кто стремится к профессии торговцев и судоторговцев. Представители договорных держав учли этот широко известный факт при создании законов, которыми иностранные подданные должны были руководствоваться в своих взаимоотношениях с местными властями. По сей день мистеру Олкоку, бывшему британскому послу в Эдо, предъявляют постоянные обвинения в том, что он поддержал это решение, «оскорбившее честных британских торговцев», и тем самым нанес ущерб коммерческому статусу Британской империи в Японии путем проведения разграничительной линии между предприимчивыми торговцами и членами миссии Его Величества.

Это суждение, как и многие другие предвзятые суждения, основанные на поверхностном знании дипломатами и путешественниками внешних институтов, стало одним из самых неверных, если судить о правительстве по его действиям. В то время как иностранные державы использовали все свое дипломатическое мастерство, чтобы открыть внешнюю торговлю с японскими островами, а нации соперничали между собой за обладание исключительными привилегиями, проницательные члены действующих властей с разрешения тайкуна решили обеспечить правительству основную долю выгод от внешней торговли. Они заметили множество преимуществ, которыми обладают иностранцы, свободно торгующие со всеми частями света промышленными изделиями и продукцией; и проницательным взглядом людей, наращивающих капитал, они увидели путь к получению большей прибыли от своих товаров.

Проникнувшись космополитическим духом свободной торговли, японское правительство осуществило покупку и погрузку за свой счет судна, о котором идет речь. Это был первоклассный барк британской постройки водоизмещением 358 тонн, известный в регистре Ллойда как «Армистис» и принадлежавший покойному командору, капитану Ричардсону. Его обшивка и лонжероны были изготовлены из лучших материалов, а отделка кают и помещений общего назначения выполнена с изяществом, необычным для его размеров, и вполне можно сказать, что лучшего выбора для торговых целей сделать было невозможно, поскольку судно способно перевозить вдвое больше указанного тоннажа. В течение почти двух лет «Армистис» с заметным успехом осуществлял торговлю между Нагасаки и Шанхаем; и поскольку капитан Ричардсон завел обширные знакомства среди японских официальных лиц, время от времени он наносил им визиты, и они всегда выражали восхищение его кораблем. В течение последних 12 месяцев поступали предложения и вопросы относительно продажи судна; а также подсчитывалась прибыль судна по сверке с таможенными книгами после каждого рейса. Приняв решение о покупке, японцы самым осторожным и деловым образом подняли вопрос о цене. На борт «Армистиса» поднялся губернатор Нагасаки и после всестороннего изучения судна согласился купить его от имени японского правительства за 34 000 долларов. Цена была согласована перед последним рейсом «Армистиса» под флагом Великобритании, судно было доставлено и оплачено на обратном пути. По заключении сделки все иностранцы в Нагасаки задавались одним и тем же вопросом: что правительство собирается делать с кораблем? Их недолго держали в неведении, поскольку власти немедленно начали загружать судно углем и другими подходящими для китайского рынка японскими товарами, такими как морские водоросли, стекло, посуда — всего около 600 тонн. За это время несколько высокопоставленных чиновников правительства прибыли из Эдо, чтобы посетить корабль и отчитаться перед тайкуном. Один из чиновников высокого ранга был назначен руководителем миссии и вместе с восемью другими чиновниками более низкого ранга проследовал на судне в Шанхай. «Армистис» был переименован в «Сэндзаймару», что означает «прослужит тысячу лет», и японские флаги были подняты там, где ранее развевался на ветру флаг Британской империи. 27 мая «Сэндзаймару» с экипажем, состоящим из 50 пассажиров — японских чиновников, а также сопровождающих их слуг, нескольких местных моряков и морских офицеров, — отправился в плавание для проведения морских наблюдений и получения инструкций по управлению судном. Когда губернатор Нагасаки купил судно у капитана Ричардсона, он поставил непременным условием, что капитан останется командовать во время первого рейса и со своей командой поведет первую японскую торговую экспедицию в Китай; таким образом, этот опытный судоводитель был первым британским подданным, командовавшим японским судном и плававшим под японским флагом. После хорошего четырехдневного плавания судно благополучно прибыло в порт Шанхая, где оно само, а также его груз и пассажиры вызвали большой интерес.

Мистер Медхерст, консул Е. И. В., нанес официальный визит этим «незнакомцам из чужой страны» на борту «Сэндзаймару», где его приняли со всеми проявлениями уважения. Беседа была долгой, и разговор вышел очень интересным. Японцы задавали многочисленные вопросы, касающиеся торговли в Шанхае, основанные на статистических данных. Они спрашивали о таможенных пошлинах в порту и о том, почему для их сбора привлекаются иностранцы; а также о стоимости земли в поселении и возможности приобрести участок; в ответ на эти вопросы мистер Медхерст изложил им наиподробнейшие сведения и предложил нанести ответный визит, если у них возникнут прочие вопросы. В свою очередь, он также сообщил им, что, поскольку ему придется доложить об их прибытии в Шанхай и о своем визите к ним британскому полномочному министру в Пекине, он хотел бы знать, прибыли ли они с целью познакомиться с торговлей или с политическими целями. Они заверили его, что прибыли исключительно с коммерческими целями, и вполне вероятно, что некоторые из них могут остаться в Шанхае и отправить судно за вторым грузом.

Таковы основные сведения, которые дошли до нас относительно этого спонтанного коммерческого предприятия японского правительства, которое настолько противоречит нашим прежним знаниям о его исключительном деспотизме и традиционной политике, что могло бы показаться поэтической фантазией, если бы не действительность. Весьма важно проследить последствия этого неожиданного предприятия, и мы будем возвращаться к этой теме по мере того, как увидим рост и развитие этого нового, японского древа торговли, зерно которого только что было посажено «Сэндзаймару».

Посвятив эту главу китайскому берегу Восточно-Китайского моря, мы теперь обратим внимание на Японию.

Глава 2
Планы японцев
и обстановка в Нагасаки

Когда воды набегут на берег,
она прекратит спать, затворив двери.
Воды в Нихонбаси [сейчас]
впадают прямо в лондонскую Темзу.
Хуан Цзуньсян (1848–1905)
[Huang 1937, тетрадь 3][а]

Теперь мы переходим к тому, как японцы планировали это судьбоносное путешествие в современный мир международной торговли и дипломатии. Безусловно, существовали противодействующие внутренние силы, которые препятствовали усилиям сёгуната Токугава по взаимодействию с внешним миром и даже были готовы пожертвовать как собственной, так и чужими жизнями ради сохранения существующей обстановки. Однако сёгунат при посредничестве бугё, или наместников, Нагасаки и Хакодате начал изучать возможности внешних контактов с конца 1850-х годов. Немногие жители Запада обратили тогда внимание на «Сэндзаймару». Кроме статьи в «Норт-Чайна херальд», приведенной в конце предыдущей главы, Сэмюэл Моссман, редактор издания, рассказал о «Сэндзаймару» в своей книге, которая была опубликована целое десятилетие спустя:

Японское правительство покупает британское торговое судно. Пока правительственные чиновники в Иокогаме демонстрировали свою враждебность ко всему иностранному, в Нагасаки произошла неожиданная сделка, свидетельствующая о высокой оценке нашего судоходства и торговли. В порту Нагасаки стоял британский барк «Армистис» водоизмещением 385 тонн, капитан и владелец которого, Ричардсон, возил туда и обратно в Шанхай местные продукты и иностранные товары, что приносило весьма немалую прибыль. Это во всех отношениях изящное судно содержалось в отличном состоянии и обладало необычайно хорошей грузоподъемностью. Чиновники часто поднимались на борт судна, выражая желание знать все о его перемещениях, и капитан без колебаний отвечал на их вопросы. Однажды его спросили, не продает ли он судно, и он ответил, что не возражает против продажи по справедливой цене. После некоторого размышления и предъявления транспортной книги он попросил 34 тысячи долларов, которые они согласились заплатить. Сделка была заключена, судно передано и переименовано в «Сэндзаймару», что означает «прослужит тысячу лет», — такие корабли еще не встречались в регистре Ллойда. Судно, загруженное японскими продуктами, укомплектованное командой японских моряков и с несколькими чиновниками на борту благополучно добралось до Шанхая. Предполагалось, что оно станет ядром торгового флота под контролем правительства и будет конкурировать с иностранными торговыми судами; но усилия не увенчались успехом, и от проекта в конечном счете отказались [Mossman 1873: 144–145][1].

Хакодате и Нагасаки

За десятилетие, предшествовавшее путешествию «Сэндзаймару», ряд княжеств отправили в Эдо послания с идеями о том, как поощрять не только внешнюю торговлю, но и развитие торгового флота, способного доставлять товары в близлежащие порты. Например, вскоре после первого путешествия коммодора Перри в Японию в 1853 году княжества Фукуока и Хиконэ обратились

---

[1] Хотя японский торговый флот появился после того, Моссман слишком резок в своей оценке его как неудачи; кроме того, единственными настоящими моряками на судне были британцы. Только вот Моссман был редактором «Норт-Чайна хералд» за год до этого и пробыл на этой должности недолго. См. [French 2009: 56].

к правительству Эдо с просьбой начать развитие внешней торговли. Задолго до того момента, когда торговля стала девизом правительства Мэйдзи, княжество Фукуи уже разглядело связь между богатством и могуществом и поддержало план, который привел бы к еще большему богатству и, следовательно, могуществу Японии — в 1857 году власти Фукуи фактически призвали центральное правительство отправить торговые суда в Китай и на Запад. Княжество Кагосима также обратилось к правительству Эдо с просьбой разрешить отправлять коммерческие суда за границу и налаживать торговые отношения, где это возможно [Honjo 1939: 6–8; Honjo 1936]. Эти меры, по-видимому, были продиктованы как желанием приумножить национальные богатства, так и необходимостью обеспечить береговую оборону.

В 1860 году чиновники министерства иностранных дел написали сёгунату письмо с призывом создать Управление по товарам (Самбуцуката), задачей которого стала бы оценка количества различных товаров, вывезенных за рубеж: «Если японские корабли отправить потом в Китай, как мы советовали, они смогут легко принимать заказы от китайских торговцев». Предпочтение китайской продукции при импорте в Японию подчеркивалось, поскольку она была гораздо выгоднее для японцев. Они также отметили сокращение числа китайских коммерческих судов, заходящих в порт Нагасаки, что по счастливой случайности открыло новые возможности для японских торговцев и одновременно обеспечило Китай несомненно необходимыми ему японскими товарами. Другие должностные лица, отвечающие за международные отношения, также поддержали это начинание и выступили с аналогичными предложениями [Honjo 1939: 9–10].

В марте 1859 года Хори Орибэ-но сё (Тосихиро, 1818–1860) занимал должность наместника Хакодате, учрежденную сёгунатом в начале XIX века (и упраздненную по случаю создания наместничества Мацумаэ, а затем воссозданную в 1856 году, когда наместничество Мацумаэ было упразднено), с расчетом в будущем взять на себя полномочия по управлению Хоккайдо и открытию первых японских портов для внешней торговли, одним из которых как раз был Хакодате. Он отвечал за отношения с иностранными торговцами и их судами. Хори и три других чиновника — Мурагаки Норимаса (1813–1880), Цуда Оми-но ками (Масамити, ум. в 1863) и Такэути Ясунори (Симоцукэ-но ками, 1807–1867) — подавали докладные записки в Эдо о том, что Японии необходимо выйти за рамки исключительно внутренней торговли и построить или купить современный корабль (или корабли) ради увеличения прибыли от торговли, обучить собственную команду (или команды) управлять им (или ими), исследовать, какие продукты стоит импортировать в Китай, и изучить, какие правила и предписания там действуют [Hakodate Kamedamaru Roryō Anmurugawa e hakkō ikken 1987]. После того как в июне 1858 года Япония подписала навязанный ей США неравноправный торговый договор, последовали десятки аналогичных договоров с Великобританией, Россией, Голландией и Францией, и уже с января 1859 года чиновники стали свидетелями потока иностранных судов в Хакодате и пагубных экономических последствий: истощения запасов местных продуктов и резкого роста цен на месте из-за возникающего в результате дефицита [Emori 1995: 776–77; Emori 1988; Okita 1943: 262–63; Yonezawa 1942: 86–88; Nōshōmushō kōkōkyoku 1915: 7, 12–14].

План наместника Хакодате и его служащих состоял в том, чтобы Япония активно отправляла торговые суда за границу, а не ждала, пока иностранные корабли войдут в ее порты. Затраты на такое предприятие возмещались бы за счет полученной коммерческой прибыли. В процессе обучения японцы также узнали бы о навигации и международной торговле. Также отмечалось, что другие страны регулярно отправляли корабли в Китай и даже имели торговые дома с конторами в таких портах, как Шанхай и Гонконг. Конечно, Япония не имела договорных отношений с Китаем, но это не мешало китайским торговцам веками заходить в порт Нагасаки. Китайцев вряд ли сильно обеспокоило бы прибытие японского судна в Шанхай — оно оказалось бы всего лишь одним из многих. Каким-то образом, возможно от русских торговцев в Хакодате, они узнали, что русские активно заселяли район реки Амур, особенно в районе города, известного как Николаевск-на-Амуре. Поскольку эти районы находились так близко к Хоккайдо, подчеркнул наместник, их необходимо исследовать. Однако, в отличие от Китая, у Японии было торговое соглашение с Россией, поэтому туда можно было отправить судно «предположительно для торговли [...] [но также] для оценки [местных] условий и других подобных целей[b]». В этой докладной записке он и его коллеги просили — все это предложение было сформулировано как *укагай*, или просьба/запрос, — отправить корабль с такой миссией.

Чиновники сёгуната поначалу воспротивились идее отправить японский корабль вверх по реке Амур. И напротив, с большим одобрением они отнеслись к идее отправки торгового судна в Китай. Их мотивы были простыми и понятными. Маньчжурия, бассейн реки Амур и Камчатка — все они перечислены в докладной записке — явно не были центрами международной торговли. Таким образом, прибыль от отправки туда коммерческого судна была бы ограниченной. С другой стороны, китайские порты открывали гораздо бóльшие возможности для торговли. Другие официальные лица в Эдо предложили компромиссное решение, чтобы судно сначала зашло в порт на российском участке неподалеку от Хоккайдо, а затем отправилось дальше в Шанхай и Гонконг. Сёгунат в конечном счете принял предложение наместника Хакодате направить корабль в Приамурье как для ведения торговли, так и для оценки местных условий.

Тем не менее сёгунат, по-видимому, не счел этот проект достаточно важным, чтобы немедленно приступить к его реализации. Два года спустя наместник Хакодате выдвинул это предложение вновь, добавив в перечень мест для посещений и изучения условий торговли также Шанхай и Гонконг. К началу 1861 года, когда это предложение было получено в Эдо, страна уже была охвачена лоялистским антииностранным движением, но идея такой миссии, особенно в части Китая, тем не менее была одобрена. Хори Орибэ-но сё еще в 1858 году поручил известному корабельному мастеру Цудзуки Тоёдзи (1798–1880) построить 46-тонную двухмачтовую шхуну «Камэдамару»; она была готова к отплытию в октябре 1859 года. Однако наместник Хакодате покончил с собой после сенсационного происшествия в конце 1860 года.

Его пост занял Мурагаки Норимаса, и 26 мая 1861 года «Камэда-мару» под командованием Такэды Аясабуро (1827–1880), с Мидзуно Сёдаю и рядом других должностных лиц, их прислугой, командой из 20 человек, переводчиком с русского и представителем Хакодате отправился в Сибирь — всего на борту было 30 человек. 4 июня они достигли бухты Де Кастри, 27 июня зашли в порт Николаевск-на-Амуре, где оставались почти два месяца, прежде чем отправиться в обратный рейс 21 августа, достигнув Хакодате 2 сентября без происшествий. Товары, привезенные в Россию, — шелк, рис, соевые продукты, картофель и другие товары первой необходимости — продавались в Николаевске, но картина того, как в итоге прошла эта торговая миссия, остается совершенно расплывчатой, поскольку исторических документов с оценкой торговых возможностей в этом регионе не сохранилось[2].

Тем не менее это путешествие во многих отношениях оказалось новаторским: первый корабль в западном стиле, построенный японцами, первое заграничное путешествие и первое исследование России. Но сёгунат хотя и признавал ценность таких первых проектов, гораздо сильней был заинтересован в китайских портах, где было гораздо больше возможностей для торговли и, следовательно, большей прибыли: «Если мы успешно отправим судно в Шанхай или Гонконг, [...] [учитывая] размер территорий, [...] то огромные прибыли для страны» будут практически обеспечены[c, 3]. Они обратились к наместнику Нагасаки.

Возможно, название должности этого не передает, но наместник Нагасаки (должность, учрежденная сёгунатом в начале XVII века) был местным чиновником высшего ранга, который занимался иностранными делами в сёгунате Токугава. В конечном счете на нем лежала ответственность за строго регулируемую торговлю

---

[2] [Kaikō to Hakodate no sangyō keizai 1990: 139–142; Honjo 1939: 12–14; Miyanaga 1995: 15–17]. Рапорт о путешествии под названием «Кокурю-ко си» («История реки Амур») содержит ряд описаний разных вещей, включая иностранные суда и их дела. Цудзуки будет «увековечен» на сцене кабуки как строитель первого западного корабля; см. [Brandon 2009: 204–205].

[3] Цит. по: [Kaikō to Hakodate no sangyō keizai 1990: 143–144].

с китайцами и голландцами и за поведение иностранцев во время пребывания в порту Нагасаки. Все ввозимые товары, особенно книги, тщательно проверялись в порту, и любая вещь, хоть сколько-нибудь связанная с христианством, немедленно запрещалась, а корабль, доставивший ее, должным образом наказывался. Когда в 1859 году Япония была вынуждена открыть порты Канагава (Иокогама), Хакодате на севере и Нагасаки на юге для пяти держав — Великобритании, США, России, Франции и Голландии, — в эти порты заходило множество иностранных судов, большинство из которых прибывали из Шанхая, а также некоторые из Гонконга или непосредственно из США [To-A 1982: 9].

В 1861 году наместником Нагасаки был Окабэ Нагацунэ (1823–1867). В мае того же года он и Огури Тадамаса (1827–1868), высокопоставленный чиновник Министерства иностранных дел, утверждали в совместном официальном докладе, что не стоит рисковать репутацией страны в незнакомой местности, опрометчиво отправляясь в крупный международный порт, особенно с учетом того, что тайпинские повстанцы в то время окружили Шанхай. Также они писали, что Японии следовало бы сначала отправить небольшое количество местных продуктов на голландском судне, плывущем в этом направлении. Аренда голландского судна была идеей Окабэ, по его мнению, это избавило бы от необходимости ходить под японским флагом. Таким образом можно было бы оценить коммерческие условия на международной арене Шанхая, что и являлось основной задачей миссии, при этом не подвергая опасности репутацию и не расходуя слишком много капитала. Как только коммерческая ситуация в Шанхае стала бы ясной, можно было бы продолжить китайско-японские торговые переговоры, направленные на достижение соглашения.

Однако сёгунату, похоже, надоело тянуть время. В начале того же года он запросил мнения чиновников, занимающихся иностранными делами, относительно конкретных планов отправки корабля в Гонконг с целью изучения международной торговли. Высокопоставленные чиновники считали, что не стоит зря тратить время на Гонконг, потому что, несмотря на то что это процветающий порт, куда заходят самые разнообразные суда, там ничего не производится, и в конечном счете он вряд ли мог сравниться с Шанхаем. Гонконг — просто остров, британская колония, и иностранные суда заходили туда в основном для дозаправки и пополнения запасов. Рекомендация чиновников состояла в том, чтобы вместо Гонконга отправиться непосредственно в Шанхай, если Япония хочет добиться результатов по всем заданным направлениям и целям.

В той же рекомендации говорилось, что, поскольку японцы никогда не плавали дальше Шанхая, им следовало после приобретения судна нанять голландскую команду, а возможно, и это было бы даже лучше, арендовать голландский корабль для путешествия. Высокопоставленные чиновники сёгуната Андо Нобуюки (Нобумаса, Цусима-но ками, 1819–1871) и Кудзэ Хиротика (Ямато-но Ками, 1819–1864) самостоятельно навели справки об экспорте в Китай и в феврале 1862 года поддержали идеи Окабэ арендовать иностранное судно. Поскольку просто зайти в порт Шанхая без предварительного разрешения со стороны китайцев было, мягко говоря, опрометчиво, безопасней было бы выдать себя за голландское судно — что они и попытались сделать. Конечно, если бы китайцы это узнали, проект мог бы обернуться катастрофой, но это, похоже, не обсуждалось. В ходе дальнейших консультаций с голландским консулом все больше складывалось впечатление, что поездка в Гонконг не будет выгодной. Однако голландцы твердо заявили, что заключение торгового договора с китайцами должно предшествовать всем усилиям по изучению и ведению торговли с китайцами в Шанхае.

В конечном счете наместник Нагасаки Окабэ получил указание от высокопоставленных чиновников сёгуната проконсультироваться с владельцами и капитанами иностранных судов в гавани Нагасаки и найти «корабль для плавания в Шанхай, чтобы понаблюдать там за методами ведения дел с иностранцами и поэкспериментировать с [внешней] торговлей»[4]. (Наместник Хакодате получил аналогичные указания.) Окабэ провел переговоры с голландским консулом и представителем голландской фактории

---

[4]   Цит. по: [Kaikō to Hakodate no sangyō keizai 1990: 144].

в Нагасаки А. Й. Бодуэном, который проинформировал его касательно стоимости аренды судна, экипажа, проводника и буксировки, как только судно достигнет Шанхая. Бодуэн также ясно дал понять, что торговать с Китаем можно и без предварительного заключения договора — Пруссия именно так и поступила. Затем Окабэ должен был нанять голландское судно и команду в порту Нагасаки, чтобы отплыть с товарами, которые у него были, перевезти группу японцев (которых нужно было еще найти) и получить отчет о состоянии коммерческих дел в Китае. Во время первого рейса в Шанхай не стоило делать акцента на получение прибыли от доставленных туда товаров.

В путевом дневнике, который на самом деле начинается еще до отплытия «Сэндзаймару» в конце мая 1862 года, купец из Нагасаки Мацудая Ханкити рассказывает о своей встрече с переводчиком Ивасэ Ясиро, которая состоялась в одном из чайных домиков 2 апреля 1862 года; так, Ивасэ, который должен был присоединиться к миссии «Сэндзаймару» в качестве переводчика с голландского, уже обсудил некоторые вопросы с Мори Тораносукэ из Торговой палаты Нагасаки и двумя местными торговцами, которые в конце концов отправятся с ним в Шанхай. Трое последних узнали, что аренда двухмачтового судна с водоизмещением 270 тонн обойдется правительству в 1300 «мексиканских» долларов в месяц, а судно водоизмещением в 600 тонн — в 3000 долларов; в других отчетах указывались еще более высокие цены. Для сёгуната такие траты оказались непомерными, и в итоге было решено купить корабль [Matsudaya 1997 (1942): 42 (118); Kawashima 1922: 34–35; Mutō 1925: 164–165; Feng 2001: 47–48; Miyanaga 1995: 20–21].

Таким образом, план теперь состоял в том, чтобы купить судно, нанять иностранную команду, взять на борт переводчиков, не беспокоиться о получении прибыли от груза, перевозимого для торговли в Шанхай, и не плыть под японским флагом. Миссия задумывалась как наблюдение, замаскированное под установление торговых и, в конце концов, дипломатических отношений с Китаем. Но хотя Китай волновал японские власти, основными объектами внимания были иностранные державы, их условия торговли, работа таможни и таможенного управления, а также другие вопросы, касающиеся международного рынка в современном мире. Попутно они хотели выяснить, в чем именно заключалось восстание тайпинов — постепенно этот вопрос приобретал все бо́льшую важность, так как он мог помешать торговым делам Японии в Шанхае и отрицательно повлиять на любые попытки установить дипломатические связи [Ichiko 1952]. (Помимо сёгуната, отдельные путешественники, как мы скоро увидим, также проявляли большой интерес к тайпинам.)

1859 год, год открытия международной торговли в японских портах, был отмечен первым появлением трех британских кораблей — «Азов», «Аден» и «Кадис», совершавших регулярный рейс Шанхай — Нагасаки, как отмечалось в предыдущей главе. Эти суда, как и «Армистис» (которое находилось в Нагасаки, когда сёгунат изменил планы и решил сразу купить судно), среди прочего озолотили своих иностранных владельцев благодаря перевозкам китайских и японских товаров между двумя портами. Есть свидетельства, что еще до того, как японцы сами взялись поставлять свои товары, они уже заняли определенную нишу на рынке Шанхая в Китае. Один из сопровождающих чиновников сёгуната и один из самых молодых членов всей миссии по имени Хибино Тэрухиро (1838–1912) рассказывает, как однажды зашел в магазин керамики в Шанхае и обнаружил выставленную на продажу чашку для японского сакэ с изображением японской красавицы и горы Фудзи[5]. Нагасаки оказался гораздо лучше знаком с внешней торговлей благодаря давней традиции приема китайских и голландских судов, хотя, конечно, в масштабах, не сравнимых с Шанхаем.

В апреле 1862 года сёгунат вступил в переговоры с чиновниками Нагасаки и местными британскими жителями о покупке «Армистиса» у владельца и капитана Генри Ричардсона. 10 апреля группа из восьми японских чиновников отправилась осматривать судно. Вскоре они договорились с владельцем о его продаже за 34 000 долларов (мексиканских), или 30 000 японских рё. Ос-

---

[5] [Hibino 1946b: 62], запись от 5 июня. См. также [Lai 2013: 42–68].

новным покупателем был новый наместник Нагасаки — назначенный в июне 1861 года Такахаси Кадзунуки (Мимасака-но ками). Именно он «окрестил» судно «Сэндзаймару» и санкционировал поднятие японского флага Хиномару. Японскому правительству потребовалось несколько лет, чтобы принять решение о плане действий, но как только оно было принято, дело быстро сдвинулось с мертвой точки. Через два дня после покупки судно «Армистис» отправилось в последнее плавание под этим названием, и капитан Ричардсон пообещал вернуться через месяц. Сдержав свое слово, он причалил в Нагасаки 9 мая, через три дня после этого его посетил наместник Нагасаки, он осуществил покупку судна и официально оформил смену названия[6].

«Сэндзаймару» и его пассажиры

Не сохранилось ни одного профессионального изображения «Сэндзаймару» (или «Армистиса»). У нас есть только грубый набросок Мацудая Ханкити, который едва ли соответствует описанию судна (см. рис. 3)[7].

---

[6] «Норт-Чайна херальд» от 26 апреля 1862 года, с. 68; 10 мая 1862 года, с. 76; [Toyama 1988: 203; Miyanaga 1995: 37–38].

[7] Транслитерация и объяснение заметок Мацудая:
a. Матаросу хэя иригути (вход в комнату матросов).
b. Дэиригути (вход).
c. Коко тю:дан-ни маканайката дзигэякунин комоно-хэя (спальное место, каюты для поваров, чиновников невысокого класса и слуг).
d. Нимоцу дэиригути (выход к багажу).
e. Хобасира ([главная?] мачта).
f. Коко тю:дан дзиякунин сё:нин (тут — спальное место для местных чиновников и купцов).
g. Коко тю:дан Эдо якунин отомо (тут — спальное место для слуг чиновников Эдо).
h. Матаросу (матросы).
i. Мару дзируси (см. примечание): камбадзё: Рандзин хитори-то Накаяма ко:-но хэя ни косираэсо:ро: (каюта, специально выстроенная на палубе для голландца и владельца Накаяма).
j. Сэнсицу (кабина), годзю:яку ситинин (семеро чиновников высшего класса).

Несколько путешественников, находившихся на борту «Сэн-дзаймару» во время путешествия в Шанхай, оставили описания. Нагура Ината (1822–1901) утверждал, что его длина составляла 20 *бу*, или примерно 120 футов, а высота — 3 *бу* (18 футов). Эти измерения были приблизительными, однако недалеки от истины. Такасуги Синсаку (1839–1867) использовал такие меры длины, как *кэн* и *сяку*, и утверждал, что «Сэндзаймару» был длиной 20 *кэн* (около 120 футов), шириной 4 *кэн* и 4 *саку* (28 футов) и высотой 2 *кэн* и 5 *саку* (17 футов) — опять же, измерения близки к тому, что мы знаем из официальных британских отчетов, цитируемых в предыдущей главе [Nagura 1997a: 94; Takasugi 1974: 175] (перепечатано в [Tanaka 1991: 240]).

В каждом упоминании о первом рейсе «Сэндзаймару» всегда говорится, что на борту был 51 японец, но перечислить их имена — задача не из легких. Среди них были высокопоставленные чиновники сёгуната, ответственные за переговоры с китайскими коллегами в Шанхае, а также с голландским посредником, должностные лица Торговой палаты Нагасаки, торговцы из Нагасаки (поскольку это, в конце концов, было коммерческое предприятие), переводчики с китайского и голландского языков, доктор — знаток западной медицины и доктор — знаток китайской (работал судовым врачом у японцев) — все вышеперечисленные были с сопровождающими (многие из них — высокообразованные молодые самураи из множества различных княжеств), — а также повара и матросы. Они распределились следующим образом: пять чиновников сёгуната из Эдо с восемью сопровождающими; семь местных чиновников из Нагасаки с девятью

Трудно установить, кто были эти семеро. Судя по [Nōtomi 1946: 2–3], туда входили Нэдати Сукэситиро, Нума Хэйрокуро, Канэко Хёкити, Накаяма Умонта, Набэта Сабуроэмон, Сиодзава Хикодзиро и Инудзука Сякусабуро (см. ниже). И Хибино [Hibino 1946b: 40], и Нагура Ината [Nagura 1997a: 87] включили туда Накамуру Рюхэя, но он получил отдельную каюту с голландцем Томбринком (см. ниже). Вероятно, недостаток технических терминов отражает незнание Мацудая местных традиций кораблестроения и прочего в Японии того времени. Благодарим Исикаву Ёсихиро (университет Киото) и Тао Дэминя (университет Кансай) за помощь в расшифровке почерка.

Рис. 3. Набросок
«Сэндзаймару», автор
Мацудая Ханкити

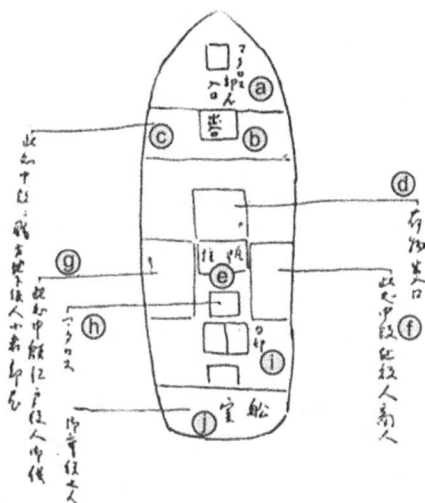

сопровождающими; три чиновника из Торговой палаты Нагасаки, каждый со своим сопровождающим; три торговца из Нагасаки, тоже каждый со своим сопровождающим, шесть поваров и снабженцев; и четверо матросов. Поскольку японцам не терпелось поскорее отправиться в плавание, они наняли капитана Ричардсона и его команду, а это означало, что на борту «Сэндзаймару» также находились 15 подданных Великобритании, включая жену капитана Ричардсона (единственную женщину на борту), старшего помощника, второго помощника, плотника, стюарда, повара и многих других. Последним по счету пассажиром оказался голландский купец по имени Франциск Петр Томбринк (1832–1902), проживавший в Нагасаки и служивший в Нидерландской торговой компании[8]. Томбринк выполнял на

---

[8] В Нагасаки Томбринк жил с некой Хаяси Оя, которая была связана с одним из чайных домиков или публичных домов. У них было двое сыновей: Карел Рикитаро и Эрнст Моносукэ (умер в 1939 году в Нидерландах). Карел остался в Японии после возвращения отца в Голландию в 1870-е годы и стал родоначальником семьи Хаяси, которая до сих пор живет на Хоккайдо. Сведения получены от Германа Моссхарта (личное общение, 11 декабря 2004 года).

борту обязанности судового приказчика, поскольку фактически служил стране, имевшей торговые отношения как с Японией, так и с Китаем. Таким образом, на «Сэндзаймару» всего было 67 пассажиров[9].

Далее следуют их имена, должности и (там, где оно известно) место происхождения:

Чиновники сёгуната

Имя	Должность	Княжество
Нэдати Сукэситиро	проверяющий в Департаменте финансов (Кандзё: гиммияку)	
Хаяси Сабуро	сопровождающий	Айдзу
Нотоми Кайдзиро	сопровождающий	Сага
Канэко Хёкити	управляющий Департамента финансов (Сихай кандзё:)	
Ито Гунхати	сопровождающий	Осака
Хибино Тэрухиру	сопровождающий	Овари (Такасу)
Набэта Сабуроэмон	инспектор тайной службы (Окати мэцукэ)	
НагураИната	сопровождающий	Хамамацу
Кимура Дэнносукэ	сопровождающий	Эдо
Сиодзава Хикодзиро	помощник инспектора тайной службы (Окобито мэцукэ)	
Накамуда Кураносукэ	сопровождающий	Сага
Инудзука Сякусабуро	помощник инспектора тайной службы (Окобито мэцукэ)	
Такасуги Синсаку	сопровождающий	Тёсю

---

[9] Информация об именах и должностях пассажиров «Сэндзаймару» приведена по следующим первичным источникам: [Nagasaki Senzaimaru Shanhai e hakkō ikken 1970; Nagura 1997a: 91–94]. Вторичные источники: [Haruna 1987: 204–207; Tanaka 1991: 485; Miyanaga 1995: 25–27; Feng 2001: 54–55].

Официальные лица Нагасаки

Имя	Должность	Княжество
Нума Хэйрокуро	следователь наместника Нагасаки (Нагасаки бугё: сихай сирабэяку)	
Фукагава Тёэмон	сопровождающий	Сага
Мацумото Ухэй	сопровождающий	Кумамото
Накаяма Умонта	внештатный сотрудник	Эдо
Ямадзаки Ухэй	сопровождающий	Сага
Сакураги Гэндзо	сопровождающий	Ава
Накамура Рёхэй	управляющий (Сихай садамэяку)	
Ёсидзо	сопровождающий	Хирадо
Ивасэ Ясиро	переводчик с голландского (Оранда Коцу:дзи)	
Сэкитаро	сопровождающий	
Сю Цунэдзюро	переводчик с китайского (То: Коцу:дзи)	
Тотаро	сопровождающий	
Сай Дзэнтаро	переводчик с китайского (То: Коцу:дзи)	
Фукумацу	сопровождающий	
Омото Кодо	врач	Омура
Минэ Гэндзо	сопровождающий	Омура

Чиновники Торговой палаты Нагасаки

Имя	Должность	Княжество
Мори Тораносукэ	глава Торговой палаты Нагасаки (Сирабэяку)	
Тёдзо	сопровождающий	
Ватанабэ Ёхатиро	знахарь (Якусю мэкики)	
Дэндзиро	сопровождающий	Симабара
Мацуда Хёдзиро	докладчик Торговой палаты Нагасаки (Кайсё хиссякаку)	
Уити	сопровождающий	

Торговцы

Имя	Должность
Нагайя Киёсукэ	торговец
Сокити	сопровождающий
Мацудая Ханкити	торговец
Дзинсабуро	сопровождающий
Куроганэя Рисукэ	торговец
Сакити	сопровождающий

Повара

Кайити, Китидзо, Какити, Дзэнкити, Сэйсукэ, Хёкити

Моряки и матросы

Сайдзо (Годай Сайсукэ, Сацума), Тюносин (моряк из Сацума), Хатидзо, Гэндзиро

В последующих главах многое будет сказано о пассажирах на борту «Сэндзаймару», но здесь мы хотели бы представить некоторых членов японской делегации, о которых до сих пор было мало что известно, и высказать обоснованные предположения относительно того, почему и как они туда попали. Вряд ли можно сомневаться в том, что многие молодые «сопровождающие» имели мало общего с чиновниками сёгуната и не питали к ним особой симпатии. Впрочем, чувство это, несомненно, было взаимным.

О пяти чиновниках сёгуната, находившихся на борту, несмотря на их высокие посты, мы знаем на удивление мало. Они участвовали в переговорах с китайскими официальными лицами в Шанхае, их имена фигурируют в сохранившихся китайских документах, но на родине их карьера ничем особенным не выделяется. Единственное имя, которое постоянно всплывает в японской истории того периода, — это Сиодзава Хикодзиро (р. 1827), который двумя годами ранее отправился в официальном качестве на борту «Поухатана» в США и был одним из (всего) двух чиновников — членов группы на «Сэндзаймару», побывавших до этого за границей. Несмотря на молодость восьми сопровождающих, им было суждено стать гораздо более знаменитыми, чем пять чиновников сёгуната, которым они прислуживали.

У Нэдати было двое сопровождающих, Хаяси и Нотоми. Второй впоследствии приобрел большую известность. Хаяси был родом из Айдзу, одного из княжеств, оказавшегося на стороне побежденных во время восстания 1867–1868 годов, которое свергло власть сёгуната; Айдзу продержалось еще несколько лет, прежде чем окончательно уступило новому правительству Мэйдзи. Некоторое время он учился в Академии Сёхэйдзака (Сё:хэйдзака гакумондзё), главном конфуцианском учебном заведении Эдо, а позже служил чиновником в своем родном княжестве. После Реставрации Мэйдзи он открыл академию Хаяси в Сидзуоке, которая позже была переименована в Сидзуока гакумондзё. Потерпев поражение в борьбе за власть через несколько лет после миссии «Сэндзаймару» в Китай, Хаяси занялся образовательной карьерой недалеко от бывшей столицы сёгуната Токугава. К сожалению, он не оставил письменных свидетельств о путешествии.

Другой сопровождающий Нэдати, Нотоми Кайдзиро (1844–1918) из Саги, оставил рассказ о своем пребывании в Шанхае, который стал важным источником для нашего исследования. Нотоми был самым молодым участником миссии (из числа тех, чьи годы жизни мы знаем) — ему исполнилось 18 по западному счету всего за две недели до отплытия «Сэндзаймару». Сын художника, он был усыновлен Нотоми Рокуродзаэмоном в 1859 году, но уже в следующем году переехал в Нагасаки, чтобы изучать живопись в стиле Нанга (Южная школа). Нэдати поручил ему понаблюдать за художественной сценой Шанхая, и Такасуги Синсаку писал, что он был в миссии 1862 года, как раз «потому, что он художник. Он все еще довольно юн[d]» [Takasugi 1974: 177, 175; Tanaka 1991: 243]. Как сообщает он сам и подтверждают другие члены миссии, бóльшую часть своего пребывания в Шанхае Нотоми тяжело болел дизентерией и не мог гулять по городу столько, сколько ему хотелось, и осуществлять задуманное. Он смог купить только три картины, две из которых были посвящены войне с тайпинами. Из-за постоянного страха перед тайпинами он участвовал в многочисленных «беседах кистью» (би-

тань, яп. *хицудан* или *хицуго*) с учеными, которые приходили его навестить (обсуждение «бесед кистью» см. в конце главы 4). После Реставрации Мэйдзи в 1869 году он вернется в Шанхай, а затем продолжит изучать живопись маслом в Иокогаме. В 1878 году он выступит в роли судьи на Первой Национальной промышленной выставке. Позднее Нотоми станет пионером в области дизайна в Японии [Fujita 2001; Yamazaki 2003].

Канэко Хёкити получил назначение на должность казначея — именно он занимался решением финансовых вопросов во время путешествия «Сэндзаймару» в Китай. И его отец, и дед служили помощниками астронома сёгуна, Сибукавы Сукэдзаэмона (Кагэсукэ, 1787–1856), сам же он работал в финансовом управлении центрального правительства [Itō 2004: 23; Haruna 1998: 45].

Ито Гунхати, сопровождающий Канэко Хёкити, был ученым из Осаки. Он учился в Академии Сёхэйдзака в то же время, что и Такасуги Синсаку, и слыл талантливым писателем. Они случайно встретились с Такасуги Синсаку на борту «Сэндзаймару», но, по всей видимости, они были знакомы задолго до этой поездки. В Шанхае Ито иногда присоединялся к Такасуги в «беседах кистью» с китайцами.

Другой сопровождающий Канэко, Хибино Тэрухиро, оставил две записи о поездке в Китай, одна из которых полностью состоит из пересказа «бесед кистью». Прекрасный поэт и автор стихов на китайском языке (*канси*), он был наделен знаниями китайского языка, которые сослужили ему хорошую службу в Шанхае. Он родился в Такасу, вассальном княжестве Овари, и позже был усыновлен семьей Хибино. В 1857 году он учился в Нагое у Хаты Цугухисы, а два года спустя переехал в Эдо, где поступил в Академию Рёкусэй Сугихары Санъё. Вернувшись из Шанхая, в 1868 году Хибино стал учителем в Мэйриндо в Нагое, а в следующем году принял назначение от нового правительства Мэйдзи и заступил на службу в Министерство финансов; в 1878 году он ушел в отставку, и с 1879 года и вплоть до своей смерти в 1912 году жил в Киото [Etō 1970; Haraguchi 1989; Azuma 2012: 35].

НагураИната (Синдон), сопровождающий Набэты Сабуроэмона, был одним из самых загадочных пассажиров на борту

«Сэндзаймару» и в то же время одним из самых активных японцев-путешественников в 1860-х годах; несмотря на это, ему посвящено гораздо меньшее количество исследований, чем другим членам миссии[10]. Иероглифы в его имени могут также читаться как Нагура Аната[11], хотя мы называем его Нагура Ината вслед за учеными, которые изучали его биографию. Он происходил из княжества Хамамацу и был вассалом даймё Иноуэ Масанао (Кавати-но ками, 1837–1904), высокопоставленного чиновника сёгуната Токугава, отвечавшего за иностранные дела в последние годы правления сёгуната. Получив хорошее образование в области китайского языка и литературы, которое помогло ему в Шанхае, он переехал в Эдо в 1861 году, чтобы изучать то, что впоследствии станет его специальностью, — военные науки. Этот последний аспект его интересов, включая описания и оценку военной подготовки армии Цин в годы правления императоров Сяньфэна (1851–1861) и Тунчжи (1861–1874), занимает видное место в текстах, которые он оставил после поездки в Китай. Подобно многим из тех, кто преуспел в традиционных восточноазиатских науках, после проведения Реставрации Мэйдзи он оказался лишен возможности реализовать свои таланты, а расточительность завела его в тупик. Тем не менее Нагура был трудолюбив, что признавали его начальники в Хамамацу и в других местах, — этот факт позволил ему занять ряд правительственных постов. В конце жизни он получил должность директора в академии, где изучали и преподавали китайский язык. Помимо двух поездок в Шанхай в середине 1860-х, он еще трижды ездил в Китай и на Тайвань, а также во Францию с официальной делегацией (1863–1864). Позже он преподавал в Кокумэйкан, академии княжества Хамамацу. В последний год своей жизни Нагура передал все свои рукописи ученику и написал: «Я написал несколько томов. Это хроники моих путешествий, в которые я вкладывал душу. Это мое единственное наследство. И теперь я оставляю его вам[e]» [Shirayanagi 1934: 22–23, 25–27, 29, 30].

---

[10] О Нагуре см. [Okita 1942c: 47; Tanaka 1972: 292–94; Morita 2001; Morita 2009].

[11] Например, [Tanaka 1994: 126].

Другим сопровождающим Набэты Сабуроэмона был Кимура Дэнносукэ (р. 1833). О нем мало что известно, за исключением того факта, что он служил помощником Сиодзавы Хикодзиро во время путешествия на «Поухатане» в 1860 году. Таким образом, он и Сиодзава были единственными японцами на борту «Сэн-дзаймару», имевшими хоть какой-то опыт поездок за границу до 1862 года, причем примерно одинаковый.

24-летний Накамуда Кураносукэ (1837–1916), сопровождав-ший Сиодзаву в этой поездке, стал еще одним из тех, кто сделал блестящую карьеру после возвращения в Японию тем летом. Накамуда был военным до мозга костей. В 1856 году даймё княжества Сага отправил его в Военно-морское училище Нага-саки, которое открылось за год до этого. После его окончания Накамуда усердно работал над укреплением военно-морской мощи Саги, а затем и всей Японии. Его даймё, Набэсима Наома-са (1815–1871), особенно интересовался вопросами береговой обороны и горячо выступал за внедрение западных технологий в систему проектирования собственных владений. Накамуда принял активное участие в боевых действиях, которые привели к власти новое правительство Мэйдзи, а вскоре после этого поступил в Университет Кэйо, где изучал английский язык (которым он достаточно овладел незадолго до путешествия на «Сэндзаймару»), позднее он продолжил свое обучение в Англии. К концу 1870-х годов Накамуда дослужился до звания вице-адмирала и в дальнейшем занимал множество высоких постов в японском военно-морском флоте; в 1894 году открыто высту-пил против развязывания Японией войны с цинским Китаем, главным образом потому, что был высокого мнения о Бэйянском флоте [Haruna 1997][12]. В результате он был уволен из Генераль-ного штаба Военно-морских сил.

Последний из числа сопровождающих чиновников сёгуната, Такасуги Синсаку, которому на момент путешествия было всего

---

[12] См. также [Haruna 2001b; Nakamura 1919]. Может, на его восхищение военной мощью флота династии Цин повлияло его пребывание в Китае 30 годами ранее? Вероятно, хотя все-таки вряд ли по множеству причин.

22 года, на сегодняшний день является самым известным из всех 67 пассажиров. Его короткой 28-летней жизни (он умер от туберкулеза всего через несколько лет после возвращения из Шанхая) посвящены многочисленные книги, эссе, веб-сайты и даже романы, а его труды переиздавались несколько раз в собраниях сочинений. То, что он оказался на борту в качестве сопровождающего чиновника сёгуната Токугава, мягко говоря, иронично. Такасуги происходил из княжества Тёсю, одного из самых оппозиционно настроенных по отношению к сёгунату, и был одним из самых яростных бойцов среди местных самураев. В юности, начиная с октября 1857 года, он изучал военное дело, конфуцианские тексты и политику противодействия сёгунату в академии Ёсиды Сёина (1830–1859), Сё:ка сондзюку, и заслужил внимание и большое уважение своего учителя. На следующий год даймё приказал ему продолжить учебу в Академии Сёхэйдзака в Эдо. Любимец властей Тёсю, особенно Мори Садахиро (Мотонори, 1839–1896, приемный сын даймё и сам последний даймё Тёсю), оказался на борту «Сэндзаймару» благодаря «подарку» Сиодзаве Хикодзиро, который смог внести его в список сопровождающих. Этот «подарок» состоял из пяти рулонов шелка и большого количества рыбы и, по-видимому, сработал как взятка. Садахиро приказал ему провести собственное исследование китайской политики и топографии: «Я узнал, что чиновники сёгуната собираются торговать в китайских портах. Сопровождай их и незаметно проберись в [эти] китайские порты, изучи обстановку и их способы управления местными варварами. Затем вернись в наше княжество!»[f, 13] Когда Такасуги отказался, потому что беспокоил-

13 Цит. по: [Umetani 2002: 89]. В личной аудиенции с даймё прямо перед отъездом в Нагасаки Такасуги получил следующие инструкции: «Тебе это придется по душе. Ты отправишься в качестве сопровождающего чиновника в заморское путешествие. Задача сложная, поскольку тебе придется наблюдать за иностранными делами и условиями, институтами и механизмами. Твой доклад после возвращения окажет большую услугу княжеству (кокка). Старайся запомнить все». [Цит. по Umetani 2002: 89]. (此度、御内思召これあり。公儀御役人へ隨從、外國へ差し越され候に付いては、容易さらざる事柄、辛勞の至りに候え共、外國の事情形勢、なお制度器械まで、な

ся за родителей, даймё приказал ему ехать, невзирая ни на какие опасения [Takasugi 1974: 152; Tanaka 1991: 209–210][14].

Даймё княжества Тёсю пытались включить Такасуги в состав миссии в Европу во главе с Такэути Ясунори (Симоцукэ-но ками), которая должна была отправиться в январе 1862 года. В конечном счете от княжества был послан всего один человек — Суги Магоситиро (1835–1920), но в конце 1861 года Такасуги узнал, что он войдет в число участников миссии в Шанхай на «Сэндзаймару». Он уехал в Нагасаки в начале 1862 года и из-за опасений сёгуната по поводу тайпинов и других вопросов застрял там почти на три месяца [Takasugi 1999: 46–48, 62].

Нам еще многое предстоит рассказать о Такасуги Синсаку, но сейчас мы обратимся к официальным лицам Нагасаки и их сопровождающим. Нума Хэйрокуро был главой делегации и человеком, ответственным за все деловые операции в Шанхае. Нам кое-что известно о его усилиях по ведению переговоров с китайскими властями, и мы рассмотрим подробнее этот аспект путешествия в следующей главе. В остальном он наиболее известен миру как приемный отец Нумы Морикадзу (1843–1890), известного журналиста и политического деятеля эпохи Мэйдзи.

Накаяма Умонта (Дзёдзи, 1839–1911) был молодым дипломатом и коммерсантом, уже с 1857 года он изучал английский и голландский языки в Нагасаки. Некоторое время он возглавлял институт изучения английского языка в Нагасаки. Позже Накаяма выучил также французский язык и отправился во Францию знакомить-

---

る丈け見分の及ぶべく、歸國の上申し出候は、一廉國家の御裨益に相成るべく候條、何によろず心を留め記憶仕り候樣、精々心掛け肝要に候。) См. также [Yokoyama 1916: 215–216, 217–220]. Такасуги употребляет слово «варвар» почти как синоним слову «человек с запада» (то есть любой иностранец); в его случае он несет явно негативную культурную коннотацию; нигде не упоминается, имел ли он также в виду маньчжуров или нет.

14 Существует легенда о том, что Синсаку выбрал имя «Токо» (буквально «идти на восток»), чтобы оно контрастировало с буддийским именем императора Тоба (годы правления: 1107–1123) Сайгё-хоси (где «Сайгё» значит «идти на запад»). Синсаку подразумевал поход (ко:) на Эдо (восток) и свержение сёгуната. Историю взятки Сиодзаве см. в [Miyanaga 1995: 30].

ся с военным делом. После Реставрации Мэйдзи он работал в Министерстве финансов, а с конца 1872 года занимал должность генерального консула в Италии. Возможно, из-за того, что он немного знал голландский, на борту «Сэндзаймару» Накаяма жил в одной каюте с Томбринком. Накамура Рёхэй известен нам в основном как чиновник в Нагасаки. Ивасэ Ясиро был во время поездки официальным переводчиком с голландского языка. Скорее всего, он переводил между японцами и Теодором Крусом и, возможно, Томбринком: о других голландцах мы не знаем. Ивасэ, несомненно, также служил во время переговоров с китайскими властями, поскольку Крус, вероятно, слабо знал китайский язык, если вообще знал его, однако в сохранившихся китайских источниках, посвященных этому путешествию, он «цитируется». Два переводчика с китайского, Сю Цунэдзюро и Сай Дзэнтаро, несомненно, имели китайских предков, учитывая их фамилии и тот факт, что практически все китайские переводчики были китайскими иммигрантами или их потомками[15]. К 1862 году Сю уже сделал значительную карьеру в качестве деятеля по подготовке переводчиков с китайского языка в Нагасаки. О Сае мало что известно. Миянага Такаси выдвигает гипотезу, что это мог быть псевдоним Сая Дзэнсукэ, который начал карьеру в качестве переводчика в 1831 году и продолжал в середине 1860-х годов, но это в лучшем случае предположение[16].

Несколько более известен доктор Омото Кодо (1821–1897), отчасти потому, что его ассистент оставил рассказ о путешествии. Омото впервые стал изучать голландскую медицину подростком у Судзуки Сюнсана (1801–1846) в своем родном княжестве Тахара. Он переехал в Эдо в 1839 году, чтобы продолжить медицинское образование у Оцуки Сюнсая (1806–1862) и Цубои Синдо (1795–1848). После еще нескольких переездов в 1854 году он оказался в Нагасаки, где продолжил получать медицинское образование. Ранее, в 1848 году, он был приглашен в княжество

---

[15] Об этой поразительной теме см. [Hayashi 2000; Miyata 1974].

[16] См. http://ameblo.jp/honmokujack/entry-10744418990.html [Feng 1999: 188; Xu 2012; Miyanaga 1995: 31].

Омура местным врачом, Муратой Тессаи, который познакомил его со знаменитым Нагаё Сюнтацу (1789–1855), пионером среди японских врачей, пытающихся искоренить оспу посредством вакцинации. Обычно у человека не было свободы передвигаться и селиться во владениях по своему выбору, но Омото получил разрешение на это в 1850 году в Омуре, а с 1852 года официально поступил на службу к даймё. Менее известное, чем многие другие, княжество Омура отвечало за город Нагасаки, где происходили большинство зарубежных контактов на протяжении периода Эдо и откуда отплыл «Сэндзаймару» [Haruna 1998: 28, 37–38; Jannetta 2007: 138, 174; Nagayo 2004].

Хотя сопровождающие чиновников Нагасаки по своей проницательности и способностям к литературному китайскому языку не сравнятся с сопровождающими чиновников сёгуната, о некоторых все же стоит рассказать подробнее. Фукагава Тёэмон и Мацумото Ухэй служили сопровождающими Нумы Хэйрокуро, и ни один из них не оставил отчета о путешествии. Из рассказов Такасуги Синсаку мы знаем, что Фукагава, самурай невысокого ранга из княжества Сага, провел время в Шанхае в поисках будущих ниш для продажи японских товаров, а также исследовал возможности импорта и продажи китайских товаров в Японии. В марте 1867 года вместе с Сано Цунэтами (1823–1902) (основавшим в 1877 организацию, которая впоследствии будет переименована в Японский Красный Крест) и в составе японской делегацией он посетил Парижскую выставку, чтобы представить европейской публике японские товары [Takasugi 1974: 177]. Мы знаем о Мацумото Ухэй, что он был самураем из княжества Хиго (Кумамото). О двух сопровождающих Накаямы Умонты мы знаем, что Ямадзаки Ухэй был самураем низкого ранга из Саги, как и Фукагава Тёэмон, а Сакураги Гэндзо был одиноким путешественником из княжества Ава. За еще одним исключением мы ничего не знаем о других сопровождающих из этой категории пассажиров.

Исключением был Минэ Гэндзо (Киёси), сопровождающий доктора Омото Кодо из княжества Омура. Он был самураем, который к тому же изучал астрономию, математику и методы геодезической съемки сначала в академии княжества Гокёкан, а в 1850 году — в Эдо, у Сибукавы Сукэдзаэмона, одной из великих фигур в календарной и астрономической науке поздней эпохи Токугава. Вернувшись домой в 1855 году по неизвестным причинам, он занимал ряд местных должностей. Он также был сведущ в голландских науках [Haruna 1998: 29, 39].

Чиновники, присланные Торговой палатой Нагасаки, также были неприметны. Главная фигура, Мори Тораносукэ, по-видимому, происходил из известной семьи, которая на протяжении нескольких поколений служила в Торговой палате. Основываясь на общественных реестрах того времени, Миянага Такаси предполагает, что, заняв ряд важных должностей в Нагасаки, Мори к 1865 году проработал в Торговой палате около 35 лет [Miyanaga 1995: 31]. Ватанабэ Ёхатиро много лет служил ревизором по лекарственным средствам; спустя несколько лет после миссии в Шанхай и к началу Реставрации Мэйдзи он проработал там в общей сложности 53 года. О Мацуде Хёдзиро и трех сопровождающих из этой группы сведений пока не обнаружено.

Три торговца из Нагасаки, отобранные для миссии, порождают больше вопросов, чем ответов. Поскольку поездка, по крайней мере на первый взгляд, задумывалась как попытка развития торговли с Китаем, несомненно, торговцы были нужны. Но почему взяли именно этих? Долгий совещательный процесс, приведший к этому выбору, начался ранней осенью 1861 года, то есть еще задолго до того, как было найдено судно. Поначалу никто из торговцев не заинтересовался путешествием в Китай, и Нуме было трудно найти участников миссии; в октябре 1861 года он обратился в Торговую палату Нагасаки и в конце концов нашел трех человек [Feng 2001: 235–236]. И все же, с типично традиционным для самураев отвращением к представителям сословия торговцев, Такасуги решил, что вся поездка в Шанхай была следствием солидной взятки, предложенной торговцами Нагасаки наместнику Нагасаки Такахаси Кадзунуки[17]. В конце концов,

<hr/>

[17] [Takasugi 1974: 175; Tanaka 1991: 240]: «Изначально эта заморская поездка в Шанхай стала следствием взятки, которую купцы из Нагасаки дали г-ну Такахаси [...] чтобы купцы получили выгоду. Кроме того, чиновники, которые

Мацудая, Нагая (р. 1817) и Куроганэя (р. 1835) согласились присоединиться к миссии и помогли найти подходящее и доступное по цене судно, причем Куроганэя включили в состав делегации несмотря на то, что в его послужном списке значился арест за незаконную тайную коммерческую деятельность[18]. Изначально к миссии должен был присоединиться торговец, Касугая Бунсукэ, но он серьезно заболел, и его имя пришлось вычеркнуть из списка. На замену пришел Нагая [Kawashima 1922; Kawashima 1926: 120–121; Koga 1923; Shirayanagi 1931: 211–214]. Интересно, что все трое мужчин (четверо, считая Касугая) имели в фамилиях иероглиф я, указывающий на «торговый дом», как пережиток сословной системы Токугава. Мацудая, как отмечалось выше, был единственным, кто оставил воспоминания о поездке, и вполне объяснимо, что в них содержится море информации о продуктах, взаимодействии с китайскими торговцами, а также наименования и количество грузов, перемещающихся в обоих направлениях. Он также был единственным не из числа самураев, кто оставил тексты об этом путешествии.

По понятным причинам мало что известно об оставшихся моряках, палубных работниках и поварах. Однако один из них, самурай Годай Сайсукэ (позже Томоацу, 1836–1885), заслуживает отдельного упоминания. Княжество Сацума не смогло внести его в список пассажиров, но тем не менее ему удалось наняться

прибыли из Эдо, по большей части были из лагеря Такахаси, и все обыватели (дзокубуцу)» (此度上海渡海互市之根起ハ、必竟長崎商人共…高橋某ニワイ賂ヲ遣ヒ、商人共私之利ヲ得ントナス也。又江戸來リシ官吏モ、多クハ高橋薫ニテ、皆俗物故). Несколькими строчками выше Такасуги высокомерно ругает Такахаси схожим образом, но по другому поводу: «После покупки корабля (то есть "Армистиса") его назвали "Сэндзаймару". Говорят, что имя придумал наместник Нагасаки, Такахаси Мимасаки-но ками. Я слышал, что Такахаси находится в лагере Андо Нобумаса и что он обыватель. Достаточно видеть, насколько он прост, хотя бы по тому, как он назвал корабль (то есть "Сэндзаймару")» (此船買入之後、千歳丸ト名ク。是長崎奉行高橋美作守ノ名ヅクル所ト云フ｛聞ク、高橋ハ安藤閣老之薫ニテ、頗ル俗物也ト。其所名ノ船號、以テ可知其為人俗。｝). См. также [Fujii 1954: 60; Haraguchi 1989: 2].

18 Накамура в [Nakamura 1919: 211] считает, что появление Куроганэя в списке пассажиров указывает на коренные изменения в Японии.

матросом. Он узнал об этом путешествии, изучая навигацию в Нагасаки, от Ивасэ Кохо (1832–1891), голландского переводчика, работавшего в этом городе. Годай бросился в княжескую резиденцию в Осаке к только что прибывшему туда даймё Симадзу Хисамицу (1817–1887) и попросил разрешения присоединиться к миссии, которое было получено вместе с секретным приказом купить пароход для Сацумы и оценить возможности для торговли княжества (не Японии в целом) с Шанхаем. Остается загадкой, как ему удалось наняться матросом и подавить самурайскую гордость, задетую необходимостью носить одежду и прическу простолюдина (а также отказаться от самурайских мечей). Позже он стал одним из пяти японцев, тайно вывезенных из Японии на учебу в Великобританию в 1865 году. После Реставрации Мэйдзи он недолго проработал в правительстве, но затем занялся коммерцией, в которой был весьма успешен, став первым президентом Торговой палаты Осаки, основанной им же в 1878 году [Takasugi 1974: 143, 154; Tanaka 1991: 212][19].

Как мы увидим в следующей главе, многие члены японской делегации болели в Шанхае дизентерией и корью, бушевавшими тогда в Нагасаки, где они ими и заразились, пока ждали отправки. К сожалению, трое членов группы умерли в Шанхае: Сэкитаро от дизентерии; Хёкити от холеры; и Дэндзиро по неназванной причине, но вероятно, от тяжелой формы дизентерии. Хёкити, один из поваров, ранее потерпел кораблекрушение на судне, направлявшемся в северную Японию, и, по словам Мацудая, был вынужден целых пять лет жить на необитаемом острове [Matsudaya 1997 (1942): 50 (126)][20].

Итак, кто же не был представлен в этом списке? В нем были граждане трех стран: Великобритании, Нидерландов и Японии. На корабле развевались три флага, а Томбринк выступал в качестве судового приказчика. Все это также оказалось полезным для прикрытия очевидной лжи, когда японцы обратились к даотаю Шанхая и заявили, что «Сэндзаймару» был голландским кораб-

---

[19] О Годае см. [Miyamoto 1981; Okita 1942b; Tanaka 1921; Shirayanagi 1931: 219–222].

[20] См. также [Okita 1943: 105].

лем. Возможно, Томбринк и был судовым приказчиком, а Крус — их представителем и посредником, но именно японское правительство владело этим судном и наняло британскую команду для того, чтобы управлять им.

В списке пассажиров не значился ни один китаец. В Нагасаки проживало по меньшей мере несколько сотен китайцев, которые говорили на двух языках. Конечно, к делегации присоединились два китайских переводчика, но на самом деле переговоры между японскими и китайскими официальными лицами велись с использованием переводчиков европейских языков в качестве посредников. Это может подчеркнуть тот факт, что путешествие было спланировано как способ оценить возможности международной торговли и что Шанхай был наиболее удобным местом для достижения этой цели. Общение с китайскими властями и обеспечение права торговли и консульства, возможно, были важными пунктами, однако они были лишь частью более грандиозного плана. Вопрос, почему сёгунат обошел стороной местную китайскую общину, остается открытым. Еще на корабле почти полностью отсутствовали женщины. Кроме миссис Ричардсон, жены капитана, делегация полностью состояла из мужчин, как и экипаж, — и для того времени это было вполне ожидаемо.

За исключением местных чиновников, поваров и матросов, всем остальным пришлось добираться в Нагасаки из других районов Японии. Самая большая группа прибыла из соседнего княжества Сага, а несколько других — из княжеств на Кюсю. В эпоху, предшествовавшую грядущей легкости и относительной свободе передвижения, это было немалым достижением. Поездка из Нагасаки в Шанхай была достаточно трудной и по другим причинам, но и добраться до Нагасаки было совсем не просто.

Глава 3
Прибытие в Нагасаки, погрузка и дорога в Шанхай

Если бы мы могли собрать все рассказы о путешествиях нескольких десятков человек на этом корабле в один сборник, то, осмелюсь сказать, это было бы чрезвычайно выгодно, хотя жалею, что моих сил на это не хватит[a].

Нотоми Кайдзиро [Nōtomi 1946: 13]

Дорога в Нагасаки

Удивительно, что Шанхай ближе к Нагасаки, чем Эдо (Токио), — расстояние между ними составляет 516 миль и 625 миль соответственно. Кроме того, между ними существовало прямое сообщение по воде, в то время как сухопутные путешествия в Японии середины XIX века — совсем другая история. В наземных путешествиях по Японии были и горы, которые нужно было пересечь или обойти; и гостиницы, и трактиры, которые нужно было найти и вовремя занять; и заставы на границах княжеств (сэкисё), которые можно было пройти только при наличии необходимых документов; и дополнительные расходы, которые возникали из-за значительной продолжительности такого путешествия по суше.

Пятеро чиновников сёгуната не занимались повседневными заботами, которые возникали в пути, а перекладывали их на своих слуг. Несомненно, сами они даже не ходили по дороге, а, скорее всего, ехали в паланкинах. Тем не менее до прибытия в Нагасаки они не виделись с приставленными к ним сопровождающими, а значит, те не помогали им в дороге. В конце концов, возможно, зная, что корабль без них не отплывет, чиновники сёгуната не торопились. Их путь из Эдо в Нагасаки занял 44 дня, 9 марта они наконец прибыли в город.

Сведений о том, как наши путешественники в Шанхай попали в Нагасаки, совсем немного, если не считать, конечно, тех, кто уже там жил. Как только Годай Томоацу услышал о миссии в Китай, он приложил все усилия, чтобы присоединиться к ней. Мы совершенно случайно знаем, что ему потребовалось 20 дней, чтобы преодолеть расстояние примерно в 520 миль на быстроходном паланкине и добраться из Осаки (где он получил разрешение своего даймё покинуть пределы княжества) в Нагасаки.

Такасуги Синсаку отбыл в Нагасаки вскоре после встречи в Эдо 31 января 1862 года со своим даймё и благодетелем, на которой ему подарили хакама на подкладке (традиционные широкие штаны, похожие на шаровары с разрезом, которые носили мужчины) и передали документы на поездку (о которых говорилось в предыдущей главе). На следующее утро после прощального застолья с несколькими десятками друзей он покинул Эдо; к сожалению, у нас нет подробностей о его поездке до Нагасаки. Из поздних писем мы знаем, что по пути он остановился, чтобы засвидетельствовать почтение даймё в резиденции княжества Тёсю в Осаке. Вероятно, он прибыл в Нагасаки незадолго до чиновников сёгуната. Это означает, что с момента своего приезда и до момента отплытия «Сэндзаймару» в Шанхай 27 мая в Нагасаки Такасуги провел более двух с половиной месяцев (см. рис. 4).

Что Такасуги делал все это время? Даймё тайно дал ему значительную сумму (500 рё) — хотя и гораздо меньше, чем было у Годая, — чтобы покрыть расходы. В какой-то момент он встречался с двумя американскими миссионерами, Ченнингом Муром Уильямсом (1829–1910) и Гвидо Вербеком (1830–1898), в Софукудзи, храме школы дзэн Риндзай, что находился в квартале

Рис. 4. Такасуги Синсаку

Кадзиямати города Нагасаки, в котором оба они тогда жили[1]. По словам Такасуги, Уильямс и Вербек прибыли в Нагасаки в 1859 году, как только это стало возможным, и теперь, три года спустя, свободно владели японским языком. Они рассказали ему о Гражданской войне, бушевавшей тогда в США и не имевшей пока победителя, которая, как он сам заметил, мало чем отлича-

---

[1] Об Уильямсе см. [Minor 1959]. О Вербеке см. [Griffis 1900; Earns 1997].

лась от восстания тайпинов в Китае. При этом ни Китай, ни Соединенные Штаты не находились в состоянии войны с чужой страной. «Из этого разговора я сделал вывод, что гражданскую войну они считали более страшной, чем войну с другими странами»[b].

Затем Такасуги спросил, существует ли в США система социального деления, которую можно было бы назвать аналогом японского деления на самураев и простолюдинов. Преподобный Уильямс ответил отрицательно — что, казалось бы, противоречило словам Такасуги о том, что оба миссионера были сторонниками американского Юга. Однако в этом Такасуги, несомненно, ошибся, поскольку Вербек на личном опыте узнал, насколько ужасающим на самом деле был «особый институт» (peculiar institution) рабства на Юге. Уроженец Нидерландов, Вербек приехал в Соединенные Штаты, когда ему едва минуло 20. Некоторое время он работал инженером-строителем в Арканзасе, прежде чем заняться текстилем, но, придя в ужас от жизни рабов на плантациях по всему американскому Югу, подпал под влияние священника Генри Уорда Бичера (1813–1887), брата аболиционистки Гарриет Бичер-Стоу (1811–1896). После столкновения с эпидемией холеры он дал обет стать священнослужителем, если выздоровеет; вскоре после семинарии он отправился служить миссионером в Японию. Уильямс, виргинец по происхождению и, следовательно, южанин, утверждал, что любой американский президент — Такасуги использовал здесь термин «король» (кокуо:) — был простолюдином, как и все остальные. Точнее говоря, его соотечественник из Виргинии Джордж «Вашингтон (Васинтон) изначально был простолюдином, а затем стал президентом (дайторё), позже вернулся к простым людям, а затем снова стал президентом (кокуо:)»[c]; предположительно речь шла о двух сроках пребывания Вашингтона на посту президента. Затем Такасуги спросил об американских продуктах. Ему сказали, что США производят много зерновых, а также изделий из хлопка, но что на Юге их крайне мало, — и что-то здесь не так, учитывая огромные хлопковые поля южных штатов, однако, возможно, речь шла о том, что относительно малая часть произведенного на Юге хлопка шла в продажу, или о том, что Гражданская война резко сократила производство.

В момент наибольшего разгара беседы оба священника увели разговор в тему христианства, но Такасуги «не хотел слушать, поэтому ушел»[d]. Затем он добавил: «Оба хотели, чтобы я учил их японскому. Мне это показалось очень странным. Углубляясь в свои намерения, они хотят [выучить японский язык, чтобы] распространять христианство в Японии. Я бы хотел, чтобы их держали подальше от важных людей»[e] [Takasugi 1974: 164–65; Tanaka 1991: 228–229][2].

Позднее, во время своего пребывания в Нагасаки — Такасуги не датировал свои встречи и переживания в Нагасаки до отъезда «Сэндзаймару», а просто начинал каждую запись словами «как-то раз» (*итинити*), — он познакомился с Жозе Лоурейро (1835–1893), португальским коммерсантом, который в то время служил консулом Франции и Португалии; он отказался от первой должности в ноябре 1862 года и до 1870-го сохранял вторую, пока не переехал в Токио, чтобы занять там должность посла. Лурейро объяснил Такасуги относительные достоинства и сильные стороны французских и британских вооруженных сил, линкоров и конкурирующих вооружений, он особенно подчеркнул ведущую роль в этой отрасли Франции, несмотря на мощь британской артиллерии. Однако Британия доказала, что путь к национальной силе лежит через строительство линкоров, и теперь никто не сомневался, что «таким образом, Британия будет самой могущественной страной в мире»[f]. Теперь она строила собственные линкоры с огромными пушками. Такасуги понял из этого, что сильное государство — под которым он подразумевал Тёсю, еще не «Японию», — не только желательно, но и что Тёсю (Япония?) также нуждалось в новых, более совершенных военных кораблях. Без этого вся ненависть к иностранцам и болтовня об «изгнании варваров» были пустой тратой времени. Тёсю станет сильнее только благодаря торговле и развитию собственного военного

---

[2] Мы не обнаружили ни единого упоминания встречи Такасуги с преподобными Уильямсом и Вербеком в их рукописях или опубликованных трудах.

потенциала [Feng 2001: 215]. Таким образом, еще до того, как он
ступил на борт «Сэндзаймару», не говоря уже об улицах Шанхая,
Такасуги уже видел неувязки в ограниченном, высоко идеологи-
зированном мировоззрении, с которым он прибыл в Нагасаки.

В другой записи Такасуги утверждает, что однажды, прогуливаясь вечером по порту, он столкнулся с американским консулом.
Вероятность этого события невелика, как и вероятность разговора, о котором он пишет, — если только консул бегло не говорил
по-японски или рядом с ним не оказался бы переводчик. Тем не
менее Такасуги передал слова консула о переговорах между несколькими европейскими министрами и Японией, посвященных
вопросу открытия портов Хёго и Осака и его возможных последствий. Еще в одной записи он рассказывает о визите к Морите
Иситаро, официальному голландскому переводчику, проживаю-
щему в Нагасаки. Морита был «взбешен насилием варваров и
планировал уйти в отставку»[g], хотя его сын все еще работал
переводчиком. Выдающийся знаток японской национальной
науки (*кокугаку*) из школы Мотоори Норинага (1730–1801), он,
по-видимому, поделился с Такасуги всем, что его тревожило,
и особенно все нарастающим чувством неприязни по отношению
к иностранцам. По словам Мориты, больше всего следовало
опасаться России. «Хотя Англия была великой страной, ей в целом
можно было доверять. С Россией дело обстояло иначе» [Takasugi
1974: 165–166].

Когда 25 мая пришло время садиться на корабль, Такасуги
чествовали и провожали двое других уроженцев Тёсю, которые
учились в Нагасаки: Кисима Камэносин (1838–1909) и Накараи
Синкэн (ум. в 1919).

Несмотря на то что в 1860 году ему не удалось попасть в число
участников делегации в поездке в США, Накамуде Кураносукэ
было суждено присоединиться к группе на «Сэндзаймару». Врач
его княжества, Кавасаки Мититами (1831–1881), который был
членом делегации в путешествии 1860 года в США, посоветовал
ему навестить предполагаемого распорядителя путешествия на
«Сэндзаймару», Сиодзаву Хикодзиро, и засвидетельствовать ему
свое почтение. С этой целью Накамуда встретился с Сиодзавой

в Эдо, а 25 января 1862 года сопровождал его в Нагасаки вместе с несколькими другими участниками, которые также собирались в Шанхай. Путешествие из Эдо в Нагасаки заняло в общей сложности 46 дней. Они прибыли в середине марта, задолго до отплытия корабля. Меньшую часть этого времени он потратил на осмотр достопримечательностей вместе с Сиодзавой, бóльшую же посвятил изучению математики с преподобным Вербеком и занятиям английским с Мисимой Суэтаро, официальным переводчиком и его другом со времен совместной работы в Военно-морском училище Нагасаки. Позже Такасуги напишет, что Накамуда преуспел в изучении английского языка и мог легко вести беседу [Nakamura 1919: 184–196, 198–200; Haruna 2001a: 58–59; Umetani 2002: 91–92; Shirayanagi 1931: 223].

Погрузка товаров и пассажиров

По состоянию на 12 мая 1862 года корабль, названный «Сэндзаймару», находился у японцев. Через четыре дня они начали погрузку угля, а затем подняли японский флаг. На следующий день, 17 мая, местные чиновники встретились с тремя торговцами из Нагасаки, чтобы выпить на прощание в широко известном заведении под названием «Кагэцуро:». Шесть дней спустя был получен приказ снять весь груз, предназначенный для отправки в Китай, ради проверки официальными лицами Нагасаки, а на следующий день (24 мая) около 600 тонн были снова погружены на «Сэндзаймару». Официальные лица Нагасаки были известны своей осмотрительностью в отношении грузов из Китая и других стран, но такое отношение к грузам, готовящимся к отправке, кажется чрезмерным. Возможно, оно было как-то связано с необычным характером этого путешествия. На следующий день все пассажиры поднялись на борт.

Груз на борту корабля был двух видов: товары, перевозку которых обеспечивал сёгунат, и товары трех торговцев из Нагасаки, которые отвечали за то, чтобы груз был доставлен на борт и закреплен. Ответственным был Мацудая Ханкити и его товарищи; он также составил обширный список с подробным описанием привезенных предметов [Matsudaya 1997 (1942): 45–50 (121–126)]. Однако никто из торговцев ранее не бывал в Китае и не имел возможности выяснить, какие товары будут коммерчески востребованы китайцами. Таким образом, они взяли за правило наблюдать за тем, что покупают и увозят домой китайские корабли, приходящие в Нагасаки. Мацудая описывает, например, встречу в ноябре 1861 года с китайским торговцем Чжан Дэчэном, который, возможно, рассказал, что японцам стоит везти в Шанхай; Позже Чжан стал членом «Ко:-А кай» (Общество восходящей Азии), одной из первых паназиатских ассоциаций, которая внесла вклад в свержение династии Цин [Kuroki 2005: 624].

Какой груз в итоге привезли из Японии в Китай? Множество самых разных товаров, потому что торговцы строили в отношении этого направления свои далекоидущие планы; в итоге, несмотря на стремление заключить торговый договор, наблюдение за западными державами и международной торговлей было одной из основных целей миссии. Сушеная рыба (морской огурец, морское ушко, каракатица, скумбрия) и другие морские продукты (агар и комбу), уголь, женьшень, камфара, белые нитки, хлопчатобумажная ткань, лакированная посуда и другие предметы ремесел, сигареты, бумага, метлы, стаканчики для сакэ и бутылки — все эти товары были выбраны на основании наблюдений торговцев и приказчиков за грузами, которые китайцы погружали на корабли в Нагасаки и увозили домой. Торговая палата Нагасаки предоставила торговцам 3000 американских долларов и денежный перевод на сумму 27 000 мексиканских долларов, которые необходимо было в нужное время перевести в консульство Нидерландов в Шанхае. В данном случае под консульством Нидерландов имелся в виду Теодор Крус и его компания, потому что он играл роль и вице-консула, и коммерсанта, и посредника между китайцами и японцами. В итоге многие товары ушли за бесценок, груз не принес никакой прибыли.

Какими бы жаркими и влажными ни были поздняя весна и лето на Кюсю и в Шанхае, 1862 год, по общему мнению, выдался особенно жарким. Через день после погрузки все японские

пассажиры поднялись на борт (25 мая) в условиях сильной пере-
грузки. Они заняли отведенные каюты — все, как сообщается,
душные. Чиновники разместились в одном конце корабля (см.
схему Мацудая в предыдущей главе). Многие вышли на палубу,
спасаясь от жары. Хотя в тот вечер жара спала и многие выспа-
лись, корабль не отчалил. Поползли слухи, не имеющие под собой
никаких оснований, но никто не сообщил пассажирам, почему
они все еще стоят в Нагасаки. Такасуги заболел корью, которая
тогда свирепствовала в городе, и еще не полностью выздоровел,
поэтому поднялся на борт ночью, когда его никто не мог видеть.
Типично несдержанный, Такасуги в своем рассказе обрушился
на японцев: «Увы, японцы такие нерешительные, просто смирив-
шиеся с обстоятельствами, слабые и вялые. Это наверняка вызовет презрение иностранцев. Крайне прискорбно и нелов-
ко»[h] [Takasugi 1974: 153;Tanaka 1991: 211].

Наконец до пассажиров дошла весть, что они отплывают на
следующий день. Перед отплытием они собрались, и Накамура
Рёхэй из Торговой палаты Нагасаки зачитал им список из 14 чрезвычайно строгих правил поведения на борту судна. Они читают-
ся почти как лагерные, но, несомненно, свидетельствуют о нер-
возности чиновников и их полной неопытности в обращении
с судами такого размера.

> 1. Будьте осторожны с огнем. Курите вблизи очага [на кух-
> не?]. Следите за тем, чтобы огонь не распространялся.
> Больше не курите нигде[i].
> 2. Не используйте бумажные фонарики на борту судна[j].
> 3. Свет выключается после [примерно] 10:00 вечера, за ис-
> ключением кают[k].
> 4. [...] Огонь на кухне тушите [около] 8:30 вечера[l].
> 5. Одно сё [1,8 литра] воды на человека в день во время
> пребывания на судне[m].
> 6. Если у вас есть какое-то дело, обсудите его с Накамурой
> Рёхэем[n].
> 7. Излишне напоминать, что на борту нельзя шуметь[o].
> 8. Не зажигайте огонь в каютах[p].
> 9. Не ходите по комнатам без конкретной надобности[q].
> 10. Не сходите на берег без разрешения официального лица[r].

11. На борт запрещается приносить вещи, которые можно принять за торговый груз. Что касается личных вещей, то обратитесь с запросом к должностному лицу и получите инструкции[s].

12. Когда вы выходите в море во время стоянки в порту или во время ожидания, сообщайте обо всех приходах и уходах официальному лицу. Не покидайте судно по своему желанию[t].

13. Не обменивайтесь письмами с иностранцами без официального разрешения[u].

14. Чуждые религии официально запрещены. Даже если кто-то совершает религиозную службу, не верьте ничему[v, 3].

Как заметил Хибино Тэрухиро, хотя и молодой, но уже заядлый курильщик, «правила были чрезвычайно строгими. Любому, кто нарушит эти правила, будет запрещено ступать на сушу»[w] [Hibino 1946b: 41].

Выход в открытый океан

Наконец, 27 мая британская команда закончила работы на борту, и примерно две или три дюжины буксиров начали выводить «Сэндзаймару» из порта Нагасаки. Около пяти лодок поменьше присоединились для сопровождения его в открытое море у близлежащего Кандзаки. Юный Хибино испытал момент поэтического вдохновения, находясь в предвкушении предстоящего путешествия: «Ах, нас разделяют 10 000 ли, когда же мы снова встретимся?»[x] Судно направлялось на юго-запад (Накамуда, единственный японец в этом путешествии, имеющий серьезную подготовку в области навигации, записал «запад-юго-запад»), буксиры отвезли его в открытое море, после чего вернулись в Нагасаки. Поздним утром «Сэндзаймару» направился в сторону Номодзаки на юго-западной оконечности полуострова Нагасаки. В ту ночь прошел небольшой дождь, поднялся северо-восточный ветер, так они начали свой путь. Наблюдательный Ма-

---

3   Цит. в: [Okita 1943: 108–110; Miyanaga 1995: 49–50; Nakamura 1919: 212–214] и много где еще.

цудая заметил шедший немного впереди трехмачтовый британский барк «Уотер Витч» (Water Witch), который вышел из порта в то же время, что и «Сэндзаймару»[4].

На следующий день, первый полноценный день в море, поднялся мощный северный («восток-северо-восток», отметил Накамуда) ветер с дождем и бушующими волнами. Дождь и туман не прекращались с полудня, но особенно сильными они были ночью. Накамуда сравнил волны с «несущими конями» (хомба) — этот образ примерно век спустя использует Мисима Юкио (1925–1970) в качестве названия одного из романов — и отметил, что корабль набрал воды на фут. Многие пассажиры испытали то, с чем мало кто из японцев сталкивался на протяжении столетий: морскую болезнь. Или, как выразился Такасуги в необычайно нежной форме, «мужи на борту корабля были сильно подавлены»[y]. А вот слова Минэ Киёси: «Ветер и дождь не прекращались ночью. Лодку трясло, и я не мог заснуть в ту ночь. Многих пассажиров стало тошнить от качки»[z]. Возможно, современный термин «морская болезнь» (фунаёи) еще не был в ходу в 1862 году, поскольку во всех рассказах упоминается дискомфорт, но описывается он по-разному. Однако до ненастной погоды все те, кто вел записи, сообщили, что увидели в ранние утренние часы острова Мэсима и Осима в Восточно-Китайском море, а также город Фукуэ в юго-западной части префектуры Нагасаки (ныне), за островами Гото [Nakamura 1919: 214; Takasugi 1974: 153; Mine 1997b: 24][5].

Возможно, виной всему был океанский воздух или морская болезнь, но Хибино (как он часто это делал), чтобы выразить свои чувства в этот день, находясь в море, обратился к китайскому стихосложению:

---

[4] [Hibino 1946b: 41; Matsudaya 1997 (1942): 51; Takasugi 1974: 153; Tanaka 1991: 211; Nakamura 1919: 214; Nagura 1997a: 96]. Минэ Киёси также заметил британское судно, которое выходило из порта, см. [Mine 1997a, 1997b] (перепечатка в: [Haruna 1998: 79]).

[5] В словарной статье о морской болезни (фунаёи), словарь *Нихон Кокуго Дайдзитэн* [Nihon kokugo daijiten 2006, 11: 986] приводит цитату из эпохи Муромати и 1840 года, то есть раннего Нового времени.

Как нам переплыть тысячи миль по опасному морю?
Наше огромное судно яростно разрезает волны,
наше путешествие не ради красивых пейзажей
но ради политики нашей страны.
Свидетель эпохи, когда великий талант Чао Хэна был
                                                                      отмечен сполна,
когда обширные познания Киби [но Макиби] были
                                                                 занесены в анналы истории.
То были древние времена, когда господствовало
                                                                 культурное правление,
а затем наступила пора огромных трудностей.
Отважные люди, что пустились в море, полны решимости.
Они проголодались до такой степени, что стали бы есть
                                                                 свою плоть.
Мы не хвастаемся мечами у себя на поясе [то есть былой
                                                                 славой].
Но мы, японцы, мужественные и праведные[aa].
[Hibino 1946b: 43]

В несколько самодовольной манере Хибино воспевает путешествие, ставя его в один ряд с аналогичными, гораздо более ранними поездками из Японии в Танский Китай (кэн-то си), предпринятыми Чао Хэном (698–770) (так по-китайски звали Абэ-но Накамаро), и Киби-но Макиби (693–775), знаменитыми учеными, которые приехали в Китай в 717 году и прожили там 53 года и 17 лет соответственно.

На следующее утро, первый день пятого лунного месяца, 29 мая по западному календарю, дожди продолжали лить как из ведра. Паруса корабля, за исключением одного маленького, были убраны, и «Сэндзаймару» кидало из стороны в сторону по прихоти стихии. Мацудая даже нарисовал, как он заваливается набок (см. рис. 5).

Минэ отметил, что у судна не было возможности продвинуться в море, поскольку оно раскачивалось весь день и всю ночь: «Люди и багаж опрокидывались наземь. Каждый в тот или иной момент познал морскую болезнь»[ab]. Такасуги повторил то, что написал накануне: «Мужи чрезвычайно удручены этим ураганом и свирепым дождем. Каждый раз, когда корабль раскачивается,

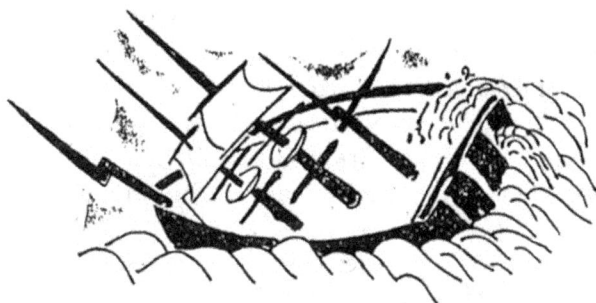

Рис. 5. Набросок киля «Сэндзаймару», автор Мацудая Ханкити

багаж и люди валятся с ним. Человек, страдающий морской болезнью, подобен пьянице. Мы все лежали там как мертвецы, праздные и молчаливые весь день напролет, никто не осмеливался заговорить»[ac]. Хибино описал похожую сцену, когда многочисленных больных поочередно рвало и они молились богам об избавлении от бушующего шторма, но он также выразил большое доверие капитану и его команде, которые, по его словам, бегали вокруг, выкрикивая инструкции, в то время как японцы оставались пассивными и молчаливыми. Кроме того, из-за неспокойного моря повара не могли развести огонь для приготовления пищи. Японские путешественники, которые, вероятно, и думать не могли о еде, ограничивались кусочками хлеба [Mine 1997b: 24; Matsudaya 1997 (1942): 52 (128);; Takasugi 1974: 154; Tanaka 1991: 212; Hibino 1946b: 44–45]. Неудивительно, что в тот день никто не поделился своими впечатлениями от увиденного за бортом.

В конце концов ветер утих поздно ночью, и «все были вне себя от радости»[ad]. Они пережили самый сильный шторм. 30 мая день был ясный, но ветер, хотя и не слишком сильный, дул не в ту сторону. Во второй половине дня направление сменилось на благоприятное, и капитан Ричардсон сказал, что на следующий день они смогут увидеть холмы близ Шанхая. Теперь до него оставалось примерно 120 миль. Японцы, как и любые люди, совместно пережившие крупную катастрофу, болтали о неприятностях предыдущего дня, восхваляли Будд и синто-истских божеств, которым они горячо молились о помощи, и поклялись отправиться в храмы и святилища, когда вернутся домой, чтобы сделать подношения и вознести еще больше молитв [Takasugi 1974: 154; Tanaka 1991: 212; Matsudaya 1997 (1942): 52 (128)].

Утром 31 мая ветер был крайне слабым. День был ясный, но корабль почти не двигался. С палубы «Сэндзаймару» все смотрели на горизонт, но видели кругом одну лишь только воду; Такасуги утверждал, что многие впадали в уныние. Капитан Ричардсон намекнул, что питьевой воды до Шанхая может не хватить, поэтому он сократил рацион до пяти го (0,9 литра) на человека в день; путешественники объяснили это тем, что они, японцы, были незнакомы с путешествиями по океану, и поскольку они, будучи чистоплотными, нуждались в большом количестве воды, то злоупотребляли ей. Ответственным за распределение воды был назначен знахарь Ватанабэ Ёхатиро. Вечером и ночью задул неблагоприятный ветер, и судно еще больше замедлило ход. Глядя на воду, некоторые японцы оказались ошеломлены видом огромных акул, плавающих неподалеку; позже они увидели косяк скумбрий и выловили несколько штук. Во второй половине дня кто-то заметил огромную морскую черепаху (предположительно 1,5 метра в поперечнике).

В этот день Такасуги разговорился с одним из матросов, Годаем Томоацу, который, как он объяснил, переоделся в матроса, чтобы попасть на борт корабля. Это наводит на мысль, что в обычных обстоятельствах Такасуги не снизошел бы до разговора с человеком столь низкого социального статуса. В Нагасаки Годай посетил Такасуги, но тот был слишком болен, чтобы принимать гостей, и не мог поддерживать беседу. «С первого взгляда показалось, что мы добрые друзья. Мы открыли души, делились нашими самыми сокровенными мыслями и величественно рассуждали о наших устремлениях. Это было чудесно»[ae]. Ночью, уже перед сном, они поняли, что ветер, несомненно, скоро усилится. Хибино написал стихотворение на китайском языке из четырех

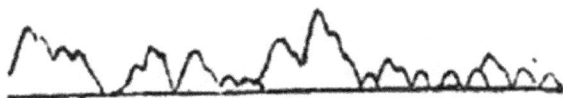

Рис. 6. Набросок островов Шэнсы, автор Хибино Тэрухиро

строк о широко распахнутом голубом небе, (на тот момент) неподвижных волнах и крошечном суденышке, движущемся среди них [Takasugi 1974: 154; Tanaka 1991: 212–213; Matsudaya 1997 (1942): 52 (128); Hibino 1946b: 47; Yokoyama 1916: 224–225].

Утро 1 июня выдалось ясным, поднялся попутный ветер. Однако недостаток воды начинал вызывать беспокойство. «С самого рассвета, — писал Хибино, — я то и дело протирал глаза в поисках острова. На западе показалось что-то, похожее на облака или гору. Я не был уверен, на что именно. Люди на борту начали хлопать в ладоши и говорить, что это остров»[af]. Но это оказалось трехмачтовое китайское торговое судно, направлявшееся в Корею, и на борту снова воцарилось уныние. Несомненно, не оправдавшаяся надежда на то, что увиденное окажется островом, горой или иной формой суши, способствовала общему удручающему ощущению, что они все еще далеко от Шанхая.

Однако вскоре после этого мимо них проплыл западный корабль. Дул благоприятный ветер, и «Сэндзаймару» шел быстро, что подняло настроение всем на борту. Все еще глядя на горизонт, около 15:00 Хибино «в изумлении протер глаза... и на западе он увидел ряд холмов. Все говорили, что это острова»[ag]. На этот раз это был не мираж, поскольку капитан Ричардсон подтвердил, что перед ними острова Шэнсы, по-английски называемые «Седловыми» (Saddle Islands), получившие такое название из-за своей формы. И снова Хибино выразил свои чувства в велеречивом стихотворении на китайском. Он даже сделал набросок островов (см. рис. 6).

В тот день Ричардсон настороженно присматривался к проплывающим мимо рыболовецким судам, он объяснил Хибино, что простые на вид рыбаки в своих безобидных лодках с наступлением темноты могут легко оказаться пиратами. Хибино, вместе с Накамудой, Хаяси, Такасуги, Нагурой и Ито, собрался в группу — все они были сопровождающими, — чтобы подготовиться к непредвиденным обстоятельствам. «Наготове у нас были наши японские мечи. Воодушевление царило в наших сердцах, полных мужества и праведности. Чего нам бояться каких-то ничтожных пиратов?»[ah] Вполне достойные (возможно) последние слова. Сопровождающие решили, что их мечей может и не хватить, поэтому подготовили пушку и порядка 20 орудий на борту к возможному нападению [Hibino 1946b: 48–50; Nakamura 1919: 217].

Такасуги, со своей стороны, выразил общую для всех «мужей» радость, которую они испытали, когда после длительного отсутствия чего-либо, кроме синего моря или же принятого за сушу корабля, наконец увидели в телескоп острова. Когда «мужи» поначалу были разочарованы тем, что «остров» оказался китайским торговым судном, следовавшим в Корею, кто-то заметил, что следует воспринимать это как хороший знак того, что Китай не за горами. «А затем показались острова Шэнсы, расположенные всего в 40 с лишним милях от Шанхая. Мужи от радости пустились в пляс»[ai] [Takasugi 1974: 154–155; Tanaka 1991: 213].

Другие выражали схожую реакцию на появление островов Шэнсы, потому что из этого следовало, что Шанхай был совсем рядом. Минэ Киёси добавил, что он и те, кто стоял рядом с ним, понятия не имели, на что они смотрят, и что несколько позже голландский переводчик Ивасэ Ясиро достал карту на английском языке. Конечно же, перед ними были острова Шэнсы, северная часть островов Даньшань и ворота в Шанхай [Nagura 1997a: 96–97; Haruna 1998: 85; Umetani 2002: 97].

Прибытие в Шанхай

День 2 июня выдался пасмурный, время от времени шел дождь. В предрассветные часы шесть или семь небольших легких лодок приблизились к «Сэндзаймару». Капитан Ричардсон окликнул их, спрашивая о глубине воды. Когда начало светать, пассажиры смогли увидеть набережную по левому борту корабля. Бесчисленное множество рыбацких лодок сопровождало их в движении вверх по реке Янцзы. В конце концов они добрались до наносного острова, известного иностранцам как «Блокхаус» (по-китайски *Чансиндао*). Во второй половине дня они достигли реки Усун (известной в народе как Сучжоу) и бросили якорь в устье реки Хуанпу. Ошеломленный размерами и количеством всего, Хибино начал перечислять цифры:

> Мы бросили якорь на глубине 24 морских сажени. Ширина реки составляет более десяти *ри* [около пяти километров]. Вокруг нас повсюду лодки, числом в сотни, может быть, в тысячу штук. Я спросил название реки, и мне сказали: Усон (Усун) [...] На южном берегу есть ряд огневых точек, расположенных неровно; в стратегических точках видно, что укрепления эффективны, но в них нет пушек. Капитан сказал, что 20 лет назад этот район был не только оснащен пушками, но и дома были прижаты друг к другу, как сардины в банке. В то время британцы хотели войти в порт Шанхай; но поскольку он был хорошо защищен, они не могли этого сделать. Тогда [британцы] устроили пожар и сожгли дома людей, а пушки захватили. На своих местах остались стоять только огневые точки [Nōtomi 1946: 4; Hibino 1946b: 51–52][aj].

Такасуги Синсаку был куда более прозаичен:

> Пятый день пятого месяца [2 июня], ясное небо. Попутный ветер нес корабль как стрелу. Не успели мы опомниться, как оказались у реки Усун [...] Если смотреть с севера на юг, берега реки разделены всего тремя или четырьмя ри. Во всех направлениях раскинулись обширные поля. Я не вижу гор. Здесь стоят на якоре как иностранные, так и китайские корабли — это похоже на лес мачт. Наш корабль тоже бросил якорь[ak].

Затем он добавил следующее размышление:

> Здесь в прошлом китайцы и британцы вели войну [имея в виду Опиумную войну]. Таким образом, все дома, которые когда-то стояли здесь, исчезли. В устье реки Усун, на север-

ном берегу, находится целая батарея орудий. [...] Этот район был захвачен англичанами, и именно поэтому сейчас все дома разрушены[al] [Takasugi 1974: 155; Tanaka 1991: 213].

Минэ Киёси также упомянул о растительности на берегу, орудийных установках, польдерах, многочисленных лодках, мелководье и близлежащих полях. Он также заметил отсутствие гористой местности, поскольку вся земля, простиравшаяся перед их глазами, казалась плоской. Нагура отреагировал иначе. Он записал, что видел все то же самое, но затем привел ряд необычных сравнений, которые сделал только он (см. ниже и следующую главу). Капитан Ричардсон объяснил, что по обе стороны реки были установлены китайские пушки, но британцы уничтожили их двумя десятилетиями ранее. Должно быть, он знал об этом лишь понаслышке [Haruna 1998: 85–86, 80, 52; Nagura 1997a: 97].

В тот же день к «Сэндзаймару» на одноместном сампане подплыл англичанин. Это был репортер «Норт-Чайна херальд». Его имя не упоминается ни в одном из документов того времени, но он, несомненно, несет ответственность за анонимную газетную статью, которая выйдет несколькими днями позже (полностью цитируется в главе 1). Японцы, вероятно, знали кое-что о газетах, но вряд ли были широко знакомы с этим явлением, поскольку новости были монополизированы сёгунатом и не распространялись по всей Японии. Как невинно пишет Минэ: «Этот человек сказал, что он записывает информацию о народах мира в газету и передает ее народам мира»[am] [Haruna 1998: 52].

Несмотря на то что первым человеком, которого японцы встретили в Китае, был англичанин, никто не прокомментировал этот факт. В некотором смысле это свидетельствовало об иерархии власти в концессионных районах города. Позже в тот же день «Сэндзаймару» посетил посыльный из «голландского консульства» — слухи распространялись быстро — до сих пор неясно, был ли этот работник консульства голландцем или китайцем. Хибино обозначил «голландское консульство» как «Ранкан», и это оказалось не что иное, как резиденция Теодора Круса. Скорее всего, это был голландец, потому что он попросил разрешения поговорить с торговцем на борту, Томбринком, и у них не было общего азиатского языка; но в то же время многие китайцы в городе работали на европейцев и знали хотя бы один европейский язык. Затем два китайских судна меньшего размера подошли к «Сэндзаймару». Первое было «лоцманским судном для сопровождения на водных путях»[ап], а второе — официальным китайским судном, которое прибыло с целью выяснить, кто они такие, и провести таможенные процедуры. Хибино предположил, что, когда они вошли в устье реки и подняли британский флаг на одной из своих мачт, они тем самым привлекли внимание буксиров (работающих на пару) и лоцманского катера [Hibino 1946b: 52; Matsudaya 1997 (1942): 54 (130)]. Ричардсон, несомненно, по своему богатому опыту знал, что навигация по каналам, в которые входил корабль, могла быть делом непростым. Однако теперь прибытие было неизбежным, и японцы устроили праздничную трапезу.

Несмотря на то что день уже был наполнен новыми впечатлениями, позже несколько японских путешественников заметили дым в западной части неба — где-то полыхал пожар. Капитан Ричардсон объяснил, что это, несомненно, были тайпины, сжигавшие дома местных жителей. Как мы вскоре увидим, японцы прибыли в город ровно тогда, когда нападение на Шанхай было в самом разгаре. Хотя новости и всевозможные слухи о них передавались в Японию из нескольких источников, японцы, выступавшие в каком-либо официальном качестве, впервые стали свидетелями великого восстания — пусть и не борьбы самих тайпинов, но ее разрушительных последствий. Учитывая, насколько Такасуги был озабочен тайпинами, а также то, с каким интересом он старался узнать о них как можно больше, находясь в Шанхае, любопытно, что он не упомянул о них[6].

---

6   В фильме о путешествии «Сэндзаймару», снятом в 1944 году на месте в Шанхае (см. главу 10), первым, кто слышит оружейную стрельбу во время швартовки корабля в порту, стал сам Такасуги Синсаку, и это становится главной темой фильма «Нороси ва Сянхай ни Агару» («Огненные знаки Шанхая»), режиссером которого был великий Инагаки Хироси (1905–1980). Однако как Такасуги ни старался, в реальности он так и не увидел живых

Все были глубоко впечатлены количеством кораблей — китайских и иностранных, — заходящих в порт Шанхая, выходящих оттуда или пришвартованных там. Многие писали о мачтах, используя метафору леса. Вот, например, как описывает их Минэ: «Учитывая, что иностранные корабли из стольких стран прибывают [сюда], у китайского правительства не будет возможности сосчитать их все. Их мачты выстроились в ряд, как деревья в лесу»[ao]. Следующее описание от Нотомо Кайдзиро: «Варварских судов, бросивших якорь на реке Хуанпу, насчитывается более сотни [...] Говорят, здесь также стоит на якоре несколько тысяч китайских лодок, но я не уверен. Большое количество мачт похоже на тысячи акров конопли»[ap]. Почти все начали подсчитывать военные корабли: Мацудая насчитал 16, Нотоми — 14 или 15, Минэ утверждал, что больше 20, другие же приводили еще более противоречивые цифры [Matsudaya 1997 (1942): 57 (133); Nōtomi 1946: 13; Haruna 1998: 53; Nagura 1997a: 97].

Ранним утром следующего дня, 3 июня, при ясном небе к «Сэндзаймару» подошел лоцманский катер, который соединил судна с помощью троса и отбуксировал его на юго-запад вдоль реки Хуанпу на несколько километров к месту швартовки в самом центре порта Шанхая. Цена: 200 долларов. Капитан буксира просигналил капитану Ричардсону, каким маршрутом он будет следовать. С того самого 1862 года на реке Усун, которая теперь находилась под юрисдикцией шанхайской таможни, находился британский военно-морской офицер, исполнявший обязанности начальника порта. Во время буксировки у японцев на борту было достаточно времени, чтобы осмотреть окружающие их достопримечательности.

Все путешествие заняло семь полных дней, за это время в пути у них почти закончилась питьевая вода и они столкнулись с нелегкими погодными условиями. День 3 июня оказался, безусловно, самым напряженным. Впервые за неделю наши путешественники

тайпинов, что, впрочем, не помешало Инагаки включить в фильм несколько длинных сцен, на протяжении которых Такасуги обменивается мыслями с лидером тайпинов. См. [Fogel 2004: 129–132].

смогли ступить на сушу. Когда буксир подтянул «Сэндзаймару» к месту стоянки, японцев особенно поразил вид на зеленую набережную, протянувшуюся более чем на милю. Мацудая писал: «В месте, занимающем всего пять ри вдоль реки Усун, идущей в сторону Шанхая, мы увидели бесчисленное количество китайских рыбацких лодок; это самое оживленное место в мире. Мы видели французское и американское консульства, стоящие вдоль Усуна, а также смутно различали дома людей и городские стены»[aq].

Неизвестно, почему он решил, что видит именно консульства на таком расстоянии — на самом деле они находились в других местах. Перед Мацудая были склад французского военно-морского флота и склад угля [Matsudaya 1997 (1942): 54 (130); Miyanaga 1995: 57]. Возможно, он увидел триколор на крыше здания, и сделал поспешный вывод, но тогда возникает еще одна загадка: откуда он мог знать, как выглядит французский флаг? Консульство США находилось в районе Хункоу в Шанхае, так называемой американской концессии, с 1854 года. В конце концов они доберутся и до Хункоу, вероятно, самого нового района города, с его огромными американскими торговыми домами, большими пароходами и фабриками, принадлежащими многим другим странам. Было около 9:30 утра, когда «Сэндзаймару» пришвартовался перед голландским консульством — T. Kroes and Co. — на территории, которая тогда принадлежала французской концессии, вдоль набережной Бунд, на углу того, что сейчас называется Восточной Чжуншань-роуд и Новой Юнъань-роуд, в районе, когда-то известном как Quai de France (Французская набережная), неподалеку от городской стены[7].

Если японцы были ошеломлены суетой предыдущего дня, когда они наблюдали за кораблями всех размеров, проплывающими мимо устья реки Усун, легко представить, насколько они были поражены шанхайским портом с величественными западными особняками и предприятиями вдоль набережной и бесчисленными судами поблизости. Это было похоже на другую планету: качественный скачок, превзошедший самые смелые ожидания и, несо-

---

[7]   См. дневник Накамуды в [Haruna 2001b: 73; Kinouchi 1999: 13].

мненно, поколебавший прежние представления о том, что могло бы представлять собой арену международной торговли. Комментарий Нагуры во многом отражал их реакцию: «Вдоль правого берега торговые дома западных стран отличались необычайным величием, выстроившись в ряд, как зубья расчески. Я слышал, что [Шанхай] действительно самый процветающий порт в Китае»[ar]. Затем он, казалось бы, неожиданно отметил: «Среди мужчин на нашем корабле двое два года назад совершили путешествие в Америку [Сиодзава Хикодзиро и Кимура Дэнносукэ]. На их взгляд, процветающий Шанхай, [куда "Канриммару" заехал по пути], во многом превосходил Вашингтон и Нью-Йорк в Америке»[as].

Два дня спустя Нагура добавит, что Шанхай даже превзошел Осаку по благосостоянию. Реакция Хибино во многом была похожа, но без интересных сравнений: «Река [Хуанпу] была полностью забита лодками; дома и магазины на суше выстроились в ряд рядом друг с другом. Какое великое процветание!»[at] А затем последовали очередные строки[8]:

> Лес мачт простирается без границ,
> Корабли приходят и уходят весь день напролет.
> Непрерывный поток людей на улицах,
> стекается отовсюду с четырех сторон света,
> Вспоминаю катастрофу в Дагу [близ Тяньцзиня],
> а те мерзкие существа все еще получают прибыль на рынке.
> Умоляю, не говорите о Шанхае, что он процветает,
> Ибо сколько из этого перевозится домой на кораблях варваров?[au]

Опять же, сложно назвать Хибино великим поэтом, но именно это стихотворение прекрасно демонстрирует контраст между атмосферой процветающего города (первые четыре строки) и серьезным, крайне нежелательным проникновением туда Запада со времен Второй опиумной войны, когда крепости Дагу были разрушены иностранными канонерскими лодками (вторые четыре строки). Его холодное осуждение всех жителей Запада как неполноценных нашло отклик у других японцев на борту «Сэндзаймару», хотя немногие

---

[8] См. [Nagura 1997a: 97, 98; Hibino 1946b: 54]. Х. Макалеви переводит это стихотворение с иных эстетических позиций, см. [McAleavy 1954: 14].

были столь же откровенны, как он. Последние две строчки как нельзя лучше отражают его отношение к происходящему.

Отметив, что в Шанхае, по слухам, недавно шли бои против тайпинов, Такасуги продолжил:

> Утром мы, в конце концов, добрались до Шанхая. Это самый процветающий порт в Китае. Здесь пришвартовано несколько тысяч торговых судов и военных кораблей из европейских стран. Их мачты похожи на лес, который вот-вот поглотит порт. На суше есть белая стена длиной в тысячу сяку из торговых домов, представляющих разные страны, похожая на цитадель. Ее масштабы не поддаются описанию[av].

Накамуда только выразил, насколько «поистине неожиданным было это процветание»[aw] порта с его тысячами лодок[9] [Takasugi 1974: 155; Tanaka 1991: 213–214].

Как отмечалось в цитировавшейся ранее статье «Норт-Чайна хералд», британский консул Уолтер Генри Медхерст (1822–1885) также поднялся на борт «Сэндзаймару» и через переводчика провел продолжительную беседу с японскими официальными лицами в формате вопросов и ответов. Характер его визита остается неясным. Особых причин для него не было, за исключением того, что капитан Ричардсон и члены его экипажа находились под юрисдикцией Медхерста в силу экстерриториальности. Он спросил японцев, что побудило их приехать в Шанхай: политика, торговля или что-то еще. Они в унисон ответили, что их целью была торговля.

Прежде чем судно причалило к голландскому консульству, к нему подплыл голландский катер. Первым, кто поднялся на него и отправился на сушу, был Ф. П. Томбринк. За ним последовала группа, состоящая из чиновников сёгуната, Мори Тораносукэ из Торговой палаты Нагасаки, голландского переводчика Ивасэ Ясиро и китайского переводчика Сю Цунэдзюро. Они навестили Теодора Круса и показали ему грузовую декларацию, в то же время один из чиновников поднял вопрос об их размещении в Шанхае. На сушу за ними последовали торговцы из Нагасаки, которые

---

[9] Цит. по: [Nakamura 1919: 219].

также засвидетельствовали свое почтение в штаб-квартире Круса [Matsudaya 1997 (1942): 55 (131)]. Хотя многим выпала возможность сойти на берег и размяться, они не воспользовались ей вплоть до следующего дня. Японским матросам и поварам повезло меньше: они проводили ночи в каютах на «Сэндзаймару». Куда бы ни направлялся японец, его окружали толпы любопытных китайцев. За последние столетия ни одно японское судно не заходило в китайский порт по собственной воле, и среди китайцев ходили всевозможные слухи. Кроме того, у самураев-японцев были совершенно причудливые прически и одежда, и они носили мечи — по крайней мере, всячески на этом настаивали.

Как только все было подготовлено, а корабль пришвартовался и бросил якорь в порту, его пассажиры начали разъезжаться по городу в разных направлениях. Чиновники отправились в голландское консульство; Мацудая — осматривать с кантонским гидом многочисленные магазины (как китайские, так и западные). В отличие от многих иностранных жителей Шанхая и приезжих с Запада, японцы могли общаться на литературном китайском, когда гуляли по городу. Так, во время прогулки им пришлось, например, вести переговоры о прохождении через охраняемые ворота города-крепости, что, как мы увидим, было непросто.

В ближайшие два месяца им предстояли приключения политического, экономического, социального, культурного и медицинского характера. Лето в Шанхае не особенно приятно из-за сильной жары и высокой влажности. А июнь и июль 1862 года выдались особенно жаркими. В эпоху без кондиционеров, вентиляторов, сантехники и стерилизации жизнь делалась труднее во множество раз. Выше мы уже писали, что трое японцев умерли в Шанхае, то есть всего за два месяца их прибывания в китайском городе уровень смертности составил почти 6 %. Те, кто сошел на берег в тот первый день, должны были вернуться на судно к вечеру, поскольку переговоры о размещении все еще шли. Авторы дневников и путевых заметок сочли ночной пейзаж над рекой с фонарями на многочисленных лодках потрясающим.

Теперь мы переходим к делам и заботам пассажиров после их прибытия в Шанхай.

Глава 4

Знакомство с Шанхаем и его жителями

Мы уже изучили первые впечатления японцев от Шанхая, когда они приближались к нему по воде. Одни мотивы, например сходство многочисленных корабельных мачт с лесом, были общими; другие, такие как сравнения процветающего Шанхая с другими городами, отличались. Однако до сих пор за время поездки никто еще по-настоящему не сошел на сушу. Все впечатления были записаны с борта корабля и с порядочного расстояния. Безусловно, отсутствие информации из первых рук редко мешает людям иметь собственное мнение или делать какие-либо выводы, что справедливо и для первого впечатления. Однако вскоре нашим путешественникам предоставится много возможностей понаблюдать за Шанхаем вблизи и лично пообщаться с китайцами.

Шанхай, который они собирались посетить, как уже было хорошо известно, все же был не совсем китайским городом. В дополнение к двум векам правления маньчжуров в Китае, в порту Шанхая было много иностранцев. Пассажиры «Сэндзай-мару» действовали в основном через голландцев и время от времени взаимодействовали с американцами, британцами и французами в Шанхае и его окрестностях. Однако, несмотря на разговоры о том, что жители Запада доминировали в жизни города, когда дело доходило до суровых реалий торговли — коммерции, товарооборота, дипломатии, — японцам приходилось встречаться непосредственно с окружным интендантом Шанхая (даотаем) китайцем У Сюем (Сяофань, 1809–1872), самым влиятельным чиновником в городе[1]. Уплата таможенных пошлин, возможно, осуществлялась через британцев — Китайская морская таможенная служба была создана иностранными консульствами в Шанхае в 1854 году, потому что династия Цин не могла взимать пошлины в условиях хаоса Тайпинского восстания, — но этот процесс, если он вообще упоминается, описывается как незначительная помеха и не более. Иностранцы в Шанхае, безусловно, сыграют важную роль в рассказах путешественников, но упоминания о них в большинстве своем будут связаны с их высокомерным отношением к китайцам, передовым вооружением, а также с их влиянием на будущее Японии, поскольку та начала процесс вхождения в мир международной (то есть ведущейся по правилам Запада) торговли.

Взаимодействие Японии с Китаем и китайцами началось всерьез во второй половине дня 3 июня, после того как «Сэндзаймару» несколькими часами ранее пришвартовался напротив голландского консульства. Различные группы японцев и иностранцев еще до швартовки стали покидать корабль на небольших судах, которые подплывали к «Сэндзаймару». Как только он пришвартовался, все, кто еще был на борту и хотел сойти на берег, покинули судно. Сто пятьдесят лет спустя, с несколькими очевидными временными перерывами, эта традиция не проявляет никаких признаков замедления или прекращения. В настоящее время в Шанхае проживают тысячи японцев, еще больше приезжают каждый год.

К 4 июня все, кто хотел, высадились. Встав по своему обыкновению рано, Хибино на рассвете стоял на палубе и наблюдал за приходом и уходом китайских кораблей. Японцы арендовали

---

[1] О У Сюе см. [Jing, Zhong 1958]. Он также считался одним из богатейших людей Шанхая того времени, см. [Liang 2009: 36; Banno 1964: 274; Rennie 1864: 144]. См. также «Норт-Чайна херальд» от 21 июля 1860 года, где У называют «этим необыкновенным человеком — даотаем, обладающим волшебным кошельком Фортуната» (отсылка к главному герою романа XV века «Фортунат» («Fortunatus»), владевшему волшебным кошельком, в котором всегда можно было обнаружить десять золотых монет. — *Прим. ред.*).

два небольших судна, чтобы прибыть к причалу, — на этих лодках они вывесили свой флаг, Хиномару. Днем Хибино и другие отправились в голландское консульство. После встречи с посредниками и пятью или шестью китайцами — служащими консульства, они отправились в гостиницу, в которой они будут жить в течение всего времени своего прибывания в Шанхае: «Хунцзи янхан». Этим отелем в западном стиле, вероятно, расположенным во французской концессии недалеко от голландского консульства, управлял Чжан Сюйсю. Они арендовали четыре комнаты площадью примерно в семь или восемь татами (оставив ровно такие сведения о площади; традиционные японские комнаты до сих пор измеряются в татами), плюс кухню, за 130 долларов в месяц. Персонал отеля состоял из 14 китайцев [Takasugi 1974: 175; Tanaka 1991: 240; Hibino 1946b: 57; Nōtomi 1946: 7]. Однако в номерах наши путешественники оставались недолго.

Капитан Ричардсон с женой остановились в отеле «Астор Хаус» (позднее известном как «Пуцзян фандянь»), куда они отправились после посещения британского консульства. Британский экипаж высадился на следующий день, оставив «Сэндзаймару» на попечение неопытных японцев. В следующей главе мы увидим, что на следующий день, 5 июня, у японских чиновников была запланирована встреча с шанхайским даотаем.

Не успели японцы ступить на китайскую землю, как их окружили толпы любопытных китайцев — и продолжали окружать каждый раз, куда бы они ни шли.

Хибино писал, что за ним следили в каждой лавке, из-за чего он нигде не мог задержаться. Хотя его это раздражало, но он, кажется, понимал, насколько его присутствие (а также других членов делегации) было необычно для китайцев. В один из дней, 5 июня, когда он с другими японцами стоял перед западным зданием, «девочка шести или семи лет [по восточноазиатскому счету] сказала нам "охайо" [доброе утро]»[a] [Hibino 1946b: 58]. Он отметил, что она, вероятно, жила в Нагасаки или, в 1859 году, в Иокогаме. Как она признала в них японцев: по речи, одежде или пучкам на макушке? Если он и знал, в любом случае не написал об этом.

Одним из визуальных признаков этнической (и классовой, в случае Японии) принадлежности были прически. Всех китайцев, за исключением монахов, заставляли носить косички (только на небольшом участке затылка им разрешалось отращивать волосы, которые затем вплетали в длинную косу, остальное же выбривалось); японские мужчины — представители элитного класса самураев собирали волосы в пучок на макушке (*тёнмагэ*: волосы надо лбом сбривались, а остальные отращивались и завязывались на макушке в пучок; эту прическу, пусть и с некоторыми изменениями, носят и по сей день борцы сумо). Обе стороны находили друг друга странными, и в этом они были правы.

Многие японцы были (и часто вполне справедливо) ошеломлены резким контрастом между тем, как жили китайцы и иностранцы в Шанхае. Это неравенство в значительной степени определялось тем, что японцы находились в концессиях — в основном иностранных анклавах, с большим количеством живущих и работающих там китайцев, а также тем, что львиная доля иностранцев, проживающих в этих концессиях, иногда даже с семьями, были богатыми коммерсантами. Нагура Ината оставил следующий комментарий: «Иностранный район в Шанхае обширен, с большими домами и в целом напоминает раскинувшийся лес. Говорят, там целых 1100 [таких] домов»[b] [Nagura 1997b: 207]. Напротив, 5 июня он отметил, что, в отличие от концессий с их роскошными резиденциями, окруженный стеной китайский город рядом с ним был совершенно другим:

> Ворота в [китайский] город со стороны города в западном стиле узкие и маленькие, в них одновременно могут проехать только два паланкина. Внутри улицы довольно четко проходят по горизонтали и вертикали, но дороги в рыночных районах очень узкие. По сравнению с этим все дома за пределами города-крепости великолепны. [...] Магазины также тесноваты, каждый примерно по два цубо (примерно 5–6,6 м²). Здесь царят шумиха и суета, почти как у нас в Эдо[c] [Nagura 1997a: 99].

В то время как другие японцы не нашли, с чем сравнить увиденное в Шанхае, Нагура, который был старше, чаще путешествовал и был наверняка опытнее, чем остальные авторы заметок и путевых дневников, наоборот, довольно часто приводит такие сравнения. Позднее он обратил внимание на здание Шанхайской таможни и заметил, что оно напоминает ему синтоистский храм [Nagura 1997b: 207]. Что касается того, что происходило внутри маленьких магазинчиков китайского города, он описал продавцов старья, специалистов по физиогномике, гадалок, певцов и рассказчиков историй, а кроме того, и атмосферу самого магазина, как необычайной оживленную, «прямо как в нашем Эдо»[d] [Nagura 1997a: 100].

Другие были не столь снисходительны, поскольку очевидная насыщенность всего происходящего ошеломила их. После краткой беседы с китайцем о планировке города-крепости и расспросов о населении Минэ Киёси сравнил элегантные, упорядоченные широкие проспекты западных концессий и новые здания со зловонием и грязью китайского города: «Каждый год в Шанхае в сезон сильной жары происходит крупная вспышка ужасающей болезни, которая влечет за собой смерти множества людей»[e] [Haruna 1998: 28]. В Минэ явно угадывались задатки доктора, однако не ему суждено было разработать микробную теорию болезни. Всего за несколько недель до отплытия «Сэндзаймару» Луи Пастер (1822–1895) на другом краю земного шара проводил эксперименты, связанные с вредным воздействием микроорганизмов на жидкости, так что наш гость из Японии опоздал. Тем не менее Минэ понимал взаимосвязь между нищетой и нездоровьем.

Такасуги Синсаку, изначально склонный обвинять во всем плохом жителей Запада, также сравнил две шанхайские вселенные, хотя и по-своему:

> Шанхай расположен в отдаленном месте на южном побережье Китая, которое оккупировано британскими варварами. Хотя в порту царит суета, все это исключительно из-за большого количества иностранных торговых судов. Внутри

города-крепости и за ее пределами находятся многочисленные иностранные коммерческие дома, которые, таким образом, процветают. Места, где, я видел, живут китайцы, часто бедны и грязны. Некоторые живут весь год на лодках, хотя богатые иностранцы живут в своих [элегантных] дорогих домах[f] [Takasugi 1974: 178; Tanaka 1991: 244].

Нотоми Кайдзиро после прогулки по китайским рынкам делился схожими впечатлениями: «Невозможно описать грязь шанхайских рынков и переулков. Особенно это касается небольших и средних переулков, которые повсюду завалены мусором и экскрементами. [Таким образом] здесь негде гулять. Никто не подметает»[g] [Nōtomi 1946: 7].

Напротив, японцы оценили чистоту концессий, хотя (несмотря на упоминание большого неравенства между двумя общинами), похоже, не догадывались, что причина различий лежала в простой разнице между доходами двух частей города. Они отметили огромную разницу в плотности населения, но, по-видимому, не установили связь — за исключением комментария Нагуры выше — между большим количеством бедных людей на маленькой территории и сложностью вывоза отходов, не говоря уже о найме специальных уборщиков.

Грязь в реке, которая текла прямо перед ними, также была источником значительного интереса. Река напоминала огромную мусорную свалку и могильник, из нее набирали питьевую воду, потребление которой приводило к предсказуемо ужасным результатам. Хибино даже уговорил китайца по имени Чжан Дисян присоединиться к нему в исследовании воды. Больше всех по этому поводу написал юный Нотоми:

Я думаю, что самое трудное [для нас] в этой поездке в Шанхай — это грязная вода. Говорят, что в древние времена реки Янцзы и Усун были чистыми, но в Средние века воды рек Хуанхэ и Хуай на севере переместились на юг и влились в большую реку [Янцзы], и ее вода стала грязной [...] Люди выбрасывают в реку всякие грязные вещи: дохлых собак, дохлых лошадей, дохлых свиней и дохлых овец. Все это выплывает на берег, среди них много мертвых [...] Кроме того, фекалии и моча с тысяч кораблей [в гавани] делают воду еще грязнее. Говорят, что на всех улицах Шанхая всего пять или шесть колодцев, но колодезная вода вся грязная, поэтому все пьют речную воду [Nōtomi 1946: 7–8][h].

Добавьте к этой картине огромный приток в Шанхай беженцев, которые спасались от восстания тайпинов, увеличение производства продуктов питания и связанных с ними отходов, а также множество других проблем, и вода станет только грязнее.

Для японцев проблема с питьевой водой была не просто предметом научного исследования. Многие болели дизентерией и холерой, и трое даже умерли во время пребывания в Шанхае. Их похоронили в тогда малонаселенном районе Пудун большого Шанхая. За последние полтора столетия Пудун сильно изменился: в нем выстроили столько новых зданий, что недавние попытки определить местонахождение могил оказались безрезультатными. Кроме умерших, по-видимому, Хибино оказался особенно восприимчив к заболеванию, которое врач определил как холеру (и которое имеет поразительное сходство с симптомами дизентерии), поскольку оказался прикован к постели с острыми болями в животе, диареей и другими симптомами. «Теперь, так далеко от дома, — жаловался он с некоторой долей жалости к себе, — я совершенно бесполезен для своей страны (кокка), но должен лежать здесь и напрасно умирать в постели. Как это ужасно!»[i] [Hibino 1946b: 67–68]. После он поклялся стойко переносить любые испытания, какая бы судьба его ни ожидала. Интересно порассуждать, но в конечном счете невозможно сказать точно, что именно он имел в виду под кокка: Японию, княжество Овари или как куни (Овари), так и иэ (семья), две составляющие кокка.

В целом первые впечатления японских гостей от Шанхая были неприятными. Город предстал грязным и перенаселенным, а люди, хотя и вполне дружелюбные, не соблюдали правил этикета, которые, по мнению японцев, должны быть универсальными.

Для японцев китайцы были слишком навязчивыми. Куда бы они ни пошли, их везде окружали «несколько тысяч» (су:сэннин) китайцев, выстроившихся как «забор» и следящих за каждым их действием; Хибино писал, что это было одновременно «смешно и отвратительно»[j]. Как отметил Такасуги в своей характерной манере, дело было не столько в количестве, сколько в крайне сильном запахе от тел стольких людей, который к тому же усиливался из-за невыносимой жары и пота: «Когда я прогуливался по улицам [с Ито Гунхати, 13 июня], местные следили за нами. Находиться рядом с их вонью было все равно что париться на изнуряющей жаре. Я ужасно страдал»[k]. Нагура рассказал в точности то же самое: «Прогуливаясь по улицам и переулкам, я подошел к месту, где зеваки образовали забор»[l] (5 июня); «я бродил по улице и ненадолго остановился, толпы людей собрались посмотреть; жару было трудно переносить»[m] (12 июня); и «наша одежда была очень странной [для них], и мужчины, и женщины в равной степени пытались рассмотреть ее получше, образовав вокруг нас живую изгородь» (без даты)[n, 2].

Пережив первоначальное нападение на его зрение и обоняние, Нотоми Кайдзиро поделился другим впечатлением о китайцах, которое отражает важную и скрытую тенденцию в современных китайско-японских отношениях:

> Люди здесь совершенно не похожи на нас и жителей Запада, которые постоянно проживают [в Шанхае]. Они [китайцы] чрезвычайно вежливы с нами, первыми [японцами], которые пересекли море и посетили их, и сразу кажутся старыми друзьями. Возможно, это потому, что мы можем обмениваться идеями посредством дружеских бесед («бесед кистью»). Как только корабль причалил и мы сошли на сушу,

2 [Hibino 1946b: 58, 62; Takasugi 1974: 158; Tanaka 1991: 217; Nagura 1997a: 98, 100; Nagura 1997b: 172; Tanaka 1991: 216]. Раньше (3 июня) Такасуги был несколько более добр в своем описании: «Я бродил по улицам, и местные жители окружали меня стеной, потому что я казался другим»[a] [Takasugi 1974: 155; Tanaka 1991: 214] (街市を徘徊す。土人は土墻の如く我輩を囲む。其の形異なる故なり).

они окружили нас, как сгущающиеся тучи. Можно было взять ребенка за руку и повести за собой. Вероятно, это связано с тем фактом, что японцы и китайцы — родственные души° [Nōtomi 1946: 10].

Трудно переоценить важность «бесед кистью» во взаимоотношениях между китайцами и японцами, особенно до XX века (и даже в его первые годы). В отсутствие общего разговорного языка все образованные жители Восточной Азии с раннего возраста обучались литературному китайскому языку и китайской культуре. Кисть, чернила и лист бумаги могли, как, к своему удивлению, узнали многие японцы во время этого путешествия, помочь в разговоре или дискуссии практически на любую тему — от глубоко политической до совершенно прозаической. Хотя японцы традиционно использовали несколько иной литературный китайский язык, различия не мешали обмену идеями. В использовании литературного языка было заложено множество отсылок, уходящих корнями в китайскую культуру и историю, которые были настолько же знакомы хорошо образованным японцам, насколько и хорошо образованным китайцам[3].

---

[3] Все «беседы кистью», на которых мы основываемся в следующих главах, приводятся по печатным источникам, которые, по всей видимости, представляют собой отредактированные версии разговоров японцев с китайцами. Хотя такой подход вряд ли допускает откровенную фальсификацию, все же можно предположить редакторскую правку фраз, но это только гипотеза. О «беседах кистью» читайте подробнее в [Fogel 1996: 44–45].

Глава 5
Иностранцы в Шанхае: китайский недуг

> Вообще обращение англичан с китайцами [...] повелительно, грубо или холодно-презрительно, так что смотреть больно. Они не признают эти народы за людей, а за какой-то рабочий скот, который они, пожалуй, не бьют, [...] но не скрывают презрения к ним. [...] А нет, конечно, народа смирнее, покорнее и учтивее китайца.
>
> *Иван Александрович Гончаров*
> *[Гончаров 1997: 430]*

Одной из главных, если не самой главной целью путешествия «Сэндзаймару» в Шанхай было наблюдение за международным сообществом, занятым международной торговлей, в не слишком далеком порту. Усилия по достижению этой цели, которая требовала тщательно продуманного взаимодействия с людьми с Запада, проживающими в Шанхае, пришлись в первую очередь на долю чиновников и торговцев, но только один из них, Мацудая Ханкити, оставил заметки. Другая информация, которой мы располагаем об этой поездке, взята из записей, оставленных сопровождающими лицами чиновников и врача. Они тоже взаимодействовали с иностранцами в Шанхае и могли рассказать бесчисленное множество историй о том, как те вели себя в городе.

Нужно помнить, что лишь немногие японцы на борту видели иностранцев или общались с ними лично. Помимо двух человек, которые участвовали в миссии 1860 года в США, источники сведений, которые любой из путешественников мог получить о настоящих людях с Запада, ограничивались жителями Нагасаки, хотя чиновники могли формально взаимодействовать с ними на переговорах по договору. Кое-что из этого мы обсуждали в предыдущей главе.

Отношение японцев к иностранцам в Шанхае, как видно из рассказов о путешествии, всегда было тесно связано либо с высокомерием и снисходительностью вторых по отношению к китайцам, раболепием китайцев перед ними и возможными последствиями всего этого для Японии, либо с любым сочетанием двух или более из этих факторов. В одних случаях это приводило к тому, что японские гости критически относились к китайцам, в других — испытывали к ним искреннее сочувствие, в третьих — их враждебность к Западу усиливалась (хотя она и так уже была довольно сильной). Но иностранцы, которые никогда не были примером для поведения или источником знаний, все же воспринимались некоторыми японцами как хранители знаний о том, как сделать нацию или государство сильными. Пусть полученных знаний было бы не так много, но в мире, где крупная рыба пожирает мелкую, они были крайне необходимы — длительное отсутствие активного взаимодействия Японии с внешним миром поставило ее в невыгодное положение.

Шанхайская таможня

Все на борту «Сэндзаймару», кто оставил свидетельства о путешествии, отмечали, что китайской таможней в Шанхае управляли британцы, и это казалось как минимум странным. Нотоми объяснял:

> Шанхайская таможня находится в руках британцев. Они собирают налоги со всех судов, впадающих в реку Хуанпу. Я спросил [китайцев] о причине этого и [мне сказали, что], когда [порт] открылся 20 лет назад, торговцы съезжались сюда из многих стран, торговали и процветали. Однако западные торговцы пользовались слабостями династии Цин и на каждом шагу нарушали правила, действовали незакон-

ным образом, и китайцы стали полагаться на британцев, которые следили за тем, чтобы [иностранные] торговцы платили свои таможенные пошлины. Однако во время Тяньцзиньской войны [а именно Второй опиумной войны] цинский двор подвергся нападению британской армии и потерпел поражение, и было решено, что [первый] выплатит огромную контрибуцию. С тех пор денежные средства шанхайской таможни в качестве компенсации ежегодно взимаются исключительно британцами [Nōtomi 1946: 31][a].

7 июля, после примерно месячного пребывания в городе и, по-видимому, изучения темы, Хибино Тэрухиро также заинтересовался шанхайской таможней. В дневнике он отметил, что просто прогуливался по набережной, известной как Бунд, в Шанхае, когда наткнулся на таможню. Были ли у него заготовлены факты и цифры, как можно предположить из нижеследующего? Разговаривал ли он (если да, то на каком языке?) с кем-нибудь и откуда получил информацию? Происходили ли события действительно в том порядке и тем случайным образом, который предоставил нам Хибино? Сейчас ответить на эти вопросы невозможно. Интересно, что трезвое, взвешенное описание работы таможни заканчивается отчаянием, окрашенным гневом:

Новая [таможенная] контора находится на пристани в Шанхае; она очень большая. Цинские чиновники и англичане работают вместе, 42 британца и 99 цинских чиновников — всего 141 человек. Управляет им один высокопоставленный чиновник цинского правительства, а британцы являются главами департаментов и ведают таможенными делами. Годовая зарплата начальника отдела составляет 8000 мексиканских долларов [...] Почему британцы руководят таможней? После Тяньцзиньской войны была выплачена контрибуция в размере 16 миллионов таэлей и 40-летняя ипотека на таможню в пяти портах. Увы и ах! Порт Шанхай первый в Китае. Каждый день корабли привозят более 600 мексиканских долларов, при этом общая стоимость доставки огромна, но все это забирают западные варвары; этого действительно достаточно, чтобы испытать возмущение [Hibino 1946b: 98][b].

Британское (и французское) высокомерие

Гнев по поводу западного присутствия (и всего, что с ним связано) в Шанхае был постоянной темой в рассказах о путешествии и дневниках японских гостей; некоторые (Такасуги и Хибино) пылали яростью, другие просто испытывали раздражение, а третьи воспринимали это более спокойно, как данность, которую нельзя изменить. Особенно их приводило в бешенство высокомерие, с которым европейцы расхаживали по Шанхаю, либо игнорируя китайцев совсем, либо проявляя максимальную надменность в обращении с ними. Став свидетелем того, как китайцы спешили убраться с дороги, когда мимо проходили британцы или французы, и наблюдая крайнюю бедность подавляющего большинства уроженцев Шанхая по сравнению с великолепием, в котором жили иностранцы, Такасуги пришел к выводу, что «обстоятельства в Шанхае таковы, что его можно назвать британской колонией»ᶜ [Takasugi 1974: 178, 185; Tanaka 1991: 214]. Рассерженный, он считал, что китайцы [по каким-то причинам] нуждались в людях с Запада, которые с важным видом расхаживали по улицам города так, как будто он принадлежал им. Китайцы, по сути, стали слугами западных людей. Теоретически власть над Китаем принадлежала династии Цин, но фактически страна стала не более чем еще одной колонией Великобритании и Франции [Takasugi 1974: 159; Tanaka 1991: 218].

Минэ Киёси также поразился присутствию британских и французских войск, патрулирующих город. Он поднял эту тему в непринужденной «беседе кистью» с китайским ученым по имени Гуань Цинмэй.

[Минэ] Киёси: Недавно вы наняли британские и французские войска. Разве это не делает возможным повторение катастрофы Ши-Цзинь? Можно ли доверять британцам и французам?ᵈ
[Цинмэй] ответил: Во время прошлогодних беспокойств мы не тревожились по этому поводу, поскольку строили планы на будущееᵉ [Mine 1997b, 11: 30].

Хотя содержание этого разговора, который является завершением более продолжительной беседы о тайпинском восстании, не так уж красноречиво, оно показывает, с какой легкостью могли общаться образованные японцы и китайцы. То, что мы перевели как «катастрофа Ши-Цзинь», относится к Ши Цзинтану (892–942) из недолговечной династии Поздняя Цзинь (936–947, эпоха Пяти династий), использовавшему киданьские войска, что привело как к катастрофе для династии Поздняя Цзинь, так и к последующему возникновению киданьской династии Ляо. Послание, которое нужно было донести до китайского собеседника, было ясным: можете ли вы действительно доверять западным (иностранным) варварам? Их умы и сердца отличаются от наших. Гуань Цинмэй фактически проигнорировал очевидную суть вопроса.

В другой «беседе кистью» Хибино не стал утруждать себя риторическими вопросами, но сказал Сюй Хошэну: «Использование британских и французских войск для борьбы с длинноволосыми [негодяями] — это предел безграмотного планирования»[f] [Hibino 1946: 153]. Такасуги Синсаку был столь же прямолинеен, когда он и Ито Гунхати «беседовали кистью» с Гу Линем. В своих беседах они охватывали столетия и обсуждали многочисленных «варваров», у которых китайские династии нанимали войска, что всегда заканчивалось катастрофой для правящей династии:

[Такасуги] Со времен Яо и Шуна ваша страна отличалась великолепным характером. Однако в последнее время что это за безудержное, беззаконное поведение этих неразумных варваров с Запада?[g]
[Гу] Судьба нашей страны сейчас постепенно приходит в упадок. Те же беды были и в древности, что и в случае с Пятью варварами во времена Цзинь, уйгурами во времена Тан и Ляо, Цзинь и Сися во времена Сун[h].
[Такасуги] Постепенный упадок страны приходит оттого, что правитель и министры не следуют Пути. Если бы правитель и его министры следовали ему, как мог бы произойти упадок? Недавнее событие — это просто бедствие, вы-

званное вами самими. Нет никаких оснований называть это небесным мандатом[i].

[Гу] Все верно[j]. [Takasugi 1974: 198–199; Tanaka 1991: 249–250].

Такасуги в итоге (в попытке прорваться сквозь пустую риторику) хотел заявить, что нынешние проблемы Китая возникли по его собственной вине и в первую очередь из-за политической некомпетентности, с чем, по-видимому, был согласен Гу Линь. Такасуги ненавидел то, как Запад обращался с китайским народом, и глубоко сочувствовал ему.

Однако, как мы уже видели, преувеличение не было ему чуждо. В редкий спокойный день 10 июня он похвалил британцев:

Чуть менее чем в пяти-шести кэн от британского консульства находится мост, известный как Синдацяо (Новый великий мост). Семь лет назад старый мост [там] обветшал и обрушился. Поскольку китайцы не смогли его восстановить, англичане построили этот [нынешний] мост. Ходят слухи, что всякий раз, когда китаец проходит по нему, он должен заплатить одну монету англичанам[k] [Takasugi 1974: 157; Tanaka 1991: 216].

Или, может, это был просто другой, более двусмысленный способ критики англичан.

Хибино еще больше возмутился поведением европейцев в Шанхае и излил свой гнев на тайпинов (подробно об этом будет рассказано в следующей главе) и иностранцев, проживающих в городе. Однажды утром, 7 июня, когда он спускался по лестнице в отеле, к нему обратился иностранец «чрезвычайно странного вида» (ё:бо: ханахада котонари), хотя он, очевидно, понятия не имел, кто это и что он ему сказал. Затем Хибино спросил о нем у Чжан Дисяна, китайского владельца гостиницы, с которым ранее подружился, и узнал, что странный иностранец был французским миссионером, который жил в том же здании, что и Хибино. Теперь мы передадим слово Хибино (и процитируем его стихи):

Когда я услышал это, я был ошеломлен, взбешен и нахмурился. Мой гнев рос, и горе достигло самых небес. [И, как прекрасное средство от кипящего гнева,] Я продекламировал это стихотворение [на китайском языке]:
Корень хищения ресурсов этой земли в этом [самом] здании.
Все знают об этом или нет?
Я облокачиваюсь на подоконник и смотрю на Хуанпу.
Ее мутные воды тянутся на тысячи ри.
Возможно, династия Цин и запретила христианство, но в Шанхае есть три христианские церкви. Длинноволосые негодяи и их восстание не похожи на восстание войск ради великого дела в конце династии Мин. Но своей неверной религией они одурачили невежественных, подняли сильные волнения и вызвали бедствия в десяти провинциях. И все же, можно ли их остановить? Даже если хаос в Китае достигнет предела, кто виноват в нем? Не ждала ли власть этого? Возможно, насилие западных варваров снаружи и разжигание хаоса негодяями внутри приведут к катастрофе. А что могут сделать хорошие люди? Династия Цин подошла к концу, и что еще ее ждет? Она раздала землю в аренду и открыла пять портов. «Для Инь недалеко и зеркало есть!». Это очень пугает[1] [Hibino 1946b: 64–65][1].

Предпоследнее предложение представляет собой японский перевод цитаты из древнекитайского классического поэтического сборника «Шицзин». В тот вечер у Хибино состоялась еще одна «беседа кистью» с Чжан Дисяном: представляющая собой одну из нескольких десятков попыток разобраться во всем этом. Хибино не мог не знать о том факте, что недавно навязанный Японии Договор о дружбе и торговле обяжет японцев соблюдать те же условия (пять открытых портов, экстерриториальность и свобода миссионерской деятельности, помимо всего прочего). Либо это «зеркало» было ближе, чем он предполагал, либо, что более вероятно, он опасался, что аналогичный набор принуждений проведет Японию по пути унижения, по которому в настоящее время идет Китай.

---

[1] См. также [Etō 1970: 68–69].

Неясно, что вызвало его гнев. Тот факт, что он, сам того не зная, снимал номер в одном отеле с западным варваром? Христианская вера француза? Его дерзкая попытка обратиться к Хибино так, как будто все должны были понимать язык, на котором он говорил? Или гораздо более серьезная проблема, которая тревожила Хибино вместе с размышлением о будущем империи Цин: сегодня один французский миссионер разгуливает по городу с таким видом, будто он здесь хозяин, а завтра в дверь стучатся повстанцы, тоже христиане? Все эти объяснения возможны — и все они также несостоятельны. Возможно, как известно любому родителю, эмоции 24-летнего человека не так-то легко объяснить на основе одного лишь разума.

У еще более молодого Нотоми Кайдзиро случилась перебранка с французом. Дата не указана, но, судя по всему, это произошло в начале их визита в Шанхай. В остальном он достаточно подробно описал этот случай:

> Однажды я прогуливался по окруженному стеной [китайскому] городу. Ближе к вечеру, когда я захотел вернуться [в отель в районе концессии], городские ворота оказались закрыты, и никто не мог ни войти, ни выйти. Один француз, увидев, что я японец, открыл ворота, чтобы пропустить меня. Находившиеся там люди воспользовались ситуацией и попытались пройти, но француз не позволил им этого сделать. В это же время один чиновник ехал в паланкине из-за пределов города и хотел попасть внутрь. Он не подчинился французу, приказавшему ему остановиться, поскольку был решительно настроен попасть [в город]. Француз разозлился и несколько раз подряд ударил его тростью, пока тот не отступил. Увы, Китай уже настолько слаб, что достиг этого состояния. Этого достаточно, чтобы заставить любого вздохнуть. (Я слышал, что существует семь врат в город-крепость и их охраняют солдаты-варвары либо из Британии, либо из Франции.)[m] [Nōtomi 1946: 31].

Накамуда Кураносукэ испытал аналогичный опыт после закрытия ворот 4 июля. Он оказался за пределами города-крепости и хотел вернуться после закрытия ближе к вечеру, но стражникиностранец (национальность не указана) отказал ему. В случае Накамуды ему помогли открыть ворота сотрудники голландского консульства.

> Ворота Шанхая охраняются западными войсками, и сами жители этой страны не могут свободно въезжать или выезжать. Это, конечно, связано с восстанием [тайпинов], но как они могут позволить иностранцам осуществлять такую власть? Мне жаль китайцев. Вы можете видеть, в каком упадке находится Китай! [Feng 2001: 115]

«Упадок» Китая и китайцев

Как следует из высказываний Накамуды, большинство японцев расценили увиденное ими раболепное преклонение китайцев перед иностранцами и снисходительное отношение иностранцев к китайцам как подтверждение серьезного упадка великого источника цивилизации и культуры. Свои выводы они формулировали по-разному — например, в виде «жалости» у Накамуды, — но все они теперь имели непосредственный опыт. Однако никто не связывал этот упадок с деградацией самого китайского народа или их культуры. В результате японцы были опечалены увиденным или злились на Запад за то, что он стал катализатором этого драматического упадка, но они не считали китайцев неспособными к возрождению и не считали, что Япония должна активно вмешаться и оказать военную или иную помощь в этом возрождении.

Нотоми, который вскоре после прибытия в Шанхай испытал чувство близости с [Китаем и китайцами] просто «как со старыми друзьями» (кюти-но готоси), позже испытал глубокий шок от поведения своих новообретенных «друзей». Он пишет об этом следующее:

> Однажды голландский консул пришел [к ним в отель] по какому-то делу. [Ши] Вэйнань [знакомый китаец, который случайно оказался там в то время] бросил на него взгляд и внезапно изменился в лице. Он дрожал, стоя там и кланя-

ясь. Мне это показалось странным, и [позже] я спросил его почему. [Он ответил:] «Когда он [голландец] проходил мимо и уставился на меня, ему, казалось, не понравилось, что я пришел поболтать с человеком из вашей страны. Я разволновался и встревожился, как бы он не рассердился на меня». Потом он встал и ушел [...] Когда Ши Вэйнань учился в школе в Пекине, он был довольно хорошо известен [как ученый]. То, что такой выдающийся человек все еще так боится жителей Запада, показывает, что страх перед Западом определяет [нынешнее] положение дел в Китае. Этого действительно достаточно, чтобы вздохнуть[n] [Nōtomi 1946: 11–12].

Вот прекрасный пример того, что можно назвать китайским недугом — страх перед жителями Запада на территории Китая. Гордые, даже надменно-праведные самураи из Японии поначалу были сбиты с толку таким положением дел, позднее же они оценили его как нечто среднее между ужасно печальным и предосудительным. Японцы, опять же, были глубоко обеспокоены этим и думали о том, что подобная участь может постигнуть и Японию. Известна реплика Такасуги на полях одной из страниц дневника: «Как печально, что китайцы работают на иностранцев. Я молюсь, чтобы наша страна защитилась от этого»[о] [Takasugi 1974: 156; Tanaka 1991: 214].

Положение в Китае, в частности в Шанхае, могло быть еще хуже. Китайцы не только подчинялись иностранцам на собственной земле, но и привыкли полагаться на них в решении внутренних проблем. Если вы считаете иностранцев варварами и жалеете китайцев, то как можно объяснить, что достойные жалости зависят от варваров? Японцы ясно видели, что иностранные державы, особенно Великобритания и Франция, пользовались этой ситуацией, чтобы укрепить свою колониальную власть над Китаем. Цинские чиновники, конечно, были далеко не так безразличны к обстоятельствам, от которых зависело будущее их страны, как это представлялось японцам. Великий князь Гун (1832–1898) в какой-то момент увековечил слова императора Сяньфэна о сомнительных намерениях иностранцев и их готовности сражаться с повстанцами: «Эта [политика] помощи варваров в деле уничтожения негодяев ведет только к все большему упадку»[p] [Chouban yiwu shimo 1995–1999, 72: 2695].

Как оказалось, «Сэндзаймару» прибыл как раз в тот период, когда англичане и французы расширяли свое военное присутствие в Шанхае и других частях Китая, и династия Цин становилась все более зависимой от них. Чуть больше чем через неделю после прибытия в порт, 11 июня, Такасуги отметил: «Сегодня несколько сотен французских военнослужащих сошли на берег с военного судна. У меня были дела, и поэтому я не видел этого своими глазами. Это чрезвычайно тревожно»[q] [Takasugi 1974: 158; Tanaka 1991: 217].

Несмотря на всеобъемлющую враждебность к иностранцам-варварам, когда Такасуги увидел их за работой, а также те материалы и технику, с которыми они работали, он был покорен. Он не был готов на уступки в сфере культуры или ценностей, но быстро убедился, что, каковы бы ни были их недостатки как людей (легиона), жители Запада создали лучшее — из возможного в то время — оружие[2]. Он внимательно изучал его и попытался добиться некоторого количества для княжества Тёсю. Например, 13 июля он заметил: «Годай [Томоацу] зашел поболтать. Во второй половине дня я отправился с Накамудой на британские артиллерийские позиции, чтобы посмотреть на пушки Армстронга. Они 12-фунтовые»[r] [Takasugi 1974: 162; Tanaka 1991: 222]. Он даже сделал набросок одной такой пушки (см. рис. 7).

На следующий день уже Нагура сообщает, что он и (снова) Накамуда отправились наблюдать за британскими пушками Армстронга. Они всячески хвалили их. Месяцем ранее, 12 июня, он понаблюдал, как британская армия занимает оборонительные позиции, и увиденное произвело на него большое впечатление[3].

---

[2] Двадцать лет спустя японец, который изучал китайские науки, по имени Ока Сэндзин (1832–1914) пришел к схожим заключениям после года (1884–1885) путешествий по Китаю — кроме того, что, признавая военное превосходство Запада и культурное — восточной Азии, он куда более нелестно выразился о недостатках китайцев. См. [Oka 2009].

[3] [Nagura 1997b: 195–196; Nagura 1997a: 107] соответственно.

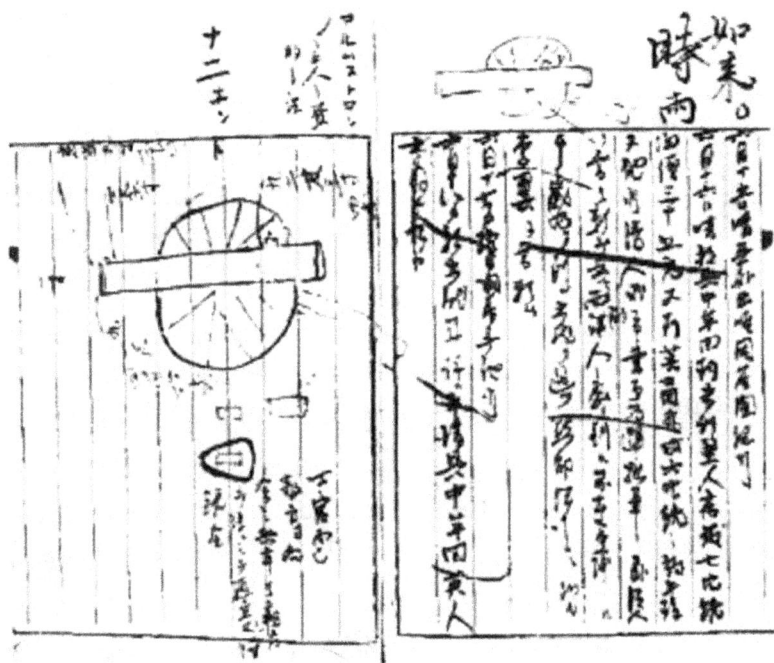

Рис. 7. Пушка Армстронга, набросок и примечания Такасуги Синсаку

Нагура спросил одного из китайских знакомых, Чэнь Жуци-ня, свидетеля действий иностранных войск на поле боя, что он о них думает. Чэнь ответил: «Французы просты, британцы высокомерны, а русские полны уважения»[s]. Нагура отметил, что «эта точка зрения перекликается с нашими собственными [наблюдениями]»[t] [Nagura 1997b: 206]. Неясно, подразумевал ли Чэнь то, что говорил, или просто отделывался от Нагуры ничего не значащими шаблонными фразами, но учитывая большой опыт взаимодействия Китая с различными представителями Запада, деление иностранцев по национальному признаку, вероятно, было новым для Нагуры, который вряд ли много с ними общался.

В одной из своих многочисленных «бесед кистью» Хибино спросил Сюй Хошэна, сколько в общей сложности британских и французских войск в Шанхае или его окрестностях. Ему ответили «5000» — цифра, близкая к реальной (2800 британских и 2000 французских солдат) [Hibino 1946a: 163; Feng 2001: 164]. Когда все эти иностранные войска оказались на китайской земле, Такасуги задался вопросом, кто будет оплачивать их услуги по оказанию давления на повстанцев: «Китайцы зависят от англичан и французов в защите от длинноволосых негодяев. Я спросил о том, какая страна будет платить военным. Британцы сказали, что они заплатят, но и китайцы сказали, что заплатят они. Этот момент остается неясным»[u] [Takasugi 1974: 178; Tanaka 1991: 245].

По оценке окружного интенданта Шанхая У Сюя, иностранцев было выгодно нанимать как для защиты от повстанцев, так и для обучения цинских войск, и он вложил в них немало денег. Как он выразился, «западные войска напугают негодяев. Использовать их для подготовки войск — это совсем не то же самое, что оказывать поддержку варварам»[v] [Chouban yiwu shimo 1995–1999, 5: 33] (Цит. по: [Feng 2001: 165]).

Конечно, важно отметить, что у нас есть только японские версии их «бесед кистью» с китайцами, и они вряд ли представляют собой дословные отчеты, так как, скорее всего, они были подредактированы, чтобы японцы могли казаться умнее, возможно даже не специально, за счет китайцев. Нотоми Кайдзиро поделился с соотечественниками своим крайним недоверием к опоре на западную военную силу для спасения Китая от тайпинских повстанцев:

> Я спросил некоторых китайцев: «Зачем заимствовать иностранную силу для защиты города [Шанхая]?» Они промолчали. Через некоторое время один из них сказал: «Несколько лет назад, когда длинноволосые негодяи напали на Шанхай, новый губернатор Ли Хунчжан еще не прибыл. В то время наши войска были сосредоточены в Аньцине, примерно в 700 ли от Шанхая, и у нас не было другого выбора, кроме как обратиться за помощью к британской и француз-

ской военной мощи». Я снова спросил: «Почему вы не по-
мешали иностранцам вести себя бесцеремонно и властно?
Не потому ли, что династия Цин находится под контролем
иностранцев?» Никто не ответил[w] [Nōtomi 1946: 6].

В «беседе кистью» с Гуань Цинмэем, о которой говорилось
выше, Минэ Киёси поинтересовался целесообразностью использования французских и британских войск, задаваясь вопросом,
не похожи ли они на лис, охраняющих курятник. Ранее в той же
беседе Минэ еще более (если это возможно) настойчиво вытяги-
вал информацию и, возможно, поставил в неловкое положение
своего собеседника (который звучит очень похоже на Нотоми):

> [Минэ] спросил: Сколько войск сейчас находится в Шанхае?[x]
> Цинмэй сказал: Тридцать семь бригад под командованием
> командира бригады Сунцзян; каждая бригада отличается
> по численности, от 700–800 человек до более 1000 человек.
> В Шанхае сейчас две бригады. В распоряжении губернатора
> провинции находится более 10 000 военнослужащих[y].
> [Минэ] Киёси сказал: Я просто спрашивал об окружном
> интенданте и его подчиненных, и [цифры были] совсем не
> похожи на эти. То, что я услышал, неточно, поэтому позволь-
> те мне спросить еще раз. Недавно я услышал цифру в более
> чем 12 000 военнослужащих. Это от Великобритании
> и Франции?[z]
> [Цинмэй] сказал: В 12-м [лунном] месяце прошлого года
> [январь 1862 года] новый губернатор еще не прибыл в Шан-
> хай. Все войска были дислоцированы в районе Аньцин,
> более чем в 700 ли отсюда. По этой причине мы обратились
> за военной поддержкой к британцам и французам, чтобы
> защитить город [Mine 1997b: 30][aa].

Нападение тайпинов на Шанхай в середине 1862 года вызвало
большие опасения среди шанхайского чиновничества, следствием чего стала зависимость от западных вооруженных сил. Оно
также вызвало некоторые диковинные слухи, источник которых
неизвестен, о том, что японцы пришли на помощь. Хибино
слышал такие фантастические истории от торговца по имени
Чунь Лин, с которым он много раз беседовал. Нотоми также

«поговорил» с ним о подобных слухах. Один из них, — когда японцы узнали о нем, они изо всех сил постарались его пресечь, — заключался в том, что японцы прибыли в ответ на британское предложение помочь поддержать династию Цин в борьбе с повстанцами. Другие, по-видимому, широко распространенные слухи касались двух японцев со сверхъестественными способностями — один мог летать над облаками и убивать людей, а другой мог преодолеть 1000 ли за один день, — которые собирались приехать в Китай. (Чего не случилось.) Когда Хибино услышал эти истории, он воскликнул (посредством кисти): «Такие слухи отвратительны. Наша страна строго запрещает ереси; нарушите [такой запрет], и вам грозит смерть»[ab] [Hibino 1946a: 169].

Затем в голове Нотоми что-то щелкнуло. Именно из-за этих фантастических историй столько людей хотели встретить «Сэндзаймару», когда он прибыл в порт, и именно поэтому японцы всегда служили источником такого пристального внимания, когда пытались прогуляться по городу [Nōtomi 1946: 28]. Конечно, существам, которые могут летать над облаками и преодолевать огромные расстояния за один день, вряд ли понадобилось бы полагаться на такой отсталый вид транспорта, как корабль, причем парусный, чтобы добраться до места назначения. Но такие детали редко вторгаются в область фантастического. Важным моментом является то, что такие «новости» — даже если они в основном неправдоподобны — могли достичь берегов Шанхая еще до прибытия «Сэндзаймару».

Нагуру также часто спрашивали о помощи, поступающей из Японии для спасения Китая: «В Шанхае ходят слухи, что "японцы скоро прибудут и станут источником большой радости для нашей династии. Окружной интендант У планирует напасть на длинноволосых негодяев. Подкрепление из Японии может прибыть морем под прикрытием в течение нескольких дней". В результате многие люди спрашивали меня, когда прибудут японские войска. Это просто смешно»[ac] [Nagura 1997b: 197; Tanaka 1972: 300].

Вышеприведенные наблюдения, а также личное взаимодействие с местным населением, свидетельства высокомерного отношения европейцев к китайцам и очевидная неспособность последних справиться с многочисленными проблемами привели японцев к убеждению, что династия Цин находится на последнем издыхании. Широко распространено было сомнение в том, что династия Цин сможет спастись, полагаясь на помощь совершенно ненадежного Запада.

Нагура рассказывает печальную историю о том, как 14 июня они с Хибино захотели посетить конфуцианское святилище в китайском городе. В толпе они с Хибино разошлись, и Нагура продолжал идти в одиночку. По дороге он встретил китайца по имени У Эши и сказал, что хочет помолиться в храме. У объяснил, что британские солдаты временно захватили его для использования в качестве казармы. Он вернулся 29 июня и обнаружил, что британские войска все еще расквартированы там. Британцы были достаточно любезны, чтобы показать ему храм, однако вся эта ситуация с осквернением храма присутствием в нем военных свидетельствовала об упадке китайского государства и угасании его национальной силы. Китайцы слишком во многом уступили чужакам с Запада [Nagura 1997a: 109, 120].

У Такасуги был похожий опыт. 3 июля он прогуливался по городу-крепости и, посетив храм бога войны Гуань Юя (Гуанди, ум. в 219 г.), написал:

> Я отправился в конфуцианский храм. Там было два павильона, и на пустом пространстве между ними росли растения. Казалось, все поддерживалось в хорошем состоянии. Однако со времен восстания негодяев британские [войска] были здесь и превратили храм в казарму. Внутри одного павильона солдаты спали, держа оружие под рукой. Увидев это, я действительно не смог вынести такого прискорбного [зрелища]. Британцы защищают китайцев от негодяев, и, таким образом, китайские чиновники перенесли изображения мудреца Конфуция в другое место, чтобы дать возможность британцам разбить лагерь в храме[ad] [Takasugi 1974: 160–161; Tanaka 1991: 220].

Хибино все-таки удалось посетить конфуцианский храм в преображенном виде, и он подробно описал его, не сдерживая свой гнев. Последний, по-видимому, представляет собой смесь враждебности к иностранцам и их присутствию, а также осуждения за осквернение ими священного места. Хибино приходит к выводу, что использование династией Цин Западных сил для подавления тайпинов было, мягко говоря, ошибочным: «Отгоняя лису, они привлекают тигра — почему они делают столь ужасно глупые вещи»[ae] [Hibino 1946b: 90][4]. Когда позже он вступил в «беседу кистью» с неким Ван Шивэем, Ван отрицал, что британские войска использовали храм в качестве казармы и что Хибино, должно быть, перепутал конфуцианский храм с христианским, но Хибино не позволил ему сорваться с крючка [Hibino 1946a: 149–150].

Хибино и другие японцы недоумевали, как такое было возможно. Они пришли к выводу, что ответ напрямую говорит о недостатке мужества и доблести в Китае. А значит, японцы, как им казалось, были более верны конфуцианству и сильнее уважали Конфуция, чем китайцы. Ниже приводится фрагмент беседы:

> Китаец: Чтит ли ваша страна Конфуция?[af]
> Хибино: Моя страна чтит Конфуция больше, чем ваша[ag].
> Китаец: Как же так?[ah]
> Хибино: Вчера я пошел засвидетельствовать свое почтение в конфуцианский храм в городе-крепости, но там не было изображений мудреца, только британские [войска][ai] [Hibino 1946a: 164].

Затем разговор перешел в область того, каким божествам поклоняются японцы, краткой истории синтоизма и, наконец, конфуцианских традиций, которые объединяли два народа.

Учеба у иностранцев?

Враждебность, проявляемая японцами по отношению к иностранцам, и их недовольство всеобъемлющей покорностью китайцев перед этими незваными гостями не означали, что нужно

---

4   Прямо перед этой записью Хибино поместил два детальных наброска конфуцианского храма [Hibino 1946b: 88–89].

выбросить все западное, как дитя с водой из купели. На самом деле японцы неохотно восхищались техническими достижениями Запада, но не из-за господства иностранцев над китайцами, а потому, что многие хотели использовать те же достижения в собственных владениях или даже стране в целом. Мы видели, как Такасуги Синсаку рационализировал эту двойственность в восприятии.

Японцы упоминали по именам немногих иностранцев, с которыми общались, за исключением дипломатов, вроде Круса и Медхерста. Однако при таком взаимодействии существовала одна проблема: отсутствие общего языка. Официальные переводчики, по-видимому, были заняты бюрократической работой, поскольку они редко появляются в рассказах о путешествии. Однако, как отмечалось ранее, Накамуда Кураносукэ немного знал английский, а случайные миссионеры знали достаточно литературного китайского, чтобы по крайней мере суметь передать, обойдя таким образом языковые барьеры, основные идеи и мысли.

Как мы уже видели, в дополнение к вопросам международной торговли главным объектом внимания японцев по отношению к иностранцам было военное присутствие последних в Китае (и, следовательно, близость к Японии). Как бы сильно они ни ненавидели это явление, все они были самураями, а самураи по определению были военными. Пусть и нехотя, они все же восхищались способностью Запада производить вооружение, канонерские лодки и др., а также их талантом вести бой.

Одним из интересных примеров западного человека, к которому обратились по крайней мере трое японцев, был Уильям Мюрхед (1822–1900), миссионер из Лондонского миссионерского общества, долгое время работавший в Шанхае, автор многих религиозных и светских работ как на английском, так и на китайском (особенно на шанхайском диалекте), а также хозяин больницы, пристроенной к его церкви. Впервые он приехал в Шанхай в 1848 году; после месячной поездки в Нанкин в феврале 1861 года он вернулся в Шанхай, где и оставался в течение последующих десятилетий.

20 июня Годай и Такасуги нанесли ему визит. Как они узнали о нем или кто их представил, непонятно, хотя Мюрхед, безусловно, был хорошо известен в городе. Такасуги цинично, но довольно точно отмечал, что, в то время как Мюрхед обслуживал богатых и бедных в своей клинике, миссионеры часто совмещали евангельскую и лечебную деятельность и использовали свои медицинские знания для распространения своей гнусной религии среди местного населения; «благородные мужи нашей страны должны быть готовы предотвратить это»[aj]. Мюрхед, должно быть, устроил двум японцам экскурсию, потому что Такасуги описывает увиденное. Перед отъездом Такасуги сообщает, что «попросил [у Мюрхеда] "Ляньбан чжилюэ" (Краткий отчет о Соединенных Штатах) и другие подобные книги»[ak]; «Ляньбан чжилюэ» — известный трактат на китайском языке американского миссионера Элайджи К. Бриджмена (1801–1861), который скончался всего несколькими месяцами ранее в Шанхае. Известность в Японии этот трактат получит только через два года, и с этого момента станет отправной точкой для последующих исследований США. Им воспользуется Кидо Коин (Такаёси, 1833–1877) в миссии Ивакура в 1871 году, в качестве основы для изучения Конституции Соединенных Штатов.

В одном из своих рассказов о поездке Нагура Ината также сообщил, что один из его попутчиков приобрел экземпляр «Ляньбан чжилюэ» (либо Такасуги, либо Накамуда), «написанный американцем» (*какидзин аравасу*), позднее идентифицированным как Мюрхед, за юань, что позволило Нагуре «познакомиться» (миру) с книгой. Возможно, он был ответственен за доставку книги в Японию и за ее распространение и переиздание с японскими знаками для чтения. Сам Нагура собирал как можно больше информации о западных военных технологиях и вооружении, особенно Великобритании, а также об истории и характере конфликта между Китаем и Западом. Он отмечает, что Китай «использовал устаревшее оружие, в том числе иногда даже лук»[al] [Nagura 1997b: 170–192].

Два дня спустя Такасуги снова отправился с Годаем навестить Мюрхеда, но доктора-миссионера не оказалось дома. 24 июня Такасуги уговорил Накамуду присоединиться к нему и нанести еще один визит Мюрхеду. С Накамудой, вероятно, общение стало бы проще и понятнее. У нас нет рассказа Такасуги о том, что произошло в доме Мюрхеда, за исключением того, что Такасуги попросил посмотреть выпуски «Шанхай синьбао» (китайской газеты, в которой якобы публиковались статьи о тайпинах) и две работы на китайском языке, представляющие современную западную науку: «Шусюэ цимэн» («Введение в математику») и «Дайшусюэ» («Алгебра»), обе они были подготовлены Александром Уайли (1815–1887) и Ли Шаньланем (1810–1882) [Takasugi 1974: 159; Tanaka 1991: 219].

Несколько недель спустя, 8 июля, Накамуда отправился навестить Мюрхеда, и тот одолжил ему четырехтомный труд о восстании тайпинов, который Накамуда несколько дней переписывал вручную. Тот включал в библиографию примерно 18 работ тайпинских лидеров. Впоследствии Такасуги назвал четырехтомный труд «текстом, скопированным Накамудой» [Nakamura 1919: 229–230].

Таким образом, несмотря на всю ненависть, испытываемую по отношению к западным империалистам, японцы, посетившие Китай в 1862 году, проявляли большой интерес к западным знаниям. Для них это было несложно, поскольку к 1862 году в Японии существовала давняя традиция западной или голландской науки, возникшая в период Эдо (Рангаку), которая, как правило, не вступала в противоречие с китайской наукой Кангаку. Помимо сёгуната в Эдо, еще несколько княжеств имели свои школы западных наук (Ё:гаку). Накамуда, как уже отмечалось, был заядлым исследователем западных технологий мореплавания и с этой целью немного овладел английским языком. Из рассказов о путешествиях мы также можем отметить, что другие японцы получили знания о методах проведения географических измерений, например Нотоми поместил географические координаты Шанхая в свой рассказ. Однако для китайцев такое четкое разделение западного и китайского обучения было по целому ряду причин гораздо более трудным. Лондонское миссионерское общество было одним из ряда миссионерских издательств, основанных в Шанхае в 1840-х и 1850-х годах, которые публиковали горы текстов как религиозного, так и научного характера. Они также выпустили первый журнал на китайском языке в Шанхае «Люхэ контань» («Истории со всего мира»), который начал выходить в январе 1857 года.

Как мы видели в главе 3, Такасуги провел довольно много времени в Нагасаки до отплытия «Сэндзаймару», беседуя с западными миссионерами и дипломатами в попытке получить как можно больше информации о внешнем мире. Он быстро понял, что, несмотря на всю болтовню местного населения об «изгнании варваров», самый прямой путь княжества Тёсю к богатству лежит через торговлю с внешним миром и создание более сильной армии, то есть войск, вооруженных самым лучшим оружием из ныне существующих.

В шанхайском дневнике Такасуги часто упоминает мероприятия, непосредственно связанные с Западом, однако некоторые из них вызывают сомнения. Например, 9 июня он написал: «Утром я читаю английские книги. Во второй половине дня я отправился со всеми чиновниками во французское консульство»[am] [Tanaka 1991: 270 (яп. версия: 216); Takasugi 1974: 1 (яп. версия: 157)]. Проблема, очевидно, в том, что он вряд ли умел читать по-английски. Два дня спустя он снова сообщает, что «читает английскую книгу»[an].

Несмотря на подобные преувеличения, 14 июня он сообщил, что отправился с Накамудой и Годаи посмотреть на управляемый британцами «речной пароход и все его оборудование»[ao] [Tanaka 1991: 272 (яп. версия: 217); Takasugi 1974: 158]. Читая дневниковые записи Такасуги, можно предположить, и это вполне вероятно, что, несмотря на его героическое положение, он тем не менее повсюду следовал за Накамудой и Годаем. Годай был на частной миссии, которая вскоре должна была поразить Такасуги, а Накамуда был единственным, кто хоть немного говорил по-английски. Три дня спустя он отправился с Накамудой навестить американца по имени Чарльз, и вот как рассказывает об этом Такасуги:

Утром мы с Накамудой отправились в американское торговое заведение. Торговца звали Чарльз [...] Чарльз сказал: «Я прожил в Иокогаме три или четыре года и немного по-

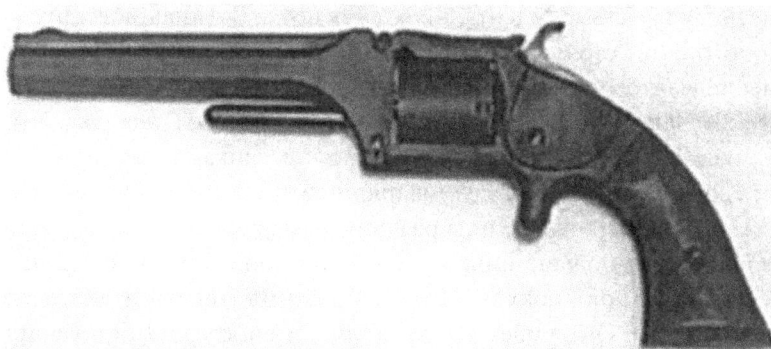

Рис. 8. Точная копия пистолета, купленного Такасуги Синсаку в Шанхае

нимаю ваш язык. Я бы с удовольствием побывал там снова в будущем, так как я очень уважаю ваш народ». [...] Накамуда понимает по-английски, и открыто поговорил с ним. [...] Я сказал Чарльзу [через Накамуду]: «Хотя в последнее время я читаю книгу на английском языке, я пока не могу поддерживать беседу. Я буду продолжать учиться день и ночь, и если мы встретимся снова, я надеюсь, что смогу поболтать с вами». Чарльз ответил: «Когда мы встретимся снова, я хотел бы понимать ваш язык» [Tanaka 1991: 272 (яп. версия: 217–218); Takasugi 1974: 158]ар.

Формальностей много, но очевидно, что Такасуги почти не знал английского, а Чарльз овладел примерно равным количеством японского.

Мы уже проследили за визитом Такасуги, который опять же не обощелся без присутствия Накамуды, к Уильяму Мюрхеду, и теперь отметим, что его выбор китайских книг, которые он приобрел у последнего, свидетельствует об интересе к математике и естественным наукам. По его собственному рассказу, Нагура Ината довольно подробно изучил «Сюсюэ цимэн», которая, несомненно, попала ему в руки от Такасуги [Nagura 1997b: 180–181]. Следует отметить, что Нагура изначально не страдал яростной нелюбовью к западу, в отличие от Такасуги. Военная модернизация Японии стояла для него на первом месте, а это требовало непредвзятого отношения к западным вещам.

12 июля стало особенно знаменательным днем для Такасуги. Они с Накамудой отправились в гости к американскому торговцу оружием, и он купил «семизарядный пистолет» (см. рис. 8). В 1862 году были доступны различные марки таких пистолетов, но Такасуги больше ничего не говорит об этой, казалось бы, «мужественной» покупке. Позже он купил еще один пистолет у голландца. Он привез оба в Японию и впоследствии подарил один из них, «Смит-и-Вессон», Сакамото Рёме (1836–1867), когда они встретились в Симоносеки в начале 1866 года, за год до того, как оба ушли из жизни; другим, похоже, он так и не воспользовался, и его нынешнее местонахождение остается неизвестным. Ранее он пытался приобрести пароход для Тёсю, но, несмотря на поддержку Суфу Масаносукэ (1823–1864), крупной фигуры в политике Тёсю и ярого противника открытия Японии, с финансовой точки зрения такое предприятие оказалось неосуществимым[5].

Поскольку Годай Томоацу не оставил рассказа о своем пребывании в Шанхае, история о том, что он якобы купил немецкий пароход для родного княжества Сацума, все еще вызывает вопросы. Напомним, что Годай путешествовал инкогнито в качестве матроса на «Сэндзаймару». Как бы он перевез более 100 000 долларов, необходимых для такой покупки? Если предположить, что он не перевозил деньги наличными, то в какой форме он доставил их в Шанхай? Кто бы доверил ему такую колоссальную сумму? Конечно, Сацума в течение некоторого времени вела частную (то есть нелегальную) торговлю с иностранными судами у берегов островов Рюкю, но у нее не было отношений с банками Шанхая или Гонконга. И, даже если бы Годай мог заключить такую сделку, как бы он доставил пароход в Кагосиму? На эти вопросы еще предстоит ответить. Среди японцев также распространились слухи о том, что он заключил контракт с Сацумой на покупку

---

5 См. [Umetani 2002: 103, 104]; Накамура Коя в [Nakamura 1919: 245] утверждает, что второй пистолет был куплен у французского торговца.

дополнительных семи пароходов в Великобритании на общую сумму 500 000 долларов; эта часть истории, вероятно, является преувеличением, хотя покупка немецкого судна, по-видимому, основывается на реальной истории[6].

И Такасуги, и Годаю было поручено приобрести пароход для родных княжеств, двух крупных юго-западных провинций Тёсю и Сацума соответственно, которые намеревались укрепить свои позиции как по отношению к конкурирующим княжествам, так и к сёгунату. В заключительных строках одного из рассказов о путешествии Минэ Киёси упоминает, что слышал об этих приказах от них и что выполнить такую задачу было крайне нелегко [Mine 1997a: 23] Вернувшись в Нагасаки после поездки в Шанхай и различных неудачных попыток найти пароход, Такасуги узнал о голландском судне, которое было выставлено на продажу, но он появился слишком поздно, чтобы совершить покупку. Как рассказывает сам Такасуги, Годай уже дважды, в 1862 году, еще до того, как «Сэндзаймару» отплыл в Китай, пытался купить корабль для Сацумы, но также безуспешно:

> Годай Сайсукэ [Томоацу] из Сацумы прибыл в Шанхай в качестве матроса на борту «Сэндзаймару» [...] Он получил приказ от даймё совершить это путешествие. Медленно, но верно мы сближались [...] Я узнал, что он вел переговоры о покупке парохода [...] Цена парохода составляла 123 000 долларов, или 7000 японских рё[aq] [Takasugi 1974: 177; Tanaka 1991: 243].

На самом деле, в феврале он связался от имени своих владений со знаменитым британским торговцем Томасом Гловером (1838–1911). В любом случае детали остаются неясными.

В разгар пребывания в Шанхае, 24 июля, Такасуги и Накамуда посетили британскую «редакцию газеты» (синбунся), название

---

6   См. [Shirayanagi 1931: 234–35, 240–243]. [Shirayanagi 1931: 242–243] выдвигает следующую гипотезу: поскольку у Германии все еще не было дипломатических связей с Японией, судно не могло войти в японские воды под флагом Германии. Поэтому оно отправилось в Гонконг, сменило флаг на британский и затем отправилось в Кагосиму как британский корабль.

которой не указано, хотя, скорее всего, это была «Норт-Чайна хералд», где они узнали несколько тревожащих новостей:

> Главным [там] был британец. Он вызвал нас и поговорил откровенно. Британец зачитал вслух отрывок из газеты, присланной из Иокогамы. Возникла какая-то проблема, связанная с коммерческим вопросом [в Японии], но детали были неясны. Более 1000 пехотинцев покинули Эдо. Все даймё двигались в сторону Киото. [...] Были упомянуты четыре самых крупных княжества: Сацума, Хосокава, мое и Курода. Британец также сказал, что, согласно другому сообщению, один из даймё совершил нападение на сёгунат в Эдо. Британец заявил, что даймё отправили иностранцев в Нагасаки и Хакодате и могут двинуться на Осаку и другие места. Сёгунат открыл порт Осака как место для торговли, и там все было в порядке. В общем, все варвары восхваляют сёгунат. Это очень, очень страшно. В свои номера мы вернулись уже в сумерках[ar] [Tanaka 1991: 223, 274].

Помимо того что Такасуги (как и Накамуда) не знал, что происходит дома, и, вероятно, сомневался в правдивости сообщений в иностранной газете, у него в принципе было мало опыта общения с прессой. В Японии периода Эдо существовали и распространялись информационные бюллетени, однако они не были легальными, и, как правило, правительство держало в секрете политические события и распространение информации, особенно касающейся проблемных областей юго-запада. Сама идея обнародования всех доступных новостей была совершенно новой, и не случайно одним из великих пионеров прессы в Японии был Джозеф Хико (Хамада Хикодзо, 1837–1897). Потерпевший кораблекрушение на рыболовецком судне в раннем подростковом возрасте в 1850 году, он был подобран американским пароходом и доставлен в Соединенные Штаты, где прожил почти десять лет и выучил английский язык (а также приобрел американское гражданство). Там он познакомился с газетами, которые были представлены в большом количестве, а позже, весной 1864 года, Хико вместе с другими предприимчивыми японцами (через два года после плавания «Сэндзаймару») основал первое подобное предприятие в Японии — «Кайгай симбун» («Зарубежные новости»); в 1868 году он помог запустить другую газету «Иокогама симпо: мосиогуса» («Сборник прессы Иокогамы»)[7].

Такасуги также писал, что в разговоре с китайцем спросил, какая нация является сильнейшей западной державой: США, Англия, Россия или Франция? Китаец ответил, что Россия была самой сильной из них всех, хотя его рассуждения остаются неясными, поскольку конкретных оснований не приводится, а российское присутствие в Китае было значительно менее очевидным, чем трех других стран [Tanaka 1991: 246].

Помимо прочих впечатлений от Шанхая, Китая и мира в целом, у японцев на борту «Сэндзаймару» остался неотразимый образ грозного Запада. Хотя четкого вывода о необходимости присоединиться к Западу, поскольку сопротивление бесполезно, не было, нетрудно обнаружить этот результат позднее. Многих, таких как Такасуги Синсаку, отталкивали запахи толпы, которая следовала за ними повсюду в удушающей жаре, вездесущие бордели и бары, а также все «отвратительные» запахи города-крепости — все это он воспринял как признак полной антисанитарии Китая. Они были ошеломлены тем фактом, что китайцы жили в рабстве у жителей Запада в концессиях, и явно опасались, что такое может повториться в Японии.

В типичной для себя манере крутого поворота Такасуги осознал западный путь к богатству и силе и поклялся больше не читать по-китайски или по-японски; будущее принадлежало Западу — даже если его жители заслуживали только презрения в культурном отношении, — и, следовательно, нужно было овладеть их языками. Он, конечно, был молодым вспыльчивым человеком, который так и не сдержал своей клятвы и умер от болезни не-

---

7 [Heco 1950 (1894), 2: 53, 59; Sugiura 1996: 160; Okita 1942b: 29; Hanazono 1938; Kurokawa 1995]. В своих попытках вернуться в Японию, Хико работал на британском судне, принадлежащем «Дент и компания», которое в 1859 году прибыло в порт Шанхай, см. [Heco 1950 (1894), 1:191].

сколько лет спустя в возрасте 28 лет, но то, что он предсказал, возможно, было не таким уж далеким[8].

С этого момента я начинаю изучение западной литературы,
Клянусь не читать ничего на японском или китайском.
Уже забыл все, что когда-либо писал сам,
Отныне я буду различать высшее и низшее знание[as].

В последующих главах мы рассмотрим различные взаимодействия путешественников «Сэндзаймару» с китайцами из Шанхая, но важно также подчеркнуть, что число жителей Запада, с которыми они, разумеется, тоже встречались и взаимодействовали, было достаточно большим. Накамуда по этому показателю явно лидировал, потому что он достаточно хорошо знал английский, чтобы поддерживать беседу. Его биограф перечисляет по меньшей мере 16 выходцев с Запада, с которыми он общался в Нагасаки, а затем в Шанхае. Другие путешественники встречались с другими иностранцами. Некоторые из них были учителями, некоторые коммерсантами, другие служащими в филиалах европейских фирм, также среди иностранцев часто встречались миссионеры и военные [Nakamura 1919: 198–200].

В то время как западное присутствие в Японии, даже в Нагасаки, возможно, все еще было диковинкой в 1862 году, в Шанхае оно стало суровой реальностью. Все, от огромного количества западных судов в порту до количества иностранцев, прогуливавшихся на улицах концессий, было не только неоспоримой реальностью, но и доминирующим присутствием. Именно иностранцы принесли с собой то, что казалось ужасающим беззаконием в глазах японцев, в первую очередь опиум и христианство. Японцы, которые комментировали эти две беды, редко когда говорили об одной без упоминания другой, и в главе 6 мы обсудим это подробнее.

---

[8] Цит. по: [Kobayashi 1994: 71].

Глава 6
Опиум, христианство и тайпины

Хотя опиум был известен китайцам еще за столетия до прибытия британских и американских торговцев (сейчас можно отказаться от эвфемизмов и смело назвать их наркоторговцами), в XIX веке он использовался главным образом в медицинских целях. Тогда ни для кого не было секретом, что бедствия, поразившие китайское общество в середине того века, были связаны с победой Британии в Опиумной войне в 1842 году — неприятно поразившей японские элиты[1], — а также с заключенным по итогу войны Нанкинским мирным договором и торговлей смертоносным наркотиком, которую этот договор обеспечивал. Тот факт, что многие китайцы оказались вовлечены в масштабные процессы выращивания, переработки и оборота опиума в собственной стране, служит примером алчности и манипуляций, которые возникают везде, где наркотики находят потребителей. Возможно, называть их наркоторговцами несколько анахронично, но нам кажется, что гораздо хуже называть их «защитниками свободной торговли» или какими-либо иными столь же лицемерными словами. После этого предостережения далее мы будем называть их так, как они того заслуживают.

Фактически в конце эпохи Эдо опиум не ввозился в Японию. Сёгунат и все элиты княжеств, осведомленные о проблеме в Китае, были непреклонны в решении держать хищнические наркокарте-

---

[1] См. [Guluk 1939–1940].

ли на расстоянии. Если японцам на борту «Сэндзаймару» требовались дополнительные доказательства, то торговля опиумом и ее последствия приводили в ужас всех, кто был ее свидетелем в Шанхае или его окрестностях. И они знали, что именно иностранцы, силой и военными технологиями которых они восхищались, превращают Китай в один гигантский опиумный притон.

Опиум и христианство: снова вместе

Японцы проявляли одновременно любопытство, страх и явное отвращение к опиуму. Какими бы ужасными ни казались им варвары (и опиум был здесь важнейшим доказательством), слабость династии Цин также сыграла свою роль. Распространение опиума не укладывалось в простую дихотомию «преступник — жертва», поскольку японцы быстро поняли, что многие китайцы вовлечены в этот незаконный оборот. По состоянию на 1849 год, по слухам, в одном только Шанхае продажа опиума составляла 71 % от всей торговли, но это значение нуждается в дальнейшем подтверждении[2]. Знаменитый летописец Гэ Юаньсюй, писавший о жизни в Шанхае, отметил, что «шанхайские опиумные притоны — номер один во всей империи»; а Хуан Шицюань (1853–1924), известный журналист и редактор журнала «Шеньбао», подсчитал, что только в районе концессий насчитывалась тысяча опиумных притонов — а значит, у японцев были широкие возможности для наблюдения [Ge 1876; Huang 1989] (Цит. по: [Liu 2012: 126–127]).

К 1862 году новости об опиумной войне просачивались в Японию вот уже два десятилетия, посредством книжной торговли в страну попали и несколько важных китайских текстов. О них речь шла в другом месте, и мы не будем здесь подробно останавливаться на этом [Masuda 2000: 34–52, 68–80; Haga 1984]. В разделе описания путешествия, посвященном «беседам кистью», Такасуги, который особенно интересовался Опиумной войной и ее последствиями, задал неназванному китайскому ученому следующий вопрос (см. также рис. 9):

---

[2] [Feng 2001: 197], но без источника.

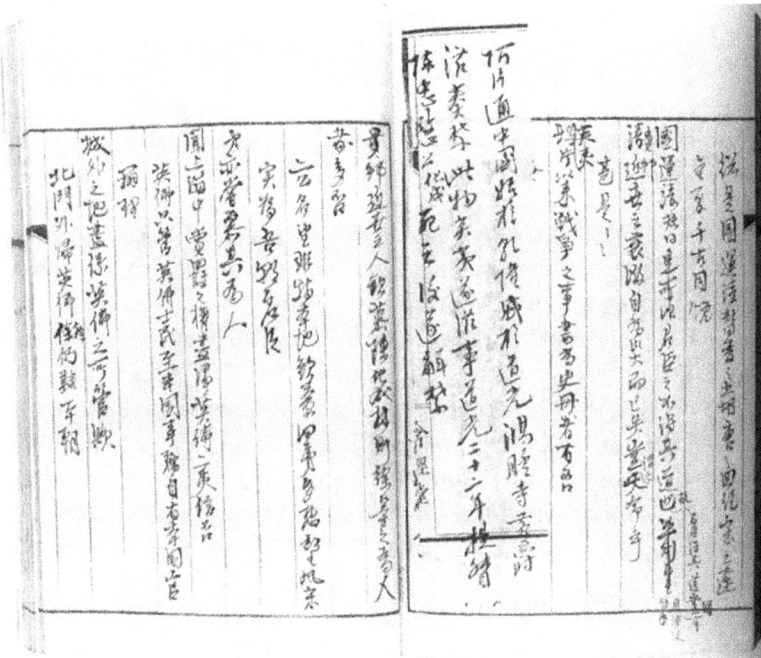

Рис. 9. «Беседа кистью» с китайским ученым, из записной книжки Такасуги Синсаку

[Такасуги:] Существуют ли исторические материалы на тему британских варваров и событий после опиумной войны?[a]
[Китайский ученый:] Нет. Опиум впервые появился в Китае в эпоху Цяньлуна [1736–1796] и процветал при Даогуане [годы правления: 1821–1850]. Хуан Цзюэцы [1793–1853] из Государственного церемониального суда постановил запретить его, но британские варвары продолжали сеять смуту, и в 20-х годах правления Даогуана [1842] со смертью Чэнь Хуачэна [1776–1842] запрет был снят[b].
[Такасуги:] Многие ли мужчины из вашей страны в последнее время уважают и восхищаются поступками таких людей, как [герои опиумной войны:] Чэнь Хуачэн и Линь Цзэсюй [1785–1850]?[c]

> [Китайский ученый]: Поступки этих двух людей ныне не
> вызывают особого уважения и восхищения. Все иностранцы
> заинтересованы в получении информации [о них]. Они были
> поистине выдающимися государственными деятелями[d].
> [Такасуги:] Я тоже восхищаюсь ими[e] [Takasugi 1974: 198–199;
> Tanaka 1991: 250][3].

Какие бы цели ни преследовали своими действиями Чэнь
и Линь, Такасуги восхищался ими как людьми, которые муже-
ственно воевали против британских империалистов и наркоторговцев. Позже Такасуги пресек попытку книготорговца продать
ему знаменитый словарь рифм начала XVIII века «Пэйвэнь
юньфу» («Справочник рифм для вежливых фраз»), заявив: «Мне
не нужны такие книги, как "Пэйвэнь юньфу". Если у вас есть
труды двух великих полководцев, Чэнь Хуачэна или Линь Цзэ-
сюя, я готов заплатить до 1000 золотых монет, чтобы получить
их»[f] [Takasugi 1974: 202; Tanaka 1991: 254]. Но в тот раз ему не
повезло.

Знать, что опиум — опасный наркотик, который широко
употребляется в Китае, — одно, но наблюдать за его широким
употреблением — в условиях гораздо более тяжелых, чем в Нью-
Йорке на пике эпидемии крэка, — другое. Последнее стало тревожным сигналом для японских гостей в 1862 году. Хибино Тэрухиро, похоже, быстрее всех убедился в том, что опиум был
связан с другим опасным бедствием — христианством, наводнившим Китай в то время. В беседе с китайским ученым по
имени Хуа Илунь, Хибино был готов указать пальцем на христианских миссионеров и таким образом связать эти два вопроса:

> [Хибино:] Опиум и христианство вредят государству и должны быть остановлены. Они приводят к тому, что люди
> голодают. Сделаете ли вы шаг, чтобы спасти их?[g]
> [Хуа Илунь:] В глубине души я бы хотел, но моих сил недостаточно для выполнения этой задачи[h] [Hibino 1946a: 161].

---

[3] Если собеседник Такасуги прямо говорил о Нанкинском договоре 1842 года
как о причине разрешения опиума, то он совершил распространенную
ошибку, потому что в договоре опиум напрямую не упоминается.

Следует отметить, что Хуа возглавлял борьбу с тайпинами, но тем не менее считал проблему опиума уже слишком серьезной и широко распространенной, чтобы с ней можно было бороться.

Нотоми Кайдзиро рассказывает трогательную и чрезвычайно печальную историю капитана судна, который отбуксировал «Сэндзаймару» из Шанхая в устье реки Янцзы, когда японцы собирались возвращаться в Японию. По словам Нотоми, в дополнение к пугающему интересу китайцев к христианству, с которым он связывает проблему опиумной зависимости:

> В последние годы число китайцев, курящих опиум, значительно выросло, и власти не в состоянии справиться с этим. В Шанхае правительственные чиновники такого ранга, как [даотай] У Сюй, курят его сами. Поэтому, даже если ввести запрет на употребление опиума для низших слоев населения, не найдется никого, кто бы его соблюдал.
> Китайцы говорят, что опиумный дым необычайно красив, но он чрезвычайно вреден для человека. Так или иначе, те, кому нравится курить, обнаруживают себя не в духе, а свое тело неспособным работать; когда они курят [все больше], их дух изменяется. Таким образом, они в конечном счете не могут отказаться от опиума. Покурив месяц, они уже не могут без него жить. Как они справятся с этим? [Nōtomi 1946: 23][i]

Несмотря на хорошую оплату, капитан буксира, который также говорил по-английски (возможно, из-за работы), был закоренелым опиумным наркоманом, который тратил на наркотик все, вплоть до последнего цента. Нотоми описал его как одетого в лохмотья и худого как жердь человека примерно тридцати лет от роду.

> Прежде чем мы покинули Хуанпу, Накамуда Кураносукэ спросил его: «Сколько раз в месяц вы выполняете такого рода работу?» Он ответил: «Иногда два или три раза, а иногда четыре или пять». Накамуда спросил: «У вас есть родители, жена, дети?» Он ответил: «Нет». Он спросил далее: «Вам нравится играть в азартные игры или вы, может, поддаетесь женским чарам? Если нет, то если вы так много

зарабатываете, почему ваша одежда такая растрепанная, а тело такое изможденное?» Он ответил: «Кроме опиума, мне ничего не доставляет удовольствия. Хотя я зарабатываю много денег, их все равно недостаточно, чтобы выкурить столько опиума, сколько мне хотелось бы». Никто не мог поверить в услышанное[j] [Nōtomi 1946: 24].

Японцы остались не просто в недоумении — они откровенно разгневались, очевидно ранее не подозревая об убийственном эффекте, который наркотик оказывал на жизнь зависимых, и последующем разрушении семей или полной незаинтересованности в обзаведении ими. Еще до начала путешествия домой капитан буксира нанес визит японским сопровождающим, вероятно для того, чтобы договориться о деле. Как описал Нотоми:

Однажды он пришел к нам домой и [быстро] достал из изящной шкатулки свои принадлежности для опиума, отложил их в сторону и принялся курить. Через несколько минут все собрались, чтобы понаблюдать за этим любопытным зрелищем. Опиум наполнил комнату своим зловонным запахом. Нам пришлось запретить ему курить, но он не обращал на нас внимания, наполовину пьяный, наполовину спящий, тело его трясло. По прошествии некоторого времени мы испугались, и [Накамуда] Кураносукэ с сердитым выражением лица, положив при этом руку на рукоять своего меча, закричал. Увидев это, мужчина вздрогнул, поспешно собрал свои принадлежности для курения и ушел [Nōtomi 1946: 24][k].

По злому умыслу или нет, японцы не отметили тот факт, что капитан все же справился со своей работой, благодаря которой они смогли покинуть Шанхай.

Нагура Ината более непринужденно пообщался с китайским собеседником по вопросу опиума. Некто Ван Хуфу утверждал, что не существует известного медицинского лекарства от опиумной зависимости. Он добавил не без иронии: «Чтобы отказаться от опиума, нужно хорошее лекарство, но найти такое лекарство чрезвычайно сложно. Если вы его найдете, оно должно называться Цзэсюйвань (таблетки [Линь] Цзэсюй) или Хуачэнтан (суп [Чэнь] Хуачэн)»¹ [Nagura 1997b: 198]. Ван нашел это забавным и, вероятно, разделял надежду Нагуры на появление какого-нибудь великого китайца, который решит все проблемы одним махом.

Если бы японцы в 1862 году знали об усилиях христианских миссионеров по ограничению употребления опиума и помощи наркоманам в преодолении их пагубных привычек, то признали бы они, что не все миссионеры плохие? Вероятно, нет. Некоторые из них убедительно намекают на то, что врачебная деятельность миссионеров в Китае была направлена как на спасение жизней, так и на «спасение душ». Христианство попало под запрет в Японии более двух столетий назад, и только недавно этот запрет был снят. Многие из японцев в миссии 1862 года, которые были настроены против иностранцев, рассматривали христианство как доказательство зла, распространяемого в Китае людьми с Запада. Не менее сурово они относились и к новообращенным в христианскую веру китайцам. К 1862 году в Шанхае насчитывалось несколько десятков церквей как в концессиях, так и в окруженном стеной китайском городе, и японцы наверняка расспрашивали или читали о распространении этой иностранной заразы.

В начале пребывания в Шанхае несколько японцев столкнулись с миссионерами в неожиданном обличье. Как это часто бывало, как только грамотные китайцы узнавали, что они могут общаться с японцами, они неоднократно без предупреждения обращались к ним с просьбой вступить с ними в «беседы кистью». Нотоми рассказывает об одном таком случае:

> Однажды к нам в гости пришли два студента. Я был болен и лежал в постели. Несколько моих товарищей, находившихся в той же комнате, обменялись с ними кратким разговором. В какой-то момент студент спросил [меня]: «Ваша страна верит в католицизм или протестантизм?» Я ответил: «В прошлом эти религии проповедовались в нашей стране, но стали враждебными государству. Так наша страна запретила христианство». Студент сказал: «Значит, вы, джентльмены, никогда не видели Библию, не так ли? Мы привезли

ее сегодня и подумали, что хотели бы подарить вам». Мой товарищ просмотрел ее. Это была ересь Иисуса. Он очень разозлился, отбросил книгу в сторону, и завязался громкий спор, в котором приняли участие все. Наконец, мы указали им на дверь. Однако на следующий день они вернулись, но мы не пустили их внутрь, поэтому они просто стояли за дверью»[m] [Nōtomi 1946: 19–20].

Так жилище японцев послужило притоном для курителя опиума и домом для яростных проповедников христианства. Обоих японцы выгнали со всей яростью, на которую были способны. На этом злоключения могли бы и закончиться, но те же китайские студенты нашли сообщника в лице Ма Цюаня, наместника. Они дали ему Библию, чтобы он передал ее Нотоми при встрече:

Мои товарищи были в гневе и яростно осудили [Ма]. Все ушли, но затем нам вновь пришлось прогонять китайских студентов. Они приходили несколько раз до этого, в поисках возможности проповедовать нам, и они хотели подарить нам эту книгу. [...] Очевидно, потом они поняли с горечью [что ее выбросили] и больше не возвращались. Ах! Даже ученые мужи в Китае верят в это [ересь = христианство]. Насколько серьезнее эта проблема для обычных людей![n] [Nōtomi 1946: 20]

Если христианство было, по крайней мере для Нотоми и его товарищей, столь очевидно бессмысленным, то как получилось, что в Китае миссионеры смогли обратить в свою веру столько простых людей? Наверняка существовала веская причина, по которой наследники такой великой культуры, как китайская, были готовы принять и подчиниться столь очевидной глупости. Некоторые ответы Нотоми причудливы, некоторые из них не так уж далеки от истины:

Чтобы привлечь простых людей к своей религии, они сначала дали им много денег, и таким образом множество обездоленных людей, вне сути самой религии, приняли веру как способ зарабатывать на жизнь. Так религия пришла к процветанию по всей стране. Я также слышал, что жители Запада построили больницы в Шанхае и пригласили многих тяжелобольных людей лечиться в них. Они утверждают, что все их лекарства даны по приказу Бога. Выздоровление от болезни также происходит благодаря Божьему спасению, а не благодаря талантам врачей. Таким образом, они объясняют людям, что это Божья милость. Жители Запада действительно весьма сведущи в медицине, и неумелые китайские врачи не идут с ними ни в какое сравнение. Простые люди только рады защищать свою жизнь, и они действительно верят в Божье спасение и, таким образом, сознательно посвящают себя христианству° [Nōtomi 1946: 31–32].

Как мы видели в предыдущей главе, Хибино разделял неприязнь Нотоми к христианским миссионерам. Он также отметил необходимость проявлять бдительность как в Китае, так и особенно дома, в Японии, перед лицом миссионерской деятельности, которая, по его мнению, представляла серьезную опасность. Это также был один из уроков, которые Такасуги и его спутники извлекли из встреч с Уильямом Мюрхедом. Однако почему эти христианские миссионеры представляли угрозу для японцев? Были ли японцы такими же доверчивыми, какими Нотоми рисовал простых китайцев? Если их вера была столь абсурдной, то как она смогла бы увлечь мыслящих японцев — о которых только и стоило думать? Чего они так боялись? Мы никогда не получаем прямого ответа на этот вопрос, но тем не менее он довольно очевиден.

Христианство и бунт: восстание тайпинов

В конце 1840-х годов харизматичный уроженец провинции Гуандун по имени Хун Сюцюань, представитель народа хакка и новообращенный христианин, возглавил группу, состоящую в основном из других хакка, в организации Общества богопоклонников. Попытки подавить этот еретический с точки зрения династии Цин культ вынудили Хуна и его последователей перебраться в соседнюю провинцию Гуанси. Хун неоднократно терпел неудачи на государственных экзаменах на должность чиновника, что в итоге привело к нервному срыву. Когда он оправился от продолжительной болезни, то рассказал несколько снов, столь же необычных, сколь и непонятных для него в то время (1837). Только несколько лет спустя он понял, что ангелы привели его на Небеса и Бог заговорил с ним, фактически назвав его «сыном». Он понял, что был вторым сыном Бога — Иисус тоже появился в его снах и был старше — и что у него есть миссия на Земле — избавить Китай от языческого идолопоклонства[4].

Хотя мы значительно сократили эту историю, к началу 1850-х цинское правительство восприняло движение как угрозу и предприняло первую попытку подавить его в начале 1851 года. Богопоклонники разгромили войска династии Цин, и вскоре было создано «Небесное царство великого благоденствия» (Тайпин тяньго). Оно продержалось 13 лет, привлекло сотни тысяч последователей и в конечном счете стало величайшим восстанием в истории Китая перед тем, как потерпеть сокрушительное поражение, которое повлекло за собой гибель более чем 20 миллионов человек. С тех пор оно стало одновременно и проклятием, и гордостью китайских лидеров. Были ли поразительная харизма и организаторские таланты Хун Сюцюаня и его ближайшего окружения достойны восхищения, или же его нарциссизм и способность манипулировать другими в его окружении вызывали отвращение? Здесь нет однозначного ответа.

Примерно за два года до прибытия «Сэндзаймару» в Китай, боевые действия между правительственными войсками с их иностранными союзниками и добровольцами и тайпинскими повстанцами достигли своего разгара. Тайпинским генералом, ответственным за попытки вторгнуться на территорию нижнего течения Янцзы, был Ли Сючэн (1823–1864), который действовал там с первой половины 1860 года. В июле того же года он захватил Сунцзян, расположенный всего в 25 милях от него. Поскольку он продолжал наступление, цинские власти обратились к иностран-

---

[4] О тайпинском восстании существует множество превосходных работ. Из трех работ на английском особенно информативными мы нашли эти: [Jen 1973; Wagner 1982; Spence 1996].

цам, таким как Фредерик Таунсенд Уорд, с просьбой защитить Шанхай. Как отмечалось во введении, Уорд погиб при успешной защите города вскоре после того, как японские гости вернулись домой, но его «Непобедимая армия» (которая получила это название в марте от правительства Цин) все же разгромила тайпинов в этом сражении и вынудила их отступить. Боевые действия продолжались в близлежащих районах Тайцан и Цзядин. В день, когда «Сэндзаймару» вошел в порт, 2 июня, тайпинская армия под командованием Ли Сючэна разгромили британские войска и оккупировала Гуанфулинь. Неделю спустя они вновь осадили Сунцзян, и казалось, что следующей их целью станет Шанхай. Как раз в это время правительственные войска под командованием Цзэн Гофаня (1811–1872) атаковали столицу тайпинов Нанкин (их «Небесную столицу» или Тяньцзинь), и, опасаясь худшего, Хун Сюцюань призвал Ли отступить и вернуться с армией, чтобы помочь защитить город.

Ранее мы уже отметили, что новости о восстании тайпинов проникали в Японию в десятилетие, предшествовавшее плаванию «Сэндзаймару», обычно через донесения, поступавшие сёгунату от голландских и китайских торговцев в Нагасаки. Тем не менее представление о тайпинах в Японии в 1862 году было все еще весьма туманным. В одном донесении говорилось, что сын японского мятежника Осио Хэйхатиро (1793–1837), Осио Какуносукэ (ум. в 1837), на самом деле не умер вместе с отцом, а бежал в Нагасаки, там он подружился с местными китайцами, а позже каким-то образом переправился в Китай, где возглавил восстание тайпинов. В другом утверждалось, что лидер движения в Китае был потомком Чжу Юаньчжана (1328–1398), основателя династии Мин, который, таким образом, возглавлял восстание с целью свержения чужеземной маньчжурской династии и восстановления в Китае власти последнего законно правящего дома этнических китайцев[5].

---

[5] Об этих и других историях неплохо написано в [Masuda 2000: 116–135]. Более подробное исследование о необычном способе, которым сведения о тайпинах стали доступны сёгунату в Эдо, см. [Kojima 1978].

Поскольку новости о восстании тайпинов продолжали передаваться в Японию различными путями, возникли серьезные опасения по поводу их возможных последствий для Японии. Когда коммодор Перри отправился в Канагаву в 1854 году, он взял с собой в качестве двуязычного секретаря уроженца Гуандуна Ло Сеня, чтобы тот помогал переводить японским властям. Ло побывал в столице тайпинов Нанкине, и японским чиновникам не терпелось узнать от него как можно больше подробностей о восстании. Предоставленная им информация вытеснила более ранние теории, а оставленные им заметки — под названием «Ман-Цин цзиси» (Хроника маньчжурской династии Цин) — получили широкое распространение в Японии; Ёсида Сёин прочитал его заметки в тюрьме Нояма в 1855 году и перевел на японский язык, озаглавив работу «Синкоку Кампо: ранки» («Рассказ о восстании в Китае в эпоху Сяньфэн») [Masuda 2000: 31, 104, 107][6].

Волею судьбы всего через два дня после того, как «Сэндзаймару» пришвартовался в порту Шанхая, подразделение тайпинской армии под командованием Ли Сючэна атаковало окраины города. Тем самым японцы могли буквально из первых рядов наблюдать за развитием событий. Некоторые из них сообщили, что в тот день слышали звуки стрельбы вдалеке. И хотя все японцы испытывали чрезвычайное любопытство, только Такасуги активно искал тайпинов, чтобы посмотреть на них в бою. Ему это не удалось, но мысленно он поддержал это движение против Цин: «5/7 [4 июня]. Сегодня рано утром слышал небольшую перестрелку на суше. Все говорили: "Это битва между длинноволосыми негодяями [тайпинами] и китайцами". Если это верно, то я был бы вне себя от радости, если бы смог своими глазами увидеть боевые действия»[p]. Три дня спустя он отметил: «Голландец [Томбринк] пришел сегодня утром и сообщил, что длинноволосые негодяи достигли района всего в трех ли от Шанхая и что завтра утром мы наверняка услышим артиллерийскую стрельбу. Когда чиновники [сёгуната] услышали это, они очень насторожились,

6 Текст перевода Сёина можно найти в [Yoshida 1976, 2].

но я, напротив, обрадовался»[q] [Takasugi 1974: 144–145, 156, 157; Tanaka 1991: 214–215].

В тот самый день, когда «Сэндзаймару» прибыл в порт, 2 июня, Хибино Тэрухиро зафиксировал дым в западной части неба. Как мы отмечали ранее, капитан Ричардсон утверждал, что это, вероятно, тайпины жгли дома, но Хибино добавил, что «трудно знать это наверняка» (*корэ мата сирубэкарадзу*). На следующий день он вступил в беседу с китайцем, неким Ван Чэнчжаем, и задал тот же вопрос о пожарах, которые он видел накануне. Ван ответил (в переводе Хибино на японский): «Я слышал, что в местечке под названием Цибаочжэнь шли бои с негодяями»[r] [Hibino 1946b: 52, 54].

4 июня, в тот же день, когда Такасуги сообщил, что слышал выстрелы вдалеке, Хибино также написал, что «услышал мощный грохот, который, как говорят, был артиллерийской стрельбой на рассвете»[s]. В тот день Хибино заметил проплывающие мимо китайские корабли с белыми или красными знаменами с надписью «Боеприпасы, официальные»[t], которые, по его мнению, везли оружие и другие припасы армии Цин. Нотоми оставил аналогичное наблюдение и предположение [Hibino 1946b: 56; Nōtomi 1946: 27].

6 июня Нагура Ината посетил фирму Теодора Круса и увидел там номер «Шанхай синьбао», в котором всего за неделю до этого (27 мая) появилась статья, где сообщалось, что «Хучэн пал под натиском негодяев»[u], местный командир погиб в бою, а «негодяи приближаются к Шанхаю, поэтому в городе будут приняты экстренные меры»[v]. Он обратился к Томбринку, и последний подтвердил то, что сообщила газета [Nagura 1997a: 103]. То, что Нагура называл «Хучэн», несомненно, было Хучжоу, местом в провинции Чжэцзян, которое тайпинский генерал Тань Шаогуан (1835–1863) захватил 30 мая 1862 года, — событие, которое ужаснуло жителей Шанхая, — всего за несколько дней до того, как «Сэндзаймару» пришвартовался в порту Шанхая.

В тот же день, 6 июня, Минэ Киёси отметил: «Длинноволосые негодяи из Нанкина уже достигли пригорода Шанхая [...] и теперь собираются атаковать Шанхай. Англичане и французы укрепляют оборону города»[w]. Два дня спустя он повторил эту мысль и высказал мнение, что Шанхай действительно может пасть под натиском тайпинов. Он также сообщил, что шанхайские коммерсанты рассчитывают на то, что иностранцы защитят их [Mine 1997a: 16, 18].

Хибино Тэрухиро также получил информацию об этом повороте в боевых действиях. В записи от 8 июня он написал:

> Я слышал, что ранее Хучэн пал в борьбе с негодяями. В то время в городе закончилась еда, и было трудно услышать даже писк мыши или чириканье воробья [потому что все они были съедены местными жителями]. Кусок мяса стоил чрезвычайно дорого, 1000 наличными, или его просто невозможно было купить. Солдаты и мирные жители умирали от голода тысячами. Местный чиновник Чжао [Цзинсянь] из города принял почетную смерть после того, как все его планы потерпели крах. После этого солдаты и жители продолжали сражаться насмерть, защищая свой город. Длинноволосые негодяи обратились с призывом к городу: «Хучжоу, мы считали своим врагом только господина Чжао. Теперь он мертв. Крестьяне нам не враги. Зачем вам бороться с нами?» Позже они прорвали оборону и взяли город, никого не убив и не ранив[x] [Hibino 1946b: 66].

Как уже отмечалось, Годай Томоацу не оставил никаких записей о своем необычном опыте в Шанхае, но Нотоми пишет, что он отправился на окраину города, чтобы увидеть тайпинов, и не преуспел в этом. В своем крайне академическом, почти научном подходе к написанию дневника о путешествиях Нотоми мало того, что возлагает вину за восстание тайпинов на ненавистное христианство в Шанхае, — он несколько раз сообщает о великих страданиях простых китайцев, вынужденных искать защиты в Шанхае, имея в виду массовый приток беженцев из окрестных городов и сельской местности в результате атаки тайпинов. Хотя бедность и ужасающие условия, в которых жили многие из них, были ему неприятны, он тем не менее понимал причину их страданий [Nōtomi 1946: 17, 18][7].

---

[7] Нотоми явно перед путешествием или после прочел очень много о Шанхае и Цинском Китае, потому что в его повествовании много цитат из китайских текстов, тем самым оно представляет собой не просто дневник о путешествии.

В первые недели после прибытия в Шанхай японцы нанесли визиты в американское, британское и французское консульства (в дополнение, конечно, к голландскому) и стали свидетелями их приготовлений к возможным боевым действиям с тайпинами. 10 июня Такасуги сообщил, что в британском консульстве царила мрачная атмосфера — в этот день чиновники сёгуната впервые посетили его — и обратили пристальное внимание на вооруженную охрану вокруг и внутри объекта. 6 июля Нагура сообщил, что «при пересечении дороги Малу то тут, то там по периметру варварских районов [концессий]ᵛ были установлены пушки», а далее он уточнил количество и размеры боеприпасов [Takasugi 1974: 145–146, 157; Tanaka 1991: 216; Nagura 1997a: 126].

По сути, у японских гостей в Шанхае было три способа собрать информацию о восстании тайпинов: собственные впечатления, доступные в Шанхае печатные источники и разговоры с китайцами, в ходе которых можно было получить ответы на некоторые вопросы. Первое было самым волнующим, но, несмотря на то, что повстанцы находились всего в миле от города, и несмотря на попытки нескольких японцев установить контакт с повстанцами, Хун Сюцюань отозвал эти силы для защиты столицы тайпинов Нанкина, вскоре после нападения на Шанхай. Ранее мы также отмечали, что Такасуги и Накамуда Кураносукэ неоднократно посещали доктора-миссионера Уильяма Мюрхеда, у которого было несколько важных тайпинских текстов, которые они смогли переписать от руки. Как выразился биограф Накамуды: «Когда он посетил англичанина Мюрхеда 6/12 [8 июля], он позаимствовал у него четырехтомный труд о длинноволосых негодяях... и провел весь следующий день, переписывая его в свой дневник» [Nakamura 1919: 229]. Было довольно много и других текстов.

Потерпев неудачу в попытке встретиться с настоящим тайпином, Такасуги вышел на улицы Шанхая, пытаясь посредством «беседы кистью» поговорить с китайцами о радикальном движении, которое угрожало свергнуть маньчжурскую династию. Он был потрясен тем, что цинское правительство прибегло к использованию британских и французских наемных сил, чтобы дать отпор тайпинам, но не потому, что так яростно отождествлял себя с повстан-

цами — он ненавидел и поносил их приверженность христианству, — а из-за усиления зависимости государства Цин от еще
более ненавистных ему людей с Запада. В этом он был не одинок.
Накамуда предполагал возможность союза тайпинов с иностранцами из-за общей религии, хотя он не знал ни о предполагаемых
теологических (и, возможно, генетических) связях Хун Сюцюаня
с Иисусом, ни о том, как это может повлиять на жителей Запада:

> Внешне Великобритания помогает династии Цин защищать-
> ся от длинноволосых негодяев, [но] на самом деле это
> снабжение длинноволосых негодяев хорошим оружием,
> и все благодаря христианству, которое они оба исповедуют
> [...] Я понимаю, что благодаря вере в христианство британ-
> цы держат длинноволосых под своим контролем, и в конце
> концов они перехватят власть у династии Цин. Так британ-
> ская политика достигнет своей цели[8].

Такасуги считал, что это Запад соблазнил тайпинов, и именно
поэтому Японии требовалось оставаться бдительной. Как он
написал в письме: «Когда варвары захватывают государство
другого народа, они начинают с его умов, возможно, соблазняя
их значительной прибылью или отравляя злой религией. Простой
народ может поверить в это. Если они поднимутся, чтобы захватить государство, для них это будет проще, чем сломать гнилую
ветку»[z] [Takasugi 1916: 20].

Такасуги в довольно резкой форме жаловался на недостаточное
внимание китайцев к бедствиям, обрушившимся на них. Похоже,
в своих многочисленных разговорах с китайцами он так и не
получил ответов, которые он больше всего хотел услышать, а то,
что он услышал, по итогу не соответствовало его завышенным
ожиданиям. Когда он спросил, есть ли современные китайские
тексты о тайпинах, ему сказали, что их нет. Ему удалось раздобыть
у доктора Мюрхеда копии ряда источников, созданных тайпинами или посвященных им, причем порой чрезвычайно редких, но
в целом он принял утверждение китайцев об отсутствии таких

---

[8]   Цит. (в китайском переводе) по: [Feng 2001: 208].

текстов за правду. Делать выводы исключительно на основе многочисленных записей Такасуги здесь нецелесообразно.

Другие японцы, должно быть, ходили со списками вопросов или задавали больше уточняющих вопросов китайцам, с которыми они встречались. Например, Нагура Ината сообщает, что первого июля он

> увидел [или прочитал] «Аофэй цзилюэ» (Краткий отчет о гуандунских негодяях), в котором подробно излагаются причины, по которым длинноволосые негодяи подняли восстание [...] В настоящее время книга больше не печатается. Чжан Юнь, китаец из книжного магазина, сегодня обратился к кому-то от моего имени [...] и получил экземпляр, который позже он передал мне[аа] [Nagura 1997a: 121–122].

Уже на следующий день Нагура продолжил поиск книг и произведений искусства в китайских магазинах, который занял целый месяц:

> Ближе к вечеру я бродил по переулкам за Малыми Восточными воротами [города-крепости] и проходил мимо книжного магазина, где увидел редкую книгу под названием «Цзиньлин гуйшэнь чжигэ» («Сведения о грабежах в Нанкине в 1853–1854 годах»). В этой работе [...] перечисляются и описываются преступления длинноволосых негодяев[ab] [Nagura 1997a: 122][9].

Несмотря на очевидное нежелание многих китайцев в Шанхае открыто говорить о тайпинах с японцами, последние тем не менее, благодаря фрагментам разговоров и текстам, скопированным, купленным или просто прочитанным, смогли неизмеримо обогатить знания японского населения о тайпинах, их происхождении, их верованиях и нынешнем ходе восстания. Именно из-за тайпинов в Шанхае и его окрестностях японцы также увидели цинскую армию в действии и смогли расспросить местных жи-

---

[9] Больше о распространении этого крайне редкого текста см. в [Masuda 2000: 138 и сноски]. Масуда и другие авторы приводят название с другим иероглифом в конце, *тань*, хотя смысл остается тем же.

телей о способности правительственных войск к сопротивлению. Хотя они уже были хорошо знакомы с героями Опиумной войны Линь Цзэсюем и Чэнь Хуачэном, о главных действующих лицах Цинской армии им было известно немного. Во время «бесед кистью» они узнали имена Цзэн Гофань, Ли Хунчжан и Ху Линьи (1812–1861) среди прочих. Цзэн Гофань быстро поднялся на вершину списка как самая важная фигура в глазах японцев.

Например, в своей подборке «бесед кистью» из этой поездки в Шанхай, озаглавленной «Боцуби хицуго» («Беседы кистью опустив нос») Хибино в одном разговоре без даты спросил некоего Гу Хэ о лидерах правительственных сил, сражающихся против тайпинов; Гу отметил, что самым важным из этих лидеров был Цзэн Гофань, добавив также, что он был выпускником Академии Ханьлинь, занимавшей высшую ступень в иерархии экзаменов на государственную службу. Это все равно что сказать, что Уильям Уэстморленд (1914–2005) или Джордж С. Паттон (1885–1945) были великими генералами, которые также имели степень доктора философии в Оксбридже по античной литературе. В более поздней беседе с Шу Яном он узнал о других лидерах, Ли Хунчжане и Ху Линьи. В дальнейшем он также беседовал с цинским военачальником (и ученым) Хуа Илунь, и его вопросы показывают, что он уже несколько изучил Ли Хунчжана и теперь интересовался связанными с ним темами:

> Хибино: Где учился Ли Хунчжан?[ac]
> Хуа Илунь: Ханьлинь [Академия], и он находится в лагере министра Цзэна[ad].
> Хибино: Он [действительно] вел местных жителей в бой?[ae]
> Хуа Илунь: Он возглавлял солдат под командованием министра Цзэна. Это были солдаты второго сорта. Первоклассные войска оставались под командованием Цзэн Гоцюаня [1824–1890], младшего брата министра Цзэна, когда осаждали негодяев в Цзиньлине [Нанкин][af] [Hibino 1946a: 134, 141, 162–163][10].

---

[10] Хотя Харагути Такааки особо не пользуется «беседами кистью» Хибино, он считает, что Хибино весьма много о них думал; см. [Haraguchi 1989].

То, что мы перевели выше как «местные жители» (сянмин), является отсылкой к изобретательному использованию Цзэном системы *туаньлянь* для вербовки местных жителей с целью защиты территории и целенаправленному игнорированию некомпетентных войск династии Цин. Японцам потребовалось время, чтобы осознать это нововведение, поскольку они привыкли к наследственному военному статусу и запрету на оружие, распространявшемуся на крестьянство в первую очередь. Возможно, знакомство с ним повлияло на последующую роль Такасуги в создании «Кихэйтай» (нерегулярного ополчения) княжества Тёсю в следующем году. Нотоми отметил этот момент после разговора с китайским собеседником: «Они говорят, что в армии Цин мало [регулярных] войск и много храбрецов. Под войсками [здесь] подразумеваются мужчины образованные и мужчины с высоким статусом, в то время как храбрецы — это мужчины, призванные на местную службу»[ag] [Nōtomi 1946: 27][11]. Он даже включил рисунок такого храбреца с винтовкой через правое плечо и коротким мечом в левой руке (см. рис. 10).

Нагура сделал почти аналогичное наблюдение 13 июля, но оставил более подробное объяснение:

> Говорят, что при централизованном учреждении округов и уездов в Китае мало [регулярных] войск и много храбрецов. Военнослужащие [здесь] — это те, кто имеет ранг ученых мужей и выше, в то время как храбрецы — это призванные на местную службу. Солдаты носят доспехи, а храбрецы — нет, хотя они носят что-то вроде наплечников. В лагере губернатора Ли [Хунчжана] в основном находятся храбрецы, призванные из провинций Хунань и Хубэй. В целом его войско насчитывает 16 000 человек, размещенных на этом участке[ah] [Nagura 1997a: 134].

Хотя его (неназванный) компаньон «сильно раскритиковал» (*о:и-ни хибо: суру*) методы подготовки войск Ли Хунчжана, Нагура был в полном восторге от новой армии Ли и утверждал, что

---

[11] Классический научный труд о системе *туаньлянь* см. [Kuhn 1970].

Рис. 10. Местный храбрец, набросок Нотоми Кайдзиро

они продемонстрировали сильный боевой дух [Nagura 1997a: 136]. Трудно делать какие-либо выводы, особенно учитывая, что мы не знаем, кто вел диалог с Нагурой, но пренебрежительное отношение этого человека, возможно, было вызвано снисходительным мнением о способностях простых крестьян выступить на поле боя, что в Японии в то время было совершенно немыслимо.

Не желая останавливаться на достигнутом, Нагура «поговорил кистью» с книготорговцем Ху Синъи. Ху сказал ему, что

> в последнее время не было написано ни одной книги по военным вопросам. Только Чэнь Дэпэй, он же Цзымао, выдающийся ученый прошлого, человек, живущий отшельником в горах примерно в 700 ли отсюда, написал работу о военном деле, [но] он держал ее в секрете и не осмеливался показать ее публике [...] Однажды я одолжил и прочел ее. Это лучшая за последнее время работа о вооруженных силах[ai] [Nagura 1997b: 216].

Нагуре так и не удалось найти экземпляр работы Чэня о военном деле.

Поскольку этот визит в Шанхай пришелся на конец тайпинского восстания, которое два года спустя, в 1864 году, потерпело крах, японцы не только издалека наблюдали за атакой на Шанхай, но и за усилиями иностранного сообщества помочь династии Цин разгромить повстанцев. Мысль о возможной помощи собратьям-христианам с другой стороны, должно быть, пришла в голову ряду иностранцев в Шанхае, хотя теология Хуна заставила бы многих склонить те же самые головы в недоумении. Цин могла быть помехой, но это была хотя бы помеха, о которой они знали; это была подневольная помеха, особенно для британцев. В конечном счете было гораздо разумнее помочь сокрушить тайпинов, которые в любом случае были на последнем издыхании, чем использовать повстанцев для устранения Цин[12]. Кто знал, насколько податливыми окажутся тайпины? Они явно запреща-

---

[12] См. например, [Hake 1891: 85].

ли опиум и множество других продуктов и практик, близких сердцам людей с Запада.

Вышеизложенное означало, что японцы своими глазами увидели, как династия Цин полагалась на англичан и французов, чтобы те помогли сокрушить тайпинов как раз в тот момент, когда последние напали на Шанхай, где в то время находилось ядро иностранного присутствия в Китае. От этого маньчжурское правительство выглядело слабым в глазах большинства из них, даже несмотря на недоверие, с которым японцы относились к тайпинам с их чуждыми религиозными верованиями. Факт того, что все это происходило в период их пребывания в Шанхае, похоже, поразил Нотоми, поскольку он отметил:

> В недавних публикациях сообщается, что негодяи теперь всего в трех-пяти ли от Шанхая. Ли Хунчжан несколько раз посылал войска атаковать их. Кроме того, негодяи восстали в Пудуне — то есть к востоку от Хуанпу [реки] — и британские войска предложили помощь цинским войскам в Шанхае, чтобы отбиться от них и нанести поражение. Все это происходило в пятом лунном месяце [примерно в июне], то есть в то время, когда мы были в Шанхае[aj] [Nōtomi 1946: 29].

Какими бы сильными ни были цинские войска, многим японцам на борту «Сэндзаймару» особенно хотелось увидеть тайпинов, и они спрашивали китайцев о такой возможности везде, куда бы ни направлялись. 15 июня Минэ Киёси, Годай Томоацу и Нагайя Киёсукэ нанесли визит китайскому коммерсанту Чжоу Лану. После того как Чжоу сказал посетителям, что на следующий день он покажет им несколько последних книг, Минэ спросил, есть ли какие-нибудь сведения о «длинноволосых негодяях». Чжоу ответил, что ничего такого не было, и порекомендовал им почитать статьи об этом в британской прессе [Mine 1997a: 20]. Очередной тупик.

Такасуги Синсаку, на основании того, что он узнал от Мюрхеда и в ходе бесед, предложил следующую, более или менее точную историю тайпинов: «Восстание длинноволосых негодяев началось в 29 году Даогуан [1849; должно быть в 31 году Даогуан, или 1851. — *Прим. авт.*]. Первым главарем негодяев был Ян Сюцин. Когда Ян Сюцин умер, его сменил Небесный царь [Хун Сюцюань]. [После] смерти Яна негодяи сражались между собой до тех пор, пока почти полностью себя не уничтожили. Негодяи — исповедуют христианство. Генерал Цзэн [Гофань] в Цзяннани — выдающийся человек. Негодяи [теперь] следуют за Инваном (Храбрым королем) [Чэнь Юйчэн, 1834–1862][ak] [Tanaka 1991: 245].

Хибино Тэрухиро был особенно заинтересован в том, чтобы отделить факты, касающиеся тайпинов, от вымысла. Он тоже слышал странные слухи о том, что они были потомками династии Мин, и спросил об этом китайских собеседников. В «беседе кистью» с Сюй Хошэнем последний быстро разуверил Хибино в этой невероятной истории. Другие интересные моменты в их разговоре приведены ниже:

> Хибино: Боятся ли длинноволосые британцев? Боятся французов?[al]
> Сюй: Куда бы ни добрались британские и французские войска, негодяи действительно боятся их всех... Негодяи особенно боятся [французских пушек][am].
> Хибино: Кто главарь негодяев?[an]
> Сюй: Верный король [Ли Сюйчэн] и Храбрый король [Чэнь Юйчэн][ao].
> Хибино: Кто они такие?[ap]
> Сюй: За улыбками Верного короля скрываются кровожадные намерения. Храбрый король столь же неуклюж и импульсивен, как Сян Юй [232–202 годы до н. э., легендарный военный деятель конца эпохи воюющих государств][aq] [Hibino 1946a: 151–152].

Хибино был полон решимости узнать все, что только можно, о руководстве тайпинских повстанцев. Ответы с указанием официальных названий в рамках тайпинского движения — «Верный король» и т. д. — вызывали все новые вопросы. Иногда ему приходилось выуживать из собеседников информацию, как, например, в следующем разговоре с Хуа Илунем:

[Хибино]: Главарь негодяев утвердился в вере и молится Небесам, вводя людей в заблуждение. Это правда?[ar]
[Хуа Илунь]: Главарь негодяев Хун Сюцюань — уроженец Гуанси. Он утвердился в своей вере и молится небесам. Он называет это «Богом», но это просто, чтобы держать людей в неведении. Это не похоже на западное христианство[as] [Hibino 1946a: 161].

Как отмечалось ранее, Хуа сражался с тайпинами, поэтому его информация не была почерпнута из чужих трудов. Неудивительно, что Хибино подробно расспрашивал его, хотя никто из других японцев, похоже, не вступал с ним в разговор. Учитывая воинственные наклонности многих японцев, оставивших описания, можно было бы ожидать следующего:

[Хибино]: Я слышал, что вы несколько раз сражались с негодяями[at].
[Хуа Илунь]: Около сорока или больше раз[au].
[Хибино]: Негодяи сильны или слабы в бою? Какие тактики они используют?[av]
[Хуа]: Негодяи используют захваченных в плен людей в качестве солдат, и поэтому у них нет боевых приемов[aw].
[Хибино]: Как вы размещаете войска в бою?[ax]
[Хуа]: Дислокация меняется в зависимости от времени и места. Нам приходилось вносить изменения в соответствии с обстоятельствами, и мы не могли придерживаться какого-то одного способа[ay].
[Хибино]: Как можно разумно развернуть войска с помощью одного средства для 10 000 изменений? Нужно пользоваться возможностями, которые при этих изменениях возникают, чтобы обеспечить победу[az].
[Хуа]: Верно[ba].
[Хибино]: В последнее время, когда вы сражались с негодяями, сколько местных мужчин было под вашим командованием?[bb]
[Хуа]: Под моим командованием было 70 000 человек[bc].
[Хибино]: Примерно сколько негодяев? Сколько убитых и раненых?[bd]
[Хуа]: Численность негодяев составляла от 30 000 до 40 000 человек, более 100 человек были убиты или ранены[be] [Hibino 1946a: 161–162].

Чунь Лин, от которого Хибино услышал фантастические слухи о Японии, также предоставил сведения о тайпинах. Отвечая на вопрос о том, чем занимались негодяи в последнее время, Чунь Лин ответил:

Длинноволосые теперь сменили название [своей столицы Нанкин] на Небесную столицу. Сучжоу будет переименован в провинцию Суфу. В прошлом году они взяли в плен моего слугу. Однажды он увидел Небесного царя [Хун Сюцюаня] в Нанкине, позже он побывал в занятых Цзянси и Ханчжоу, среди прочих мест, а в прошлом месяце сбежал сюда через Сучжоу[bf] [Hibino 1946a: 153].

Хибино спросил, может ли он вовлечь слугу в «беседу кистью», но, как объяснил Чунь Лин, этот человек был неграмотным. Казалось, Хибино особенно интересовался тем, как люди в регионах, находящихся под тайпинами, зарабатывали на жизнь. Как он объяснил далее:

[Чунь Лин]: В настоящее время длинноволосые торгуют в своих логовищах. Там воцарится мир, когда все их войска уйдут. Сегодня я отправляюсь в путешествие и возьму с собой двух мужчин[bg].
[Хибино]: Как же тебе, наверное, страшно! Как грустно это слышать. Неужели шанхайцы все еще ведут торговлю с негодяями?[bh]
[Чунь Лин]: Теперь крестьяне торгуют с длинноволосыми... В Шанхае они ведут неограниченную торговлю[bi] [Hibino 1946a: 155].

Аналогичное замечание 4 июня сделал Хибино в своем путевом дневнике:

Недавно я узнал о недобросовестном торговце из Нинбо, который использовал военную провизию и оборудование для торговли с длинноволосыми негодяями и получал огромную прибыль. Когда западные войска узнали об этом, они захватили один из его кораблей. На борту находились два жителя Запада, которые были немедленно взяты под стражу. Они обыскали судно и обнаружили восемьдесят четыре коробки с западным оружием, 110 050 ящиков с боеприпасами и большое количество пистолетов и мечей. Они везут этих [двух] в Шанхай, чтобы те предстали перед судом в британском консульстве. Это уже слишком! Почему власти династии Цин не могут судить их? Увы и ах[bj] [Hibino 1946b: 58–59][13].

Безусловно, Ли Хунчжан также знал обо всей этой непристойности и коррупции европейцев, китайцев и тайпинов и был зол по этому поводу, хотя мало что мог сделать. Особенно его разозлили вовлеченные в это дело представители Запада. Со своей стороны, тайпины, как отмечалось в недавнем разговоре между Хибино и Сюй Хошэном, испытывали значительное уважение к огневой мощи иностранных войск.

Такасуги зафиксировал аналогичное почтение тайпинов к могуществу Запада. 10 июля он и Накамуда вышли на прогулку за Западные ворота города, чтобы понаблюдать за выучкой китайских войск. На обратном пути он встретил Ван Суна, охранника у Великих Южных ворот, и начал задавать ему вопросы, касающиеся войны:

Ван Сун сказал: «Мы пригласили британские и французские войска для защиты от длинноволосых негодяев. Наши войска недавно начали изучать западное вооружение, потому что негодяи боятся и не хотят приближаться к нему». Из этого я понял, что китайские военные технологии никогда не смогут сравниться по мощи с западным оружием[bk] [Takasugi 1974: 162; Tanaka 1991: 221–222][14].

В то время не было никаких сомнений в том, что, хотя тайпины не смогли взять Шанхай по многим причинам, очевидным

---

[13] Несмотря на недовольство Хибино, вся суть экстерриториальности заключалась именно в этом, и Японии пришлось сделать те же самые уступки странам Запада.

[14] В изначальном черновике фамилия Ван писалась как Жуан. Более полная версия беседы приведена в [Takasugi 1974: 202; Tanaka 1991: 255–256].

отличием от предыдущих сражений было присутствие британских и французских войск, защищавших город. Тайпины распо-
знали этот новый элемент, как, несомненно, это сделали и японцы, и мало кто в то время знал о призыве из Нанкина к их войскам
отступить.

Несмотря на тот факт, что тайпины были в упадке, нескольким
членам японской делегации на самом деле было любопытно,
смогут ли повстанцы все еще одержать военную победу и создать
национальное правительство. Другими словами, они хотели
знать, были ли тайпины просто группой отъявленных негодяев
или они обладали подлинным видением. И снова именно Хибино продолжил эту линию в «беседе кистью»:

> Хибино: Длинноволосых интересует только нажива или
> у них есть более высокие цели?[bl]
> Чунь Лин: В моей стране используется иероглиф «го» (guo)
> с элементом [произносить, провозглашать] хо в центре.
> Длинные волосы рисуют иероглиф «го» с элементом «ван»
> [что означает «правитель»] в центре, чтобы показать, что
> их земля принадлежит королю. Все это, касающееся вос-
> стания длинноволосых, описано в книге моего друга
> Се Бина [Се Цзехэ] «Цзиньлин [гуйцзя] житань»[bm] [Hibino
> 1946a: 156].

Чунь, по-видимому, предполагает, что тайпины действительно
хотели большего, чем просто грабить или убивать всех, с кем они
сталкивались, но их видение недвусмысленно противоречило
видению династии Цин. Минэ Киёси поднял аналогичный вопрос
в беседе с наместником Ма Цюанем:

> Вопрос: Где самые свирепые негодяи из восемнадцати
> провинций [Китая]?[bn]
> [Ма] Цюань: Нанкин[bo].
> Другой вопрос: Есть ли у повстанцев возможность уничто-
> жить королевство?[bp]
> Ответ: Это решат Небеса[bq].
> [Минэ] Киёси: Хотя вы говорите о том, что все это зависит
> от воли Небес, если они [негодяи] смогут контролировать

человеческие дела, тогда они смогут исправить и собственную судьбу. Небеса защищают тех, кто повинуется им, а не тех, кто идет против них[br].

Минэ добавил в комментарии, что, по его мнению, перекладывание Ма Цюанем всей ответственности на Небеса «не предотвратит бедствия»[bs] [Mine 1997b: 33].

Хотя японцы проявляли особое любопытство к тайпинам, только Такасуги высказывал какое-то подобие сочувствия по отношению к повстанцам, и то значительно сбавил обороты, когда узнал об их вере. В различных трудах и «беседах кистью» с китайцами они использовали одни и те же термины для обозначения негодяев, распространенные в то время в Китае: «Чанмаоцзэй» и «Чанфацзэй» (оба означают длинноволосых негодяев) или просто «цайфэй» (негодяев). При этом они не встретили ни самих тайпинов, ни кого-нибудь, кто хотя бы отдаленно сочувствовал им. Некоторые сильно пострадали от рук тайпинов, как, например, один человек, о котором Гу Линь 13 июня рассказал Такасуги:

С прошлой зимы я бегаю от длинноволосых негодяев. Этой весной, в третий лунный месяц года, они сожгли мой дом дотла, и все, что в нем было, — книги, гравюры, произведения искусства — исчезло. Трудно подобрать слова, которые бы описали, насколько я несчастен. [Такасуги комментирует:] Услышанного было достаточно для того, чтобы горько заплакать[bt] [Takasugi 1974: 198; Tanaka 1991: 249][15].

Сочувствие страданиям простых китайцев является частым мотивом в японских источниках о тайпинах и их влиянии. Нередко это человеческое измерение перевешивало более масштабные геополитические соображения, связанные с будущим династии Цин и Запада. Как уже отмечалось, источником информации

---

[15] Японская версия этого эпизода: (弟、舊冬より長毛賊を避けて此に至る。今春三月家室已に焚燒せられ、家中の書籍金石圖畫は一併にして空し。慘たること言狀し難し。之を聞くに、人をして潛然として落涙せしむ。).

о повстанцах выступало правительство, и поскольку никто из них не встречался с повстанцами, их суждения, согласно которым тайпины были убийцами, разрушителями традиционной восточноазиатской культуры и беспринципными вояками, — отличались от мнения иностранцев, таких как Огастес Ф. Линдли (1840–1873), которые не разделяли эту традиционную культуру и уважали склонность тайпинов к христианству. Линдли фактически вступил в тайпинские вооруженные силы и командовал их военно-морским флотом; его жена Мэри служила снайпером и была убита в бою[16].

Какие бы романтические представления о тайпинах ни существовали у пассажиров «Сэндзаймару» до их приезда в Шанхай, в Японию они привезли с собой по большей части негативные образы, которые нашли отражение в их сочинениях. Такасуги оказал особенно сильное влияние на радикальных самураев в конце периода Эдо, он и его взгляды поспособствовали усилению антитайпинских настроений. Кусака Гэндзуй (1840–1864), молодой уроженец Тёсю и союзник Такасуги, несколько месяцев спустя, в сентябре 1862 года, написал:

> Бо́льшая часть Китая в последние годы была захвачена еретической религией, и в результате уклад герцога Чжоу пришел в такое состояние. Это действительно прискорбная ситуация. Я узнал от человека, недавно вернувшегося из Шанхая, что врачи, которые оказывают медицинскую помощь в больницах, построенных варварами, являются миссионерами, и они используют в своих интересах состояние тяжелобольных и находящихся на грани смерти пациентов, чтобы убедить их принять эту странную религию[bu] [Kusaka 1973: 178].

Очевидно, что «человеком, который недавно вернулся из Шанхая» был не кто иной, как Такасуги Синсаку. И оба они прежде всего, были озабочены судьбой своей страны или княжества, судьбой, которой угрожала возможность того, что победа

---

[16] См. [Lindley 1866; Newsinger 2001; Feng 2001: 184].

тайпинов приведет иностранцев в их христианский лагерь и сделает совместное вторжение христиан в Японию практически неизбежным (по их мнению).

В связи с этим необходимо отметить, что уроком тайпинского восстания для японцев было не мужество тайпинов и их способность свергнуть находящуюся в упадке династию Цин. Наоборот, они поняли, что общественные перевороты снизу опасны, особенно если они происходят одновременно с приходом внешней угрозы со стороны иностранных держав. Источником вдохновения для «Кихэйтай», позднее организованного, в том числе не без помощи Такасуги, были определенно не тайпины, а, как говорилось выше, система *туаньлянь*, в которую местные рекруты или «храбрецы» вступали под влиянием таких людей, как Цзэн Гофань и Ли Хунчжан, именно благодаря этой системе в итоге и удалось уничтожить Небесное царство тайпинов.

Глава 7
Отношения
с китайскими властями

Хотя японцы на борту «Сэндзаймару», оставившие рассказы о путешествии в Шанхай, не доверяли чиновникам сёгуната, с которыми им пришлось путешествовать, значительно труднее охарактеризовать их чувства к чиновникам династии Цин. Они встречались только с У Сюем, местным окружным интендантом (см. рис. 11), который предоставил им на удивление большую свободу действий, учитывая беспрецедентность их внезапного появления в порту. Поначалу эти встречи проходили при посредничестве Теодора Круса, и только из более поздних встреч с цинскими чиновниками без посредников мы можем получить открытые сведения об их отношениях с Крусом.

3 июня, на следующий день после прибытия «Сэндзаймару», чиновники сёгуната, сопровождающие и переводчики впервые сошли на берег и направились прямо в голландское консульство, контору компании Теодора Круса. По словам Такасуги Синсаку, сопровождавшего Инудзуку Сякусабуро:

> Официальные лица поднялись наверх, в то время как сопровождающие ждали внизу. Мы вступили в непринужденную беседу с двумя или тремя цинскими чиновниками... Когда встреча между официальными лицами [сёгуната] и голландцами закончилась, китайцы выступили в качестве наших посредников и ходили по улицам [вместе с нами][a] [Takasugi 1974: 155; Tanaka 1991: 214].

Рис. 11. У Сюй

Далее он описывает, что местные жители окружали их «стеной» (досё-но готоку), но, несмотря на это, они продолжали блуждать по городу.

Многие детали этой встречи неизвестны, но, похоже, она представляла собой и официальное приветствие, и подготовку к предстоящей личной встрече с самим даотаем. Два дня спустя, 5 июня, официальные лица сёгуната вместе с сопровождающими и переводчиками вновь отправились на встречу с Крусом, на этот раз явно собираясь встретиться с У Сюем на его посту у Больших Восточных ворот. И снова чиновники и сопровождающие шли вместе, но последние на этот раз добрались только до конторы окружного интенданта. К Крусу и японцам присоединился французский консул Бенуа Эдан (1803–1871)[1]; он прибыл в Шанхай гораздо раньше, чтобы работать в «Компании Реми», и стал консулом примерно в то же время, в начале лета 1859 года, что и У Сюй. Все вместе они (голландец, француз и японская делегация) проследовали в паланкинах из концессии по узким, тесным улочкам и переулкам перед толпой китайцев, показывающих на них пальцами, в город-крепость.

Когда они достигли ворот резиденции даотая, при въезде зазвучали трубы, все спешились и впервые встретились с У Сюем; следует предположить, что эта встреча была подготовлена Крусом. В 53 года У уже сделал выдающуюся карьеру — особенно в борьбе против «Общества малых мечей», которое бо́льшую часть 1853 года оккупировало Шанхай, — прежде чем занял нынешнюю должность в июле 1859 года.

Такасуги утверждал, что простудился, поэтому в тот день он остался дома. Визит к даотаю описал Хибино Тэрухиро. По-видимому, он хорошо представлял его историческое значение и был весьма тронут церемониальной пышностью встречи. Он описал и церемонии, и банкет, изобиловавший пирожными, чаем и вином. Особенно ему понравилось сладкое под названием юньпянь-гао (разновидность рисового пирожного, нарезанного тонкими прямоугольными кусочками, традиционный десерт Южного Китая), которое он описал так: «чисто белое с исключительно тонким вкусом [...] Это чрезвычайно редкая сладость»[b] [Hibino 1946: 61][2]. В каком-то смысле японцы были похожи на новоприбывших панд (или «японских панд», так сказать панд наоборот): китайские чиновники, присутствовавшие на банкете, вели себя вполне дружелюбно. Как описал Хибино,

---

[1] Об Эдане см. [B.-Maybon, Fredet 1929].

[2] [Miyanaga 1995: 80] на основании разговоров с китайскими знакомыми утверждает, что этих конфет больше не существует, но быстрый интернет-поиск приводит к поиску сотен рецептов и описаний, включая китайскую статью на Википедии (https://zh.wikipedia.org/zh-hant/%E9%9B%B2%E7%89%87%E7%B3%95), которая гласит, что это деликатес народа Чжуан из провинции Гуанси. Дальнейшие научные исследования просто необходимы.

в это время [китайские] чиновники окружили нас слева и справа. Они пялились на наши мечи, трогали нашу одежду, указывали на семейные гербы, вышитые [на них], или смеялись над вещами, которые казались им странными. Один мужчина стоял прямо передо мной и издавал какие-то звуки ртом. Казалось, он что-то говорил. Я взял кисточку для письма и через мгновение начал общаться с ним[c] [Hibino 1946b: 61].

Было подано еще несколько блюд, в том числе то, которое, по мнению Хибино, имело консистенцию молока и было настолько отвратительным, что он даже не захотел его пробовать. Когда банкет подошел к концу, китайцы привели себя в порядок и принялись распихивать оставшиеся сладости по рукавам. «Увы, — отмечает Хибино, — какое варварство, какая мерзость!»[d] Совершив этот довольно спорный переход, он определил, что последние действия китайцев на банкете являются ужасными признаками упадка китайской морали [Hibino 1946b: 61–62].

На этом банкет закончился, и теперь китайские чиновники должны были встретиться с чиновниками из сёгуната, посредником Крусом и французом Эданом. Сопровождающие же разошлись по своим делам. Недавно обнаруженные архивные материалы этой встречи позволяют узнать кое-что о том, что происходило за закрытыми дверями. Там мы находим следующее обращение У Сюя к начальнику Сюэ Хуаню (1815–1880), суперинтенданту, занимающемуся вопросами торговли династии Цин:

5/9 [5/8?, 5 июня] консул из Голландии на Западе [Теодор] Крус сопроводил восемь официальных лиц из Японии на Востоке ко мне для аудиенции: [Здесь перечислены имена восьми чиновников и трех переводчиков.] Они хотели сказать следующее: «Все восемь из нас — чиновники из Японии. По приказу нашего начальства мы прибыли в Шанхай с тринадцатью [тремя?] торговцами из нашей страны, с 4000–5000 кэтти морского огурца, акульего плавника, комбу [ламинарии] и морского ушка, а также лаковыми изделиями, бумажными веерами и другими предметами на борту голландского торгового судна. С помощью голландских торговцев мы прошли таможню, проверку товара, уплату сборов и тому подобное. Теперь мы хотели бы заняться торговлей и получить ваше разрешение на это в Шанхае. Поскольку это наша первая попытка, незнание заставляет нас обратиться за вашими инструкциями».

[У Сюй продолжил:] По сей день китайские торговцы каждый год отправляются из Чжапу [порт в провинции Чжэцзян] за границу и возвращаются из Японии, купив западную медь (янтун), но торговцы из Японии еще не приезжали торговать в Китай, и, следуя правилам, я не мог разрешить им ввоз [товаров]. Однако, принимая во внимание тот факт, что они преодолели такое большое расстояние по морю, я не смог отказать им. Они перевезли свои товары на голландском судне и прошли таможню с [помощью] голландцев. Я принял во внимание, что управлению было весьма приятно заботиться о людях издалека, и, действуя в интересах гостей, позволил им в установленные сроки продать эти предметы как голландские товары. Однако я не разрешил им покупать китайские товары и проинструктировал их, что они должны как можно скорее вернуться домой на борту голландского судна с деньгами [вырученными в результате сделок за проданные товары] и не приезжать сюда снова без предупреждения. Они выслушали и ответили, что все они будут счастливы подчиниться. Их слова и выражения были исключительно покорными.

Кроме того, голландский консул Крус сказал: «Уже более 200 лет голландцы торгуют с Японией, и дружба между нами глубока. Я не мог помешать японским чиновникам прибыть на торговом судне [Нидерландов] вместе с торговцами и продукцией. Мы прошли все таможенные процедуры, и как только они продадут все свои товары, я гарантирую, что они немедленно вернутся домой, не покупая никаких китайских товаров»[е, 3].

---

3   *Циньмин Цзунли гэгуо шиу ямынь Циндан, уюэ гэгуо ань, Жибэнь*, дело 01–
    21–22 (1). См. перевод в [Huang 2003: 180]. Долгое время нам казалось, что
    архивы Цзунли ямэнь были обнаружены японскими учеными, так и было,
    но за несколько десятилетий до этого Чоу Жэнь Хуа нашел их в ходе своего
    исследования в тайваньских архивах. См. [Chow 1975]. Часть материалов,
    о которых мы расскажем, включая отсутствие упоминания заслуг Чоу, см.
    в [Fogel 2008].

Документ довольно пространный, но пока что рассмотрим то, что У Сюй обозначил как цель встречи. Никто из сопровождающих или торговцев не присутствовал на ней — только чиновники сёгуната и переводчики — а поскольку только первые оставили какие-то свидетельства о путешествии, эти китайские документы служат единственной возможностью понять, что там происходило. К сожалению, докладов японских чиновников по возвращении обнаружено не было.

Прежде всего, ряд моментов сбивает с толку, и на первый взгляд кажется ошибкой или ложью. В предыдущей главе говорилось, что на борту «Сэндзаймару» было только 3 японских торговца, а не 13, о которых докладывалось У Сюю. Вероятно, это ошибка, но она усугубляется более поздним утверждением, которое либо тоже ошибочно, либо выдумано. У Сюй пишет Сюэ Хуаню, что путешественники на «Сэндзаймару», рассказывая о трудностях, с которыми они столкнулись во время путешествия в Шанхай, утверждают, что «трое наших торговцев умерли от болезней» из-за больших трудностей, которые им пришлось преодолеть. Как мы отмечали ранее, трое японцев действительно погибли, но ни один из них не был торговцем. Очевидной или веской причины увековечивать этот миф не было, как и сомнений в социальном положении трех покойных при действующей в тот период в Японии системе четкого разделения на сословия. Поэтому слова У Сюя загадочны — если только он не хотел вызвать сочувствие. А если У Сюй захотел бы подтвердить их версию истории, то это было бы трудно и долго.

Почему японцы утверждали, а У Сюй подтвердил, что они приплыли в порт Шанхая на борту голландского торгового судна, особенно когда сам Крус продолжал заявлять, что он не мог им помешать? Если не он, то кто? Никто не упоминает, что «Сэндзаймару» принадлежал японскому правительству или был куплен у британца, который вел для них корабль вместе с такой же британской командой. Обо всех этих фактах сообщалось в цитировавшейся ранее статье «Норт-Чайна херальд», которая, хотя и была опубликована на английском языке через два дня после этой встречи, была доступна У Сюю и его сотрудникам до того, как он подал свой доклад. На «Сэндзаймару», когда он появился в Шанхае, развевались три флага: «Юнион Джек» (представляющий экипаж), «Хиномару» (представляющий владельцев, правительство Японии) и «Принсенвлаг» («Флаг принца» Нидерландов, представляющий торговца и судового приказчика Томбринка). Возможно, это было сделано намеренно: японцы таким образом хотели выставить свой несанкционированный вход в порт как вполне законный, а У Сюй — защититься от обвинений в том, что не смог его предотвратить.

Крус поддержал претензии японцев и взял на себя ответственность за них в Шанхае. Сопровождая таможенные процедуры, он фактически придавал им легитимность. Японцы пообещали никуда не ездить, кроме Шанхая, следовать правилам, не покупать никаких китайских товаров, вернуться в Японию и никогда больше не появляться столь «опрометчиво» (цин) и без предупреждения. Вряд ли кто-то верил в эти слова, но сказать их требовала формальность.

Кажется, все это так не вовремя свалилось на У Сюя. Представьте его положение в тот период. У ворот Шанхая бушуют тайпины, и бесчисленные толпы беженцев отовсюду устремились в город, спасаясь от них. Нищета и болезни распространяются и свирепствуют подобно степным пожарам. И тут, откуда ни возьмись, появляются японцы и вместе с представителем некогда могущественной, а ныне всего лишь одной из второстепенных европейских держав ставят его перед свершившимся фактом. У Сюй не мог просто написать начальству в Пекин и получить от него быстрый ответ о плане действий. Ему нужно было действовать самостоятельно и надеяться, что его действия встретят одобрение.

В докладе У Сюя легко угадывается намек на справедливость или взаимность. Он пишет, что, в то время как китайцы из года в год приплывали в Японию, японские торговцы — по крайней мере, во времена династии Цин — не заходили в китайские порты регулярно. И, учитывая состояние договоров между странами в то время, он не мог позволить японцам просто делать то, что они хотели. Однако, судя по имеющимся документам, У из кожи вон лез, чтобы угодить японцам. Либо он поверил в их трогательные рассказы о трудном путешествии и желание (как много в этом слове) воссоединиться с китайским миром (или, возможно, более современной его версией), что расположило его к удовлетворению их просьб, либо, возможно, его подкупили (стоит подчеркнуть, что доказательств этому нет). В любом случае он быстро начинает придумывать сценарии, при которых сможет позволить им распродать товары, а затем быстро вернуться домой[4]. Действительно, используя дискурсивный фрейм о том, что было приятно «заботиться о людях издалека» после долгого путешествия, он, по-видимому, был причастен к составлению плана, согласно которому их товары считались «голландскими» (поскольку у династии Цин существовали торговые отношения с Нидерландами), — и даже повторил странное утверждение о том, что «Сэндзаймару» был голландским судном. Но никто не спрашивает, почему у голландского корабля японское название, предположительно написанное на борту крупными буквами (хотя фотографий не сохранилось). Итак, У Сюй оказался в затруднительном положении, и ему пришлось описать картину происходящего перед начальством в самых светлых тонах, и в то же время сделать так, чтобы все закончилось как можно быстрее. Поэтому он упомянул о почтительной манере, в которой японцы согласились с представленным им планом действий.

Как повествует У Сюй, именно в этот момент вице-консул Крус (как отмечалось ранее, он скорее был вице-консулом, чем «консулом», как значится в документах) вступил в разговор, чтобы поддержать заявления, сделанные японскими официальными лицами, и подкрепить их признанием факта 200-летних голландско-японских отношений. Весь этот сценарий, должно быть, был отрепетирован на предыдущей встрече между голландскими и японскими чиновниками. Цель здесь, по-видимому, заключа-

---

[4] Один ранний китайский источник указывает, что все на самом деле было очень просто: у японцев не было торгового договора, в отличие от западных стран, поэтому У сказал, чтобы они соблюдали закон. См. [Yao 1967 (1897): 15 (2a)].

ется в успокоении: у вас, китайцев, возможно, довольно долгое время не было торговых связей с японцами, но у нас, голландцев, они есть, и мы привыкли безоговорочно доверять друг другу. На самом деле, хотя между Китаем и Японией, возможно, и не было никаких дипломатических связей, и даже договора, на основании которого они могли бы появиться, китайские корабли «каждый год отплывали» (как отметил сам У Сюй) в Японию. Обещания Круса проследить за выполнением японцами обещаний, данных У Сюю, охватывали еще один аспект этих трехсторонних переговоров, как мы увидим из последующей встречи между даотаем и японцами. Он должен был получить неплохую прибыль, прикрывая японцев, недовольных этим соглашением. Какой выбор у них оставался? На самом деле, японцы, скорее всего, преувеличивали свое тяжелое положение жалобами, направленными на завоевание симпатий Китая и прав на двустороннюю торговлю в будущем, относительно чего они выступали более откровенно на последующих встречах.

Далее У Сюй описывает ответный визит, который он нанес японцам в гостиницу примерно три недели спустя:

> 25.05 [22 июня] я сам отправился к ним домой, чтобы ознакомиться с ситуацией. По их словам, «из-за хаоса, порожденного длинноволосыми [негодяями], товары, которые мы привезли во время войны, оказалось тяжело продать, и мы понесли убытки. Из-за большого расстояния до этой страны мы были незнакомы с местным климатом и топографией, и трое наших торговцев погибли. Как только мы продадим остаток товаров, мы вернемся домой»[5].

На заднем плане чуть ли не слышатся скрипки, когда У рассказывает о своем визите в гостиницу, где чиновники сёгуната и их самурайская свита проживали в течение нескольких недель в Шанхае — те, кто занимал более низкое положение, например японская команда, как мы уже отмечали, спали на борту корабля.

---

5 *Циньмин Цзунли гэгуо шиу ямынь Циндан, уюэ гэгуо ань, Жибэнь*, дело 01–21–22 (1), перевод в [Huang 2003: 180].

Японцы пожертвовали многим, несколько человек погибли (на этот раз, кстати, число погибших указано верно, хотя их род занятий — нет), потеряли деньги не по собственной вине (удобно объяснили все восстанием тайпинов), и все, чего они хотели, — закончить дела и вернуться домой. Тон раздраженной жалобы, переданный У, заставляет циничного читателя задуматься. Разве японцы не знали о тайпинах до того, как покинули Нагасаки? Может, они могли подождать? Как продемонстрировал Итико Тюдзо много десятилетий назад, каждый образованный японец знал о тайпинах [Ichiko 1952]. Почему они не подождали по крайней мере до тех пор, пока, так сказать, «берег не очистится»? Однако мы знаем, зачем они отправились в путь: торговля для них стояла далеко не на первом месте, что заставляет усомниться в правдивости и убедительности их слов. Они приехали в Шанхай, чтобы посмотреть на правила игры в международную торговлю и политику, и увидели это во всей красе, по крайней мере как это делалось в Шанхае [Matsumoto 1939: 37]. Неважно, где были тайпины: время имело решающее значение для будущего Японии.

Бо́льшая часть записи У от 22 июня, процитированной выше, повторяла его отчет, и, вероятно, не зря. Самый очевидный момент не упоминается, но он ясен всем заинтересованным сторонам, даже тем, кто находился в Пекине: Круса на встрече не было. Тот факт, что в этот же день Такасуги и Годай отправились посетить Мюрхеда, а затем осмотрели разные объекты в городе, и что Хибино ничего не упоминает о произошедшем, наводит на мысль, что встреча была организована исключительно между официальными лицами с обеих сторон, японцами и китайцами. На самом деле, из записи за тот день в рассказе Накамуды о путешествии мы знаем, что он и Крус вместе посетили компанию Hall & Holtz, у которой было множество филиалов по всему Китаю, и что днем или вечером того же дня он снова встретился с вице-консулом Крусом, купил морскую карту и посетил американский корабль [Haruna 1997: 82].

Если запись от 22 июня не была непреднамеренным дублированием, то У Сюй — в дополнение к факту отсутствия Круса —

должен был включить ее, чтобы еще раз подчеркнуть, в каком сложном положении оказались его неожиданные гости, подтвердить необходимость быстрого принятия решения относительно их пребывания в его городе и указать, насколько сговорчивыми они были. Далее он повторил свои размышления об их отношении и поведении:

> Мое исследование показывает, что они [действительно] собираются домой. Потом, [я узнал, что] в последнее время страны Запада отправляются в Японию, чтобы заниматься коммерцией, и что Япония привезла в Шанхай все товары, которые она производит, и выставила их на продажу. Конечно, если у них будет много товаров, цена снизится. И правда, что из-за осады Шанхая силами повстанцев торговцы не могли приезжать сюда, и поэтому у них [японцев] не было места для продажи. Таким образом, несмотря на их первую попытку отплыть в Шанхай для торговли, японские чиновники и торговцы не смогли осуществить запланированное. Возможно, это помешает им прийти снова. Когда официальные лица назначили дату обратной поездки [в Японию], они прошли таможню, выполнили надлежащие процедуры, и им было разрешено выехать, и в дополнение к составлению отчета я представляю это для вашего указания[g, 6].

У Сюй вкратце излагает суть именно так. Создается ощущение, что он полностью держит ситуацию под контролем, а японцы послушно подчиняются ему. Он проявил необычайную степень великодушия по отношению к этим гостям издалека. Он отмечает, что проверил их истории о неудачной торговле и все они оказались правдой. Кроме того, они делали все в соответствии с основными правилами и предписаниями, которые были даны им вскоре после прибытия, и теперь они отбыли. Действительно ли японцы гневались на У, или он приписал это, чтобы выставить себя в лучшем свете, мы никогда не узнаем. Как только он разре-

---

6 *Циньмин Цзунли гэгуо шиу ямынь Циндан, уюэ гэгуо ань, Жибэнь*, дело 01–21–22 (1), перевод в [Huang 2003: 180].

шил им остаться, то одновременно взял на себя ответственность
за любые неблагоприятные последствия. В эпоху, когда общение
на расстоянии было не столь мгновенным, ему пришлось действовать самостоятельно до того момента, пока он не получил
ответа от начальства. Также важно, что если Пекин был бы недо-
волен, то У Сюю пришлось бы предстать перед судом. Этот выбор
мог сломать его карьеру, но именно поэтому человеку его положения была дана такая власть.

До сих пор с китайской стороны мы слышали мнение только
одного человека — У Сюя, но вскоре мы услышим мнение другого чиновника. Вышеупомянутые заявления были приложены
к документу, датированному 7/1 (27 июля 1862 года), и Сюэ Хуань
в этот момент писал комментарии для пекинского начальства:

> Я [Сюэ Хуань] также провел исследование и обнаружил, что
> Япония не входит в число стран, с которыми у нас есть
> торговые отношения (туншан), поскольку до сих пор япон-
> цы не приезжали в Китай для непосредственного ведения
> торговли. Кроме того, Голландия — представители которой
> сопровождали японских чиновников и торговцев, когда они
> занимались торговлей, — является страной, не заключив-
> шей договор (уюэгуо). Исходя из таких прецедентов, суще-
> ствует возможность злоупотреблений в виде несанкциони-
> рованного заключения договоров (баолань). В будущем я не
> знаю, будут ли многие страны подражать этому [приходу
> без предупреждения], и не знаю, как это остановить [если
> это случится]. Необходимо предотвратить эти случаи до
> того, как произойдут злоупотребления [нашей добротой].
> Надеюсь, что этот вопрос привлечет ваше внимание и будет
> рассмотрен[h, 7].

Хотя предполагаемый план состоял в том, чтобы разработать
средство для предотвращения подобных внезапных прибытий,
Сюэ Хуан фактически добавил все необходимое для поддержания
квазидипломатических отношений, а также несколькими годами

---

7   *Циньмин Цзунли гэгуо шиу ямынь Циндан, уюэ гэгуо ань, Жибэнь*, дело 01–
21–22 (1) перевод в [Huang 2003: 180–181].

позднее для заключения Японско-цинского соглашения о дружбе 1871 года, в отличие от других, полностью равноправного. Как так вышло?

Основываясь на собственном исследовании, Сюэ утверждает, что Япония не имела статуса «торговой» страны в отношениях с Китаем. В 1862 году и в течение нескольких лет после этого, несмотря на созданный год назад Цзунли ямэнь, цинское правительство имело слабое представление о том, что западные государства называют дипломатией или дипломатическими отношениями. Страны, с которыми оно имело контакты, располагались в трех концентрических кругах: страны, ведущие торговлю с заключением международных договоров (ююэ туншан), страны, ведущие торговлю, но не заключающие международных договоров (уюэ туншан), и страны, не заключающие международных договоров и не ведущие торговлю (уюэ бутуншан). Эта система существовала до Опиумной войны и оставалась в силе на протяжении большей части XIX века [Kawashima 2004: 215; Kawashima 1999]. По словам Сюэ, до сих пор Япония относилась к третьей категории, но явно хотела попасть во вторую, где тогда находилась Голландия. Он опасался, что японцы используют эти отношения во вред Китаю, поскольку баолань рассматривался как морально недостойная практика, которую китайские государственные чиновники осуждали на протяжении веков[8]. Он также опасался, что если Китай приоткроет свои двери хотя бы на щелочку, то туда может хлынуть поток небольших стран, таких как Япония, стремящихся закрепиться, захватить китайские рынки, и больше не уходить.

Важно здесь то, что государство Цин, через местных чиновников и систему подчинения, признавало категории иностранцев, желающих заниматься торговлей, и отношения с ними были полностью основаны на торговле (никаких упоминаний о дани,

---

[8] Часто это понятие переводят как «налогооблагаемое предприятие» или «придание надлежащей формы», и оно подвергалось серьезным нападкам со стороны чиновников в годы Мин и Цин. См. [Kuhn 1975: 268, 278; Liu 1978: 440, 445; Muramatsu 1970; Will, Wong 1991: 228, 350, 393]. Максимально подробно (на настоящий момент) этот вопрос рассмотрен в [Nishimura 1976].

высказывания почтения императору или о каком-либо ритуальном выражении превосходства китайского или маньчжурского двора). Таким образом, Китай, возможно, еще не понял, как строятся современные международные отношения, но уже небезуспешно продвигался по этому пути.

Китайская бюрократия в середине XIX века, возможно, также не действовала с быстротой, присущей нашему веку быстрой коммуникации, но тем не менее была вполне эффективной и расторопной. 30 июля, через три дня после записки Сюэ Цзунли ямэнь, власти фактически поддержали его опасения. Они кратко обрисовали ситуацию, а затем приложили все усилия, чтобы прояснить ситуацию на ближайшее будущее:

> Таким образом, мы четко инструктируем даотая Су-Сонь [У Сюй] через вышеупомянутого министра [Сюэ Хуань]: впредь, когда торговые суда из разных стран будут заходить в порт, решайте вопрос надлежащим образом на основе тщательного предварительного расследования. Мы строго приказываем вам не повторять действий, предпринятых в случае с Японией в отношении других стран[i,9].

28 августа (8/4 по лунному календарю), через несколько недель после того, как «Сэндзаймару» отплыл в Японию, Сюэ и губернатор провинции Цзянсу Ли Хунчжан написали совместную записку, из которой можно почерпнуть больше информации о взаимодействии У Сюя с японцами. Внутри мы находим отчет У о последующей встрече с ними и его усилиях по оказанию им помощи:

> Когда их [то есть японские] официальные лица пришли ко мне в офис на очередную аудиенцию [вторую из двух встреч, которые они провели у даотая], они сказали: «Прошло два месяца с момента нашего прибытия в Шанхай, но половина товаров не была продана, и теперь мы приводим дела в порядок и хотим вернуться домой. Насколько нам удалось

---

9 *Циньмин Цзунли гэгуо шиу ямынь Циндан, уюэ гэгуо ань, Жибэнь.* Архивы Цзунли ямэнь, дело 01–21–22 (1), перевод в [Huang 2003: 181].

выяснить, многие небольшие страны ведут торговлю в Шанхае без международного договора, и вы разрешаете им всем торговать в открытом порту в соответствии с правилами, относящимися к странам, имеющим международные договоры. Им просто запрещено въезжать в Пекин и заходить во внутренние порты вдоль берегов реки Янцзы. Япония расположена недалеко от Китая. Каждый год ваши официальные и частные торговцы медью приезжают в Японию для импорта товаров. До сих пор Япония должным образом занималась этим, без задержек и ошибок. В настоящее время Япония подражает малым западным странам, не заключающим договоров. Если нам дадут просто разрешение, без договора, позволяющее нашим торговым судам заниматься торговлей исключительно в Шанхае, открыть там консульство, арендовать дом и собирать самостоятельно пошлины и сборы с наших кораблей и торговцев, то это было бы высочайшей милостью».
Вышеупомянутый даотай составил список стран — участниц договоров и стран без него и представил его, одновременно распорядившись провести исследование соответствующих материалов, касающихся того, каким образом страны без договоров получали разрешение на торговлю в Шанхае. Вышеупомянутый даотай [затем] сообщил о том, как небольшие государства, не являющиеся участниками договора, получили разрешение на торговлю[j, 10].

Что здесь происходит? По-видимому, что-то очень важное. Все это изложено исключительно китайцами, У Сюем и его начальниками, в различных отчетах. Энтузиазм У по поводу торговли с Японией, похоже, ничуть не уменьшился. Похоже, он верит словам японцев и понимает потенциальную опасность большого притока маленьких государств, с которыми не заключен договор, но которые требуют права на торговлю. В отчете указано, что японцы на момент встречи уже два месяца находились в порту, значит, она прошла в конце их визита в Шанхай. Японцы тоже изучали торговую обстановку в Шанхае и беседовали с голланд-

---

[10] *Циньмин Цзунли гэгуо шиу ямынь Циндан, уюэ гэгуо ань, Жибэнь.* Архивы Цзунли ямэнь, дело 01–21–22 (1), перевод в [Huang 2003: 181].

цами, французами, американцами, британцами и, возможно, другими дипломатами и торговыми чиновниками в международном сообществе. Согласно их исследованию, единственное, что мог бы обеспечить такой договор для государства, которое пока его не заключило, — доступ к Пекину, чего цинское правительство терпеть не могло и делало только по принуждению. Но японцы, похоже, заверили У Сюя, что у них нет такого желания, и все, чем они хотели заниматься, — торговать, причем только в Шанхае. Они пообещали держаться подальше от столицы и других внутренних китайских портов вдоль Янцзы.

Когда У Сюй повторяет рассуждение японцев о китайско-японской географической близости и неявных культурных заимствованиях, возникает вопрос, был ли он согласен с ними или просто выступал в качестве посредника. Японцы, однако, явно перешли к рассмотрению вопроса, который занимал их коллективный разум больше всего: вы заходите в наш порт Нагасаки уже много-много лет (об этом они говорили еще на своей первой встрече), и мы всегда делали то, что должны были делать; и теперь мы хотели бы делать то же самое, только в порту Шанхай. Кроме того, есть маленькие западные страны, жителям которых разрешен въезд (подразумевается: далекие, не такие близкие, как Япония, и столь же отдаленные в культурном отношении и не имеющие длительной истории торговли с Китаем страны). Вдобавок ко всему этому, мы, японцы, даже не хотим заключать договор и не заинтересованы в поездках в Пекин или куда-либо еще, кроме Шанхая.

Из последней части их обращения, процитированной У, мы получаем некоторое представление обо всем этом предприятии. Японцы запросили у него и китайских властей право самостоятельно управлять таможенными процедурами и заявили о своем желании больше не зависеть от голландцев в оставшийся период пребывания. У настаивал на том, что из-за беспрецедентного характера их присутствия в Шанхае необходимо во всем полагаться на голландцев, и они с Крусом изначально согласились на эти условия. Учитывая тот факт, что У настаивал на том, чтобы японцы сразу же после того, как распродали бы все свои товары, отплыли домой и не совершали больше подобных «опрометчивых» путешествий, со стороны японцев такая просьба могла показаться дерзкой. Но если они были такими «послушными», как указывал У, то почему они проигнорировали эти условия? И даже если главной целью поездки была не прибыль, тот факт, что голландцы получали значительную долю за работу в качестве посредников, не предвещал ничего хорошего для будущих коммерческих связей Японии с Китаем, опять же в случае, если Голландия и дальше будет выступать в роли посредника. Кроме того, японцы, возможно, хотели показать У на этой заключительной встрече, что они быстро освоили урок: да, им нужен был Крус как агент, который помог бы им понять дипломатические и таможенные тонкости Шанхая, не говоря уже о том, чтобы познакомить их с другими иностранными дипломатами и с самим даотаем, но теперь они были готовы действовать самостоятельно.

Когда У отступил в последней части документа, процитированного чуть выше, и отметил исследование, проведенное его ведомством в поисках прецедента, позволяющего японцам торговать, он, по-видимому, просто подчеркивал свои усилия в этом вопросе. Однако именно в результате этих поисков впоследствии будет найден важный прецедент.

Но комментарии Сюэ и Ли на этом не заканчиваются. Они продолжают цитировать отчет У, а также вносят копии других его отчетов. Вот фрагмент из одного такого отчета У:

> В 3 году Сяньфэн [1853] город-крепость Шанхай был оккупирован разбойниками [то есть Обществом малого меча, в борьбе с которым отличился У], и все документы даотая были утеряны, не осталось материалов, на основе которых можно было бы провести исследования. Хотя в статье восьмой дополнительного договора с Великобританией предусматривалось, что все иностранные торговцы будут ограничены торговлей в Гуанчжоу, проект «Правил торговли в пяти портах» 23 года Даогуан [1843] позволил в результате переговоров в Южном Китае [букв., Цзяннань] в предыдущем году позволить западным торговцем вести дела

в четырех портах Фучжоу, Сямынь [Амой], Нинбо и Шанхае, если будет дано официальное разрешение. Великобритания согласилась[k, 11].

Этот абзац отражает поспешные поиски У Сюем и его сотрудниками с момента прибытия японцев — помимо исполнения всех прочих обязанностей и защиты Шанхая — прецедента, оправдывающего разрешение торговли с Японией. Хотел ли он сделать им одолжение, поскольку «Сэндзаймару» отбыл несколькими неделями раньше и обещал не возвращаться без предупреждения, или же, напротив, защитить себя от потенциально неблагоприятного заключения вышестоящих по бюрократической иерархии чиновников — или все вместе?

Сюэ и Ли, знакомясь с отчетом У Сюя, с трудом смогли скрыть свои подозрения:

Соответственно, министр [Сюэ] и губернатор [Ли] понимают, что доклад [У Сюя] соответствует языку печатных книг [то есть прецеденту]. Официальные лица из Японии в настоящее время выдвинули просьбы в случае с ними следовать прецедентам государств, не подписавших торговый договор, разрешить им вести торговлю исключительно в Шанхае, открыть консульство, арендовать дом и следить за делами собственных торговцев. Министр и губернатор не в состоянии решить, как мы должны реагировать. Мы молимся, чтобы эти [вопросы] были вами рассмотрены[l, 12].

По сути, они сказали: окружной интендант У, разберитесь с этим, а мы посмотрим, что из этого выйдет. У пообещал и включил в качестве приложения к своему отчету список стран, торгующих в Шанхае. Торговыми партнерами, заключившими договоры, были: Великобритания, Франция, США, Россия, Португалия,

---

[11] *Циньмин Цзунли гэгуо шиу ямынь Циндан, уюэ гэгуо ань, Жибэнь.* Архивы Цзунли ямэнь, дело 01–21–22 (1), перевод в [Huang 2003: 181–182].

[12] *Циньмин Цзунли гэгуо шиу ямынь Циндан, уюэ гэгуо ань, Жибэнь.* Архивы Цзунли ямэнь, дело 01–21–22 (1), перевод в [Huang 2003: 182]. См. также: [Wang Xi 1981: 6–8; Chow 1975: 23–30].

Пруссия и Бельгия (ожидается подписание соответствующего договора). К числу тех, кто торговал без соглашения, относились: Дания, Шведско-норвежская уния, Нидерланды, Италия, Испания, Гамбург, Бремен и Любек, Ольденберг и Ганновер[13]. Таким образом, в географическом представлении У Япония, по-видимому, напоминала небольшие европейские государства или еще меньшие немецкие города-государства.

Впрочем, ряд вопросов, как крупных, так и более мелких, остаются нерешенными. Почему на первой встрече с У Сюем, вскоре после захода в порт, чиновники сёгуната четко указали, что хотят только торговать, а затем, два месяца спустя, когда их пребывание в Шанхае подходило к концу, выбрали этот новый подход, требуя статус торговли без заключения договоров, консульство и прочее — и все это предположительно для того, чтобы заложить основу для полноценной торговли в будущем?[14] Было ли причиной присутствие голландского посредника на первоначальной встрече и его отсутствие на более поздней? Упор на торговлю особенно вызывает недоумение в свете коммерческого провала «Сэндзаймару» — если только истинная цель рейса действительно не была коммерческой. Японцы ясно понимали связь между восстанием тайпинов, штурмующих окраины Шанхая и региона в целом, и падением цен на сырье — они даже жаловались на это даотаю — и все же открыто добивались прямых китайско-японских торговых привилегий, утверждая, что это было бы выгодно обеим сторонам. Возможно, кругом царили одни преувеличения и не следует придавать этому слишком большого значения столько лет спустя. По нашему мнению, более вероятно, что японцы (как и вице-консул Крус) были не совсем откровенны и что этот прием так же справедливо использовать в дипломатических переговорах, как и в игре в покер.

---

[13] *Циньмин Цзунли гэгуо шиу ямынь Циндан, уюэ гэгуо ань, Жибэнь.* Архивы Цзунли ямэнь, дело 01–21–22 (1), перевод в [Huang 2003: 183–184].

[14] Если верить секретной записке У Сюя, они говорили об этом, см. *Цзунли гэгуо шиу ямынь Циндан, уюэ гэгуо ань, Жибэнь.* Архивы Цзунли ямэнь, дело 01–21–22 (1), перевод в [Huang 2003: 184].

Одним из пикантных моментов этой встречи, который японцы упоминали как оправдание участия в торговле с империей Цин и который даотай У Сюй упомянул в своих записках, была параллель с китайскими торговцами, плавающими в Нагасаки и скупающими там японскую медь. Договора, позволяющего им заниматься этой деятельностью, не было, но была какая-то неясная проблема с двумя торговцами, упомянутыми в этих документах, которая на тот момент оставалась нерешенной. У сказал японцам, как он впоследствии докладывал начальству, что с этими торговцами разберутся сразу после того, как подавят восстание тайпинов, поскольку в то время, безусловно, были дела поважнее. Несмотря на то что У в целом симпатизировал японцам, у него был припасен еще один аргумент, чтобы держать их подальше. Позже он передал Сюэ и Ли то, что сказал японцам:

> В конце правления династии Мин японские пираты пришли, в частности, в провинции Гуандун, Фуцзянь, Цзянсу и Чжэцзян и вызвали беспорядки вдоль береговой линии. Они были известны как «вокоу». Это было давно, и я не упрекаю вас за это сейчас, но люди, живущие в своих родных деревнях, передавали [эти истории] из уст в уста, поэтому былая враждебность местных к вокоу сохраняется до сих пор[m, 15].

«О да, все так, — ответили японцы, цитируя У Сюя, — но это было давно, и все виновные были тогда наказаны». И когда У выразил недоверие: «Я не мог поверить их словам»[n], чиновники сёгуната, заявляя об отсутствии злобы по отношению к Китаю и подчеркивая уважение к нему, заявили, что их позиция в отношении вокоу была обоснована «на исторических текстах их страны, которые они, к сожалению, не взяли с собой и не могли привнести оттуда доказательств»[o, 16]. Китайско-японские споры по поводу представления в учебниках японских грабежей Китая

---

[15] *Циньмин Цзунли гэгуо шиу ямэнь Циндан, уюэ гэгуо ань, Жибэнь*. Архивы Цзунли ямэнь, дело 01–21–22 (1), перевод в [Huang 2003: 185].

[16] *Циньмин Цзунли гэгуо шиу ямэнь Циндан, уюэ гэгуо ань, Жибэнь*. Архивы Цзунли ямэнь, дело 01–21–22 (1), перевод в [Huang 2003: 185].

и китайцев, что удивительно, не является исключительно послевоенным явлением — они длятся по меньшей мере 150 лет. Мы еще вернемся к отсутствующей книге и обсудим ее роль во всей этой истории в главе 9.

У ученых практически выработался рефлекс отвергать официальные попытки проведения реформ конца эпохи Эдо как обреченные на провал. Раньше столь же презрительно было принято относиться (а во многих кругах это принято до сих пор) к официальным планам реформ конца династии Цин. Знание, что сёгунат падет в 1867–1868 годах, всего через несколько лет после миссии «Сэндзаймару», не сводит усилия чиновников на нет и не делает неуместным любое их потенциальное влияние после Эдо. Мы знаем, какое важное влияние оказали такие люди, как Такасуги Синсаку, на Реставрацию Мэйдзи, даже несмотря на то, что он умер раньше; но из этого не следует, что из-за разногласий между ним и чиновниками сёгуната последние не имели никакой исторической значимости. Возобновление двусторонней торговли между Китаем и Японией было результатом их проницательности в сочетании с великодушием, если можно так выразиться, окружного интенданта У Сюя. И Такасуги Синсаку не сыграл никакой заметной роли в содействии этому.

Каков был результат переговоров для Теодора Круса? Первоначально он был посредником, но японцы, как только прибыли в порт, сразу же пожаловались У Сюю, что хотели бы освободиться от надзора голландца и представлять себя в торговых отношениях с Китаем самостоятельно. Хотя Крус, возможно, и служил родине в качестве вице-консула, прежде всего он был коммерсантом. Подобно Томбринку и, несомненно, другим голландцам в Японии и Китае, с 1859 года и открытия портов в Японии для других западных торговых судов он чувствовал себя ущемленным из-за потери монополии Европы и Запада в целом на торговлю с Японией. Нидерланды, конечно, уже не были той великой державой, какой они были в прошлом, и все, что у них оставалось в Восточной Азии от когда-то всемирной империи (за исключением Юго-Восточной Азии), — исключительное право (по сравнению с другими странами Запада) на доступ в Японию через

Нагасаки. К 1862 году этому уже несколько лет как пришел конец. И если Крус и использовал эту возможность, предоставленную ему путешественниками с «Сэндзаймару», то не для того, чтобы вписать свое имя в историю. Он делал то, к чему стремился любой хороший коммерсант: зарабатывал деньги. Пройдет еще несколько лет, и превосходство Голландии в Японии останется воспоминанием.

* * *

Мы неоднократно отмечали, что Хибино участвовал в «беседах кистью» со многими китайцами. Поскольку он был еще совсем молодым во время путешествия, он был энергичен и рассказывал почти о каждом событии своей жизни в прозе или стихах. Но кроме дневника путешествия и записей «бесед кистью», он не оставил ничего, что имело бы историческую ценность. Как сопровождающий, он не участвовал в официальных встречах с даотаем, но не упускал возможности попробовать что-то новое. 30 июня, как он подробно сообщил, он купил угря у местного рыбака и собственноручно пожарил его; это была ни много ни мало первая свежая рыба, которую он съел с тех пор, как покинул Нагасаки. Рыба так ему понравилась, что он сочинил то, что можно назвать «Одой угрю». Мы можем смело назвать это стихотворение шуткой.

> Я сам разделал филе и приготовил его,
> Ел я угря Сунцзян, пока не наелся от пуза,
> между зубов ощущая его наипикантнейший вкус,
> и сильный запах, слегка горьковатый для носа.
> Чжан Хань съел филе рыбы-ящерицы.
> Почему бы не подкрепиться мне и этим?
> О, если я захочу узнать его вкус,
> будет еще причина
> приехать в Цзяннань и вздохнуть[р] [Hibino 1946b: 80–81][17].

---

[17] Чжан Хань (жил в раннем IV веке) был чиновником династии Цзинь из Уцзюна.

Глава 8
Подготовка
к возвращению в Японию

По мере того как шли недели и становилось ясно, что груз, доставленный в Шанхай на «Сэндзаймару», не будет распродан, чиновники начали подумывать о подготовке к возвращению в Японию. Хотя они должны были еще перед отплытием продумать весь путь обратно, ни в одном из дошедших до нас документов об этом не упоминается. Японцы платили за хранение груза голландским работникам склада, а голландцы брали комиссию в размере 2,5 % со всех проданных товаров и взимали плату за все необходимые процедуры в Шанхае. Помимо этого, были сборы за буксиры (в обоих направлениях), комиссионные китайским торговцам, которые сбывали товар в Шанхае, гонорар Томбринка и таможенные сборы — и это лишь часть постоянно увеличивающихся расходов. Будучи парусным судном, «Сэндзаймару» также нуждался в попутном ветре — даже если никто из японцев на борту не собирался совершать фактическое плавание. И, как уже отмечалось, выбор времени, возможно, был важен с точки зрения изменения японской политики в отношении международной торговли и дипломатии, особенно учитывая тревожную близость тайпинских повстанцев к Шанхаю.

Безусловно, поездка планировалась не с целью получения прибыли, но для того, чтобы посмотреть, что будет продаваться в Шанхае, а что нет, а также чтобы подготовить почву для будущих торговых и, вероятно, дипломатических отношений с Китаем. Тем не менее, если сёгунат не ожидал большой прибыли, то он не ожидал и больших расходов. Путешествие, несомненно, обошлось дорого.

Также нужно было выделить деньги для экипажа, который доставил бы «Сэндзаймару» обратно в Нагасаки. Теперь они были предоставлены сами себе, поскольку британский капитан (получивший 100 долларов США за свои услуги) и команда, доставившая их в Шанхай, после прибытия в Китай разошлись. С помощью голландцев (Круса, Томбринка и, возможно, ряда других, неупомянутых) они наняли голландскую команду из десяти человек стоимостью 460 японских рё. Существовали расходы, связанные с гостиницей в Шанхае, а также с приемом даотая и европейских консулов. Сёгунат выделил путешественникам 30 000 долларов США на расходы; 27 000 долларов были переданы голландцам для конвертации в китайскую валюту ради торговли. Поэтому чиновникам оставалось очень мало на их 60 дней пребывания в Шанхае.

Однако в итоге увенчалась ли миссия успехом? Не удалось добиться договора, ни даже соглашения с китайскими властями. Фактически они согласились вернуться домой и не предпринимать «опрометчивых» попыток прорваться на шанхайский (или любой другой китайский) рынок в ближайшее время. У Сюй и его начальники не разрешили ничего из того, о чем просили чиновники сёгуната: консульство, самостоятельное ведение дел, будущая торговля. С коммерческой точки зрения миссия действительно в значительной степени провалилась.

С другой стороны, для долгосрочного будущего торговли и дипломатии миссия была большим символическим и фактическим достижением. Китайско-японская торговля на борту японских кораблей была приостановлена со времен конца династии Мин, но в результате этого первого за многие столетия контакта она начала медленно, но верно восстанавливаться [Kawashima 1922]. Не только китайско-японская торговля должна была вновь открыться на равных, но и путешествие «Сэндзаймару» должно было стать первым рейсом с целью реализации товара на экспорт для Японии с момента открытия страны менее чем за десять лет до этого, не считая плавания «Камэдамару» вверх по реке Амур в 1861 году. В Нагасаки и Эдо должны были состояться «разборы полетов», бо́льшая часть записей о которых либо утрачена для истории, либо остается нераскрытой. Все условия и практика торговли и дипломатии в международном масштабе, наблюдаемые через микрокосм Шанхая, оказались бесценными для японцев, поскольку они предпринимали пробные шаги в попытке присоединиться к семье наций. Сёгунат Токугава будет свергнут всего через несколько лет, но эти достижения проложили путь для последующей деятельности правительства Мэйдзи в этих международных областях и, таким образом, являются редким примером преемственности между эпохами Токугава и Мэйдзи. Китайско-японская торговля могла время от времени сталкиваться с трудностями, но в настоящее время на нее приходится самый большой объем двусторонней торговли в Восточной Азии, где в настоящее время расположены две из трех крупнейших экономик мира (по состоянию на время написания книги. — *Прим. пер.*).

20 июня Крус пригласил У Сюя и чиновников сёгуната на встречу, и когда даотай ушел, японцы задали ему ряд вопросов о деталях, среди которых были следующие:

> Сколько платили консулам и вице-консулам, представляющим различные страны в Шанхае?
>
> Сколько платят, когда консул приступает к исполнению своих обязанностей в других странах?
>
> Какие страны получили право торговать с Китаем в Шанхае, но не имели дипломатических отношений [западного образца]?
>
> Поскольку цена на серебро на японском рынке высока, могли ли японцы получить прибыль, отправляя корабли для торговли за границу?
>
> При аренде или покупке помещения за границей будет ли даотай выдавать удостоверение личности или какие-либо другие соответствующие документы?
>
> Земля вдоль Бунда хороша, потому что там легко выгружать товары с корабля, но дорогая; отличается ли аренда за пределами Бунда и в других местах?

Есть ли уставы, касающиеся продажи и доставки продукции, и можем ли мы их получить?

Покупали ли китайцы землю в концессиях?

Как мы сможем удовлетворить свои потребности, касающиеся ремонта дорог и канализации, ночного дежурства и освещения?

Что делают с ворами, когда их ловят в концессиях?

Необходим ли гарант при найме китайцев на работу?

Где расположены кладбища британских, французских и других иностранных граждан?

Разрешено ли возвращать на родину детей [предположительно мальчиков], рожденных от проституток?

Как ремонтируются новые крупные мосты в концессиях?

Импортируется ли опиум в Шанхай?

Какие японские продукты могут понадобиться в Шанхае?

Какова плата за перевозку легкого груза?

Рынок для груза на борту «Сэндзаймару», был довольно скудным, с неизбежно низкими ценами; после уплаты налогов и вычета расходов на корабль мы понесли убытки. Разумно ли продавать наши товары на аукционе?

Можем ли мы провести аукцион в голландском консульстве?

Мы привезли *моммэ* серебра для использования на здешнем рынке, но у нас не получилось это сделать. Почему?

Можем ли мы расплатиться мексиканскими долларами?

Сопоставима ли пошлина на сушеное морское ушко и сушеную скумбрию с пошлиной на другую сушеную рыбу? [Haruna 2001b: 96–100][1]

Эти вопросы были в основном практическими, связанными с консульством, торговлей, товарами для продажи и т. п. Поскольку подобные вопросы появились менее чем через три недели после встречи с даотаем, где он настоял на том, чтобы гости из Японии больше не появлялись так внезапно, и те ответили согласием, японцы оказались более чем самонадеянны или, другими словами, дальновидны. Вопросы предполагали, что торговля между Китаем и Японией не только будет налажена в ближайшее время, но и что японцы явно планировали остаться в Китае на-

---

[1] Резюме в [Miyanaga 1995: 159–160]; а подробно и детально в [Feng 2001: 242–246].

долго, покупая или арендуя землю, беспокоясь о подданстве детей, родившихся у японцев от китайских проституток (вопрос, имеющий свою историю)[2], и многом другом.

На следующий день, 21 июня, они вернулись к Крусу в голландское консульство с очередным длинным списком вопросов и просьб о предоставлении дополнительной информации посреднику, которые по большей части касались ведения торговли в Шанхае. Одна вещь, на которую указывают эти вопросы, — это то, как голландцы скрывали от чиновников реалии работы в порту. Возможно, Мацудая Ханкити и двое его коллег были лучше информированы, как следует из отчета Мацудая.

> Запрашиваемая информация о досмотре иностранных судов при их заходе в порт.
> Запрашиваемая информация о досмотре иностранных военных кораблей при их заходе в порт.
> Присутствует ли охрана каждую ночь на торговых судах, стоящих на якоре в порту, и присутствует ли охрана при выгрузке груза?
> Как осуществляется досмотр груза?
> Как представляется список грузов?
> Нельзя ли предоставить подробную информацию о получении разрешений на погрузку, разгрузку, перемещение судов, а также о различных пошлинах и сборах за тоннаж?
> Нельзя ли предоставить подробную информацию о количестве иностранных торговых судов в порту, их грузах, продукции, а также о методах определения экспортных пошлин и ставок сборов за тоннаж?
> Предоставьте сведения о договорах с Великобританией, США, Францией и Россией и обо всех пунктах, содержащихся в них.

---

[2] [Koga 1995 (1969)] самая длинная и полная история изучения феномена проституток, которых обучали для удовлетворения потребностей исключительно мужского китайского населения Нагасаки и плодов этих межнациональных союзов, но недавно появились и новые исследования. Конечно, эта история с другой стороны Восточно-Китайского моря, но японцы так же аккуратно к этому относились с учетом истории и проблем. О вопросе проституции, китайской в Нагасаки и японской в Шанхае, о плодах и законах см. [Tang 2005].

До прошлого года налоги начислялись в зависимости от количества товара, но недавно они стали рассчитываться по весу. Почему?

В случае продукции, за которую уплачивается налог при въезде в порт: нужно ли платить его повторно при выезде из порта?

Подлежат ли возврату пошлины на непроданный груз при отправлении его обратно?

Какие товары запрещены к ввозу или вывозу?

Нужно ли платить пошлину за лоцманские суда и фонари в устье Усун?

Предоставьте подробную информацию о глубине реки Хуанпу.

Запрещено ли торговым судам в порту стрелять холостыми?

Каковы правила, касающиеся необходимости использования судами, стоящими на якоре, китайских буксиров?

Когда военные корабли стран, имеющих договоры с Китаем, заходят в порт, объясните, какие предметы отправляются правительством династии Цин в знак признания их заслуг.

Объясните порядок проверки погрузки товаров на экспорт.

Четко ли установлены места якорной стоянки иностранных судов?

Предоставьте подробную информацию о разгрузочной площадке, построенной из гранита.

Каковы процедуры, связанные с наймом лоцмана?

Существуют ли другие способы управления судном с помощью небольших лодок, кроме использования лоцманского судна?

Когда иностранные суда покупают парусный такелаж или паровые двигатели, стоя на якоре в Шанхае, нужно ли платить пошлину за них, как за другие грузы?

Предоставьте подробные сведения о предъявлении разрешений и оплате пошлин при погрузке груза.

Нужно ли платить выездные пошлины за груз, который не облагается налогом?

Являются ли мексиканские доллары приемлемой валютой при оплате таможенных сборов? [Haruna 2001b: 87–94][3]

---

[3]   Резюме в [Miyanaga 1995: 160–162].

К сожалению, у нас нет ответов Круса на эти бесчисленные вопросы практического характера, и если чиновники действительно отчитывались перед сёгунатом по этим вопросам и предоставили им ответы, то пока соответствующие документы не были обнаружены. Как мы уже не раз отметили, нет даже намека на то, что японцы планировали подчиниться требованиям У Сюя о невозвращении. Более того, они уже планировали, как им получше обосноваться в Шанхае.

В то время как многие самураи, за которыми мы следили, тратили время на то, что казалось им интересным, — охоту за книгами, наблюдение за западными и китайскими войсками, «беседы кистью» с китайцами и тому подобное, — трем торговцам из Нагасаки были поручены конкретные задания. Они осмотрели рынки Шанхая, особенно отметив наличие товаров и стоимость услуг. Так, мы могли бы услышать о буксире от одного из самураев, но Мацудая, единственный торговец, оставивший записи, сообщает нам (раннее утро, 6 июня): «Паровое судно приблизилось к правому борту «Сэндзаймару» и втащило его в реку [Хуанпу], прежде чем бросить якорь перед иностранным учреждением в Шанхае. Арендная плата составляла 200 мексиканских долларов, что сопоставимо с восемью серебряными *моммэ* в Японии»[a] [Matsudaya 1997 (1942): 54 (130)]. Добавление сведений о ценах к наблюдениям встречается и в других источниках, но у Мацудая оно присутствует постоянно.

Кроме того, Мацудая время от времени делал уникальные замечания. Без его рассказа мы бы, например, не узнали, что фрукты и овощи в Шанхае продавались примерно по той же цене, что и в 1862 году в Японии, и что стоимость золотых и серебряных японских монет на шанхайском рынке была сопоставима с их стоимостью на японском рынке. В самом начале поездки он начал составлять список товаров, а также цен, по которым они были приобретены в Шанхае, для их последующей отправки в Нагасаки, включая бумагу, белый сахар, шелк и эфедру [Matsudaya 1997 (1942): 55–56, 72–73, 76–86 (131–132, 148–149, 152–162)]. Торговцев пригласили на встречу с Крусом, а затем и с даотаем 5 июня, но кратко упомянув об этих встречах,

Мацудая почти сразу же переходит к описанию своих наблюдений за тем, как китайцы и европейцы занимаются бизнесом, который он несколько раз обозначает как *сё:хо:* [Matsudaya 1997 (1942): 56 (132)].

Первоначально свои сделки Мацудая проводил через голландцев. Позже он установил контакты непосредственно с китайскими торговцами — Ван Чаошанем, Цянь Шаохао и Ван Сюннанем среди прочих, — которые следили за тем, чтобы товары, привезенные японцами в Шанхай, продавались, а китайские товары отправились на экспорт в Японию. Постоянная угроза нападения тайпинов означала, что японские торговцы не могли свободно посещать места производства товаров. Мацудая просто выбирал то, что хотел приобрести, китайцы находили и доставляли ему эти товары, после чего те были погружены и отправлены в Японию на возвращавшемся «Сэндзаймару», что явно противоречило обещаниям, данным чиновниками сёгуната У Сюю, о том, что они только продадут собственные товары и отправятся домой. Согласно новаторскому исследованию Кавасимы Мотодзиро, торговцы из Нагасаки потратили более девяноста процентов тех денег, которые они привезли с собой в Шанхай [Kawashima 1926: 164] (см. также [Kawashima 1922]).

Однако, как мы уже несколько раз отмечали, целью торгового судна «Сэндзаймару» не была собственно торговля; иначе путешествие закончилось бы оглушительным провалом и, вероятно, не было бы никакого продолжения и возобновления китайско-японской торговли. Чиновники сёгуната были недовольны тем, что путешествие не принесло прибыли, но, возможно, они упускали из виду общую картину. Они, безусловно, понимали, что в большом мире международной торговли можно заработать много денег. Как показывают их беседы с Крусом и У Сюем, они явно не собирались ограничиваться только нынешней поездкой. Однако, без сомнения, миссия увенчалась успехом, даже если сёгунат Токугавы, который вскоре должен был рухнуть, мало что получил от нее.

Хотя некоторые японцы хотели открытия страны для внешней торговли и контактов, их число пока было незначительным. Тех, кто побывал за границей, было еще меньше. Большинство самураев на «Сэндзаймару» были категорически против того, чтобы пускать варваров в Японию, но они хотели увидеть внешний мир, который теперь подталкивал Японию присоединиться к международному сообществу. Трудно понять, чего хотели чиновники сёгуната, но они, похоже, выполнили работу и предоставили сёгунату сведения для размышления. А торговцы захотели торговать с Китаем или, по крайней мере, с Шанхаем (и, возможно, Гонконгом). Но все они также понимали, что Япония, как и любая суверенная нация, должна контролировать торговлю и дипломатию сама. Они не хотели оказаться под пятой западных держав, как Китай с концессиями, экстерриториальностью, высокомерными иностранцами и тысячами судов в портах, контроль над которыми можно было легко потерять. В некотором смысле именно так Япония вела свои международные отношения — дипломатию и торговлю — на протяжении всего периода Токугава, только теперь на законодательном уровне правительство не могло так строго ограничивать число иностранных партнеров.

Таким образом, путешествие «Сэндзаймару», вероятно, не состоялось бы, если бы Запад не оказал давления на сёгунат с целью заставить его открыть страну. Японцы отправились в путь еще до того, как у них появилась команда, способная плавать в открытом море, — наняв британцев, чтобы добраться до Шанхая, и голландцев — чтобы вернуться в Нагасаки, — хотя они решили эту проблему менее чем за два года. Самураи на борту явно отождествляли себя с китайцами, и, несмотря на проблемы, с которыми они столкнулись в Шанхае, они ощущали инстинктивную близость с Китаем. В записях, сделанных во время поездки, Такасуги Синсаку всегда называл жителей Запада «варварами», а их владения — «варварскими». Как отмечалось в главе 4, у Нотоми Кайдзиро сложилось впечатление, что китайцы и японцы были «родственными душами». В указанных случаях, как и во многих других, существовал предполагаемый культурный мост, связывающий Китай и Японию, который, несмотря на сложность проблем, стоящих перед этими странами в современном мире, несомненно, выдержал бы их все.

Обратный путь в Нагасаки прошел без происшествий. Японцы не столкнулись с недостатком воды или иными препятствиями, которые повстречались им на пути ранее. Они покинули Шанхай 31 июля, плыли девять дней и вернулись домой 9 августа 1862 года. Ровно через две недели Такасуги Синсаку прибыл в Киото, чтобы получить аудиенцию у даймё своего княжества и представить отчет о поездке. Прошло чуть больше двух месяцев, но мир для японцев уже никогда не будет прежним.

В последние годы как в Китае, так и на Западе стало модным указывать на китайско-японские разногласия в 1930-х и 1940-х годах, а затем прослеживать их до времен Тайсё и даже Мэйдзи, чем глубже в историю, тем лучше. Некоторым хотелось бы увидеть в отношении Японии к Китаю снисходительность, насмешку или еще что похуже, причем еще в то время, когда между двумя странами вообще не было никаких контактов. Миссия «Сэндзаймару» стала первым официальным контактом между государствами за несколько столетий, и реакция японских путешественников на настоящий, живой Китай была какой угодно, только не презрительной. Конечно, они были недовольны неэффективностью вооруженных сил империи Цин и необходимостью последней полагаться на «варваров» в борьбе с тайпинами, но в то время это чувство разделяли и многие китайцы. И даже повстанцы получили долю уважения, что особенно удивительно в свете их принятия совершенно чуждого и презираемого японцами христианства. Бо́льшая часть участников миссии «Сэндзаймару», по-видимому, выражали беспокойство за будущее Китая, испытывали неизменное уважение к нему как к источнику цивилизации и (самое главное) переживали о том, что ждет в будущем саму Японию.

Глава 9

Последующие миссии в Китай в период позднего Эдо

Как мы уже видели, хотя чиновники сёгуната на борту «Сэндзаймару» согласились подчиниться приказу окружного интенданта У Сюя не возвращаться в Шанхай и ждать, пока их не примут в качестве торговых партнеров, вопросы, заданные на встречах с ним и голландским вице-консулом Теодором Крусом, ясно указывают на то, что на самом деле они думали только о том, как бы вернуться в Шанхай и посетить другие китайские города, где осуществлялась международная торговля. В пользу этого говорило слишком многое: возможность заработать деньги, наладить международные связи и противостоять (возможному) давлению со стороны западных держав.

Еще до того, как «Сэндзаймару» отплыл в Шанхай, наместник Хакодате, которому, как и наместнику Нагасаки, сёгунат поручил изучить возможности вступления Японии в дивный новый мир международной торговли, приобрел океанское судно. Наместник Хори Тосихиро и его коллеги выступали за такой шаг в связи с развитием внешней торговли Японии, особенно на Дальнем Востоке России и в китайских портах в Шанхае и Гонконге. В марте 1860 года Тории Этидзен-но ками (Тадаёси) и два других *гайкоку бугё:* (наместники иностранных дел) предложили воспользоваться уже имеющимся судном или нанять иностранное для поездки в Россию, а оттуда отправиться в Шанхай и Гонконг, а также взять с собой товары, которые было трудно достать в тех местах, и заработать с их продажи денег. Они даже проконсультировались с британским посланником в Эдо по поводу получения разрешения на въезд в Гонконг, и тот сказал, что его можно получить без особых усилий. Чиновники сёгуната разрешили плавание по реке Амур и далее на Камчатку, но не согласились на дальнейшую поездку в Китай. Путешествия «Камэдамару», выполнившего эту миссию, обсуждались в главе 2.

«Кэндзюммару», 1864 год

Американский корабль «Алтея» был построен в Нью-Бедфорде, штат Коннектикут, в 1860 году и получил документы там же в июне того же года. В начале лета он оказался в Нью-Йорке, где оставался до января 1861 года, после чего отплыл к «реке Амур» на Дальнем Востоке России. В Boston Shipping List отмечается, что «Алтея» достигла Амура, предположительно его устья, в Татарском проливе у острова Сахалин, 20 июля и вошла в гавань Хакодате 12 сентября 1861 года. В следующем месяце власти сёгуната выкупили судно у владельца за 22 000 долларов США[1]. Это был деревянный барк (как и «Сэндзаймару») с тремя мачтами, весил чуть более 378 тонн (или на 20 тонн тяжелее «Сэндзаймару») и имел размеры 119 футов в длину, чуть более 29 футов в ширину и чуть более 12 футов в высоту, то есть по размерам он был примерно как «Сэндзаймару»[2]. «Алтею» переименовали в «Кэндзюммару». и она быстро вошла в состав на тот момент

---

[1] Boston Shipping List от 27 марта 1861 года; 23 октября 1861 года; 6 ноября 1861 года; 20 ноября 1861 года. Boston Shipping List от 8 января 1862 года приводит дату продажи корабля японцам: 6 сентября 1861 года.

[2] Эти сведения взяты из [Enrollments 1841–1939; Holdcamper 1968: 35; American Lloyd's Register, 1861: 122; Merchants 1867: 40], а также из личной переписки (24 января 2005 года) с Вэнди Шнур из Библиотеки Дж. У. Бланта Уайта, Музей Америки и моря, Мистик, Коннектикут. Другая важная информация об «Алтее»: хозяин Хаттит Келли; владельцы: Симпсон Харт (1/2), Джон У. Хоуланд (1/4), Хаттит Келли (1/4), землемер Александр Д. Райдер; капитан Люс. Японские источники из следующего примечания предлагают порой конфликтующую информацию о дате и месте строительства «Алтеи».

еще небольшого японского флота [Katsu 1967: 444; Okita 1943: 173–174; Honjo 1939: 19–21]. В июне 1862 года наместник Хакодате планировал отправить «Кэндзюммару» в Гонконг и Батавию в Голландской Ост-Индии и загрузил его разнообразными морскими товарами (комбу, морской огурец, морское ушко и т. п.), шелковыми нитками и прочим. 27 ноября судно отправилось в плавание. Капитаном был некто Мидзуно (возможно, Мидзуно Сёдаю, чиновник, который всего за несколько месяцев до этого находился на борту «Камэдамару»), экипаж насчитывал несколько десятков человек. Японцы впервые управляли кораблем подобного класса в открытом океане.

Судно направилось к Эдо и через месяц достигло Синагавы, но по какой-то причине поездка внезапно отменилась, и корабль остался пришвартованным в гавани Эдо. Наместник Хакодате был вне себя. Тем не менее чуть больше чем через год после возвращения «Сэндзаймару», в ноябре 1863 года, сёгунат отправил «Кэндзюммару» в Нагасаки через Хёго, чтобы подготовиться к дальнейшей поездке в Шанхай. Соответствующие приказы были разосланы ряду должностных лиц, включая наместника Хакодате. Таким образом, первый океанский рейс продолжился, хотя и не в Батавию или даже Гонконг, а в Шанхай.

Общее число пассажиров составило около 50 человек. Ниже перечислены наиболее выдающиеся участники этого путешествия[3].

Имя	Положение
Ямагути Сэкидзиро (Кётёку)	Глава делегации наместника Хакодате, командир корабля
Морияма Такитиро (Норинао)	Переводчик с голландского
Фудзита Сюма (Гэнъити)	Полицейский чиновник, наместничество Хакодате
Иидзима Хандзюро	Писарь, наместничество Хакодате
Окума Тэцутаро	Временно приписан к Школе западных наук Хакодате

---

[3] Собрано из ряда источников: [Okita 1980: 25; Miyanaga 1995: 176–177; Yamaguchi 1985].

Оцубо Ханкити	Управитель, наместничество Хакодате
Исивата Масакити (Комэй)	Писарь, наместничество Хакодате
Эбико Суэдзиро (Сумиеси)	Землемер
Мидзуно Бунсай, ученик Такэды Аясабуро	Учитель землемерия
Хираи Рендзи	Учитель землемерия
Эбико Сихэй	Старейшина Хакодате по торговым делам
Нисидайя Бумпэй	Купец из Хакодате

Команда, по крайней мере с исторической точки зрения, разношерстная, и мало кто из участников вообще известен. Ямагути (р. 1836) в конце 1850-х изучал навигацию у голландца Виллема Каттендайка (1816–1866) в Военно-морском училище Нагасаки, а позже сам стал преподавать там, что, вполне естественно, сделало его кандидатом на должность капитана «Кэндзюммару» [Kattendyke 1975]. Он служил в наместничестве Хакодате, когда поступил приказ отплыть в Шанхай. После реставрации Мэйдзи он много лет проработал телеграфистом. Переводчик с голландского Морияма Такитиро (1820–1871), который также знал и преподавал английский язык, был чрезвычайно известен в свое время. В 1853 году он служил переводчиком у адмирала Евфимия Путятина, а в следующем году — у коммодора Перри; в 1862 году он сопровождал миссию, возглавляемую Такэути Ясунори, в европейские государства. Несомненно, эти тесные связи с иностранцами навлекли на него гнев *ронинов* (бродячих самураев без сюзерена), он обратился с просьбой присоединиться к миссии, потому что ронины напали на его дом и он чувствовал острую необходимость на некоторое время исчезнуть [4]. Другом Ямагути был отец Исиваты Масакити, ученый; оба они изучали навигацию у голландцев в Нагасаки. Еще одним примечатель-

---

[4] Согласно Като Хироюки (1836–1916), известному мыслителю эпохи Мэйдзи, Морияма был ответственен за очищение понятия «дзию» от традиционного, дзенского смысла самопотворства и наделение его современным значением «свободы». Позднее он был заимствован в этом значении в Китае и произносится как *цзыю*. См. [Suzuki 1981: 145].

ным пассажиром на борту корабля был Эбико Суэдзиро (1843–1912), уроженец Хакодате, который изучал навигацию у Такэды Аясабуро и после реставрации Мэйдзи сделал блестящую карьеру в области навигации и геодезии [Mutō 1927: 131–132; Mutō 1925: 168][5].

«Кэндзюммару» перевозил груз, состоящий из женьшеня, сушеного морского огурца, морского ушка и других моллюсков, которых, как известно, в Шанхае не хватало, а также большое количество риса и 2000 рё денег на расходы[6]. Всем членам экипажа была выдана униформа с указанием званий, что придавало поездке гораздо более официальный характер, хотя на момент отправления они даже не знали пункта назначения. Они прибыли в Хёго 25 января 1864 года, но не смогли проследовать дальше в Нагасаки из-за крайне неблагоприятных погодных условий и, таким образом, оставались там до 16 марта. Затем, 20 марта, по пути в Нагасаки они попали в шторм и сбились с курса — начало, мягко говоря, не слишком благоприятное, но затем капитан решил следовать прямо в Шанхай. Команда была набрана в основном из жителей островов Сиваку во Внутреннем море недалеко от Сикоку. Все они были недовольны и хотели вернуться домой. Их недовольство только усилилось, когда они поняли, что на самом деле уезжают за границу.

25 марта они заметили трехмачтовое судно к югу и по цвету воды смогли определить, что находятся недалеко от устья Янцзы. На следующий день они бросили якорь на островах Чжоушань в Восточно-Китайском море и стали искать лоцманское судно, которое провело бы их в гавань Шанхая. Эта местность изобиловала рифами, и поэтому пытаться пройти здесь без лоцмана было опасно. Поскольку никто не пришел на помощь, «Кэндзюммару» отправился в путь самостоятельно при восточном ветре и достиг острова Шэнсы, где бросил якорь, когда ветер стих. В этот момент, отчаявшись, они увидели вдалеке пароход, и переводчик Морияма

---

[5] См. также ww.city.hakodate.hokkaido.jp/soumu/hensan/jimbutsu_ver1.0/b_jimbutsu/ebiko_sue.htm.

[6] Бо́льшая часть из того, что мы знаем о подробностях путешествия, исходит из двух источников: [Kōho shi 1935], то есть рапорта, поданного сёгунату после возвращения в Эдо, и воспоминаний Ямагути Кётёку [Yamaguchi 1901].

с двумя гребцами подплыли к нему на небольшом суденышке. Оказалось, что это китайское военно-морское судно, которое охотилось за последними тайпинами. Согласно «Ко:хо си» («Хроника реки Хуанпу»), китайский капитан Чжан Гоин пригласил Морияму в свою каюту, где последний объяснил: «Мы — официальные лица японского правительства (*То:ё: Нихон*). Мы хотим посетить Шанхай. Сегодня утром мы добрались до восточного острова Шэнсы, но пока не нашли лоцманского судна. Пожалуйста, скажите нам, где они»[а, 7]. Капитан Чжан указал, в какую сторону им двигаться дальше, а также сообщил, что они должны поднять красно-белое знамя в знак своих намерений. Позже в тот же день подошла британская лоцманская лодка и сопроводила «Кэндзюммару» к Янцзы [Yamaguchi 1901: 20–21]. Несколько позже, 3 мая, капитан Чжан навестит их в отеле «Астор Хаус» в Шанхае.

Утром 28 марта лоцманская лодка проводила их вверх по Хуанпу, и по пути все увидели множество артиллерийских установок на фоне местных пейзажей. На следующий день лодка нашла им подходящее место для причала, и Морияма с Иидзимой были немедленно доставлены в британское консульство, где они встретились с консулом Гарри С. Парксом (1828–1885) и его подчиненными, а затем в голландское консульство, где они встретились с Теодором Крусом, чтобы объяснить причины своего приезда в Шанхай. Четыре дня спустя, 2 апреля, когда вышел свежий номер газеты «Норт-Чайна херальд», в разделе «Прибытие» было опубликовано уведомление о том, что 28 марта «Канд-зун-маль» («Кэндзюммару», указан как «япон. бк.», что означает «японский барк») прибыл из «Еддо» (Эдо) под командованием капитана «Таммагуц» (Ямагути). Груз указан просто как «Общий»[8]. В но-

---

[7] В [Kōho shi 1935] говорится, что Морияма говорил с китайским капитаном на изящном японском, что маловероятно. Скорее они «беседовали кистью» на камбуне или на языке-посреднике, английском. Окита Хадзимэ просто пишет, что они «беседовали кистью», см. [Okita 1943: 181].

[8] «Норт-Чайна херальд» от 2 апреля 1864 года, страница с дополнениями. Также говорится, что корабль отправился из Японии 18 марта, и грузополучателем указан не Крус, но «Ордер» (значение неясно). То же объявление появлялось на той же странице 9, 16, 23, 30 апреля и 7 мая. См. также [Okita 1980: 24–25; Okita 1942c: 67, 68].

мере еженедельника от 14 мая грузополучатель впервые указан как T. Kroes and Co., и также написано, что судно вскоре вернется в Нагасаки. На следующей неделе, 21 мая, газета приводит более точное воспроизведение имени капитана — «Ямагути» и отмечает, что судно вскоре отправится в Нагасаки с обратным грузом Sun., &c. (что означает «всякая всячина и т. д.» и по размышлении кажется излишним).

В отличие от рейса «Сэндзаймару», пассажиры на борту «Кэндзюммару» были (за несколькими уже отмеченными исключениями) ничем не примечательными людьми. В результате, помимо официального отчета о путешествии, «Ко:хо си», только капитан Ямагути оставил свидетельство о путешествии, и то 37 лет спустя. Таким образом, мы знаем гораздо меньше о том, что было связано с планированием и ходом путешествия, а также о впечатлениях от пребывания делегатов в Шанхае. Да и все, что известно нам из короткого эссе Ямагути, несомненно, искажено в силу того, что прошло так много времени. Кроме того, практически нет свидетельств знакомства экипажа «Кэндзюммару» с опытом «Сэндзаймару», из которого можно было бы извлечь уроки или как-то его использовать. Такого рода сведения, как и многое другое, по-прежнему находились под пристальным вниманием.

Тем не менее одно знание, которое они либо усвоили ранее, либо сразу же получили по прибытии в «этот лес мачт, предположительно самый загруженный из пяти [открытых] портов Китая», заключалось в том, что самый быстрый способ достичь любой цели в Шанхае — иметь дело непосредственно с иностранцами, а не с китайцами. Они полагались на британцев в политических вопросах и голландцев в коммерческих. В этом неожиданное отличие этой миссии от миссии 1862 года, когда обе главные роли играли голландцы, а британцам была отведена менее важная (и исключительно политическая) роль. Голландцы, как и прежде, были готовы помочь японцам разобраться с грузом. Они взяли ту же комиссию в 2,5 %, что и у «Сэндзаймару», и позаботились обо всех необходимых сборах, которые должны были быть оплачены в порту. Как отмечалось в «Ко:хо си» на следующий день после их прибытия в Шанхай, «власть в этом порту на самом деле не принадлежит окружному интенданту, поскольку у англичан и французов всегда наготове шесть огромных судов в порту и склады вооружения и припасов»[b] [Kōho shi 1935: 348; Yamaguchi 1901: 22].

30 марта британский чиновник, работающий в Таможенной администрации, поднялся на борт судна, чтобы осмотреть груз и предостеречь японцев от нарушений правил и предписаний порта. Позже тем же утром к Ямагути присоединились Морияма, Окума, Оцубо, Исивата, Эбико Сихэй и Хираи, чтобы засвидетельствовать свое почтение в голландском и британском консульствах. Паркс лично встретился с японской делегацией; он провел два предыдущих десятилетия в Китае, и 3 марта он только-только вернулся в Шанхай после двухлетнего отпуска [Lane-Poole 1894, 1: 469].

В течение первых дней апреля главы японской делегации отправились на встречу с чиновниками из консульств других стран. 1 апреля они снова отправились в голландское консульство, чтобы попросить проводника. На следующее утро они посетили американское консульство, где генеральным консулом тогда служил Джордж Ф. Сьюард (1840–1910). Во второй половине дня они отправились с Крусом во французское консульство, где консулом был Поль-Доминик Шеври-Рамо (р. 1836), который через две недели покинет свой пост. Позже в тот же день они отправились в отель «Астор Хаус», где встретились с его новым владельцем, неким Дж. Д. Махоном, который сообщил им, что тремя днями ранее трое японцев прибыли в Шанхай в поисках огнестрельного оружия. По словам Махона, им не разрешили войти в порт и в срочном порядке отправили домой. Позже они встретили британского торговца, который получил карточку с именем от одного из трех японцев: «Кобаяси Рокуро, [из] Гейсю [Хиросима], Япония[c]»; второго японца звали Нагао Косаку, а о третьем известно только, что он был из княжества Сацума. Подробностей о том, как эти трое добрались до Шанхая в то время, когда это было вне закона, почему они хотели купить оружие и что с ними случилось потом, нет.

Наконец, 4 апреля, почти через неделю после прибытия в Шанхай, Ямагути отправился с Мориямой и Исиватой к даотаю, вероятно, по настоянию Гарри Паркса, чтобы засвидетельствовать свое почтение и, несомненно, убедиться, что они действовали в рамках международного законодательства. У Сюй, который встречался с японцами на борту «Сэндзаймару», на следующий день после того, как «Кэндзюммару» пришвартовался в порту Шанхая, покинул пост, и его место теперь занимал Ин Баоши (Минчжай, 1821–1890, уроженец Чжэцзяна, Цзиньши 1844 года рождения)[9]. Ему преподнесли подарки в виде японского чая, кусков ткани для изготовления пояса-оби и японского меча. Слуги даотая унесли их еще до того, как были высказаны слова благодарности. Разница между визитом к даотаю на следующий день и через неделю после прибытия может быть просто курьезом или следствием плотного графика последнего; она также может свидетельствовать о растущей самоуверенности японцев, которые постепенно начинали воспринимать себя как часть международного сообщества, а не аутсайдерами, осторожно ищущими способ войти в него.

Вечером 29 апреля даотай отправил гонца к японцам с на первый взгляд странным, но тем не менее довольно формальным запросом: есть ли у них копия японского труда «Кокуси ряку» (Краткое изложение японской истории)? Единственным намеком на то, зачем Ин искал этот труд, было его замечание о том, что это хороший способ узнать что-нибудь об истории Японии. Работа, о которой идет речь, представляет собой хронику в пяти тетрадях, написанную на литературном китайском языке ученым-конфуцианцем Ивагаки Мацунаэ (1774–1849) и, таким образом, доступную Ину. Впервые она была опубликована в 1826 году, за несколько десятилетий до этой встречи, ее повествование охватывает весь период японской истории от мифологической эпохи богов до 1588 года, начала правления императора Го-Ёдзэя (1586–1611). Поколение спустя Хуан Цзунсянь, который готовил

---

[9] Больше сведений об Ин Баоши и его чиновничьей карьере см. в [Leung 1990: 28, 77, 82, 103, 177; Honjō 1970: 17].

свой труд «Жибэньго чжи» («Трактаты о Японии»), первую современную историю Японии, написанную китайцем, почерпнул бо́льшую часть своей информации о японской истории из этой работы [Lynn 2012: 26; Galan 1998: 32].

«Кэндзюммару» был нагружен сушеными слизняками, водорослями и различными другими морскими обитателями, но никто не потрудился взять с собой именно эту книгу. Однако кому-то пришло в голову принести копию гораздо более известной и значительно более длинной истории Японии, также написанной на литературном китайском языке: «Нихон гайси» («Неофициальная история Японии») Рай Санъё (1780–1832), одного из великих мастеров камбуна эпохи Эдо. Если просьба даотая была странной, то и ответ на нее оказался по меньшей мере таким же странным. Почему они притащили этот огромный труд? Ин Баоши заявил, что «очень доволен» подарком, и позже отплатил им тем же, прислав им немного фигурного крепа и особой бумаги [Shinmura 1935b: 352–355; Yamaguchi 1901: 24]. Возможно, японцы надеялись, что эта работа будет распространяться в Китае; действительно, репринты, датированные 1877 и 1889 годами, появились в Шанхае[10], но пока неясно, связано ли это как-то с миссией «Кэндзюммару».

В какой-то момент во время чаепития в их первую встречу Ин спросил Ямагути о его родословной и чиновничьем ранге, а также о его коллегах, японцах-путешественниках; он также хотел увидеть проездные документы, выданные им японским правительством. Ин дал понять через Паркса, что не готов на встречу с японцами без этих сведений. Ямагути ответил, что даотай, согласно международному праву, не имел полномочий запрашивать такие сведения, и если встреча не состоится, так тому и быть. Парксу удалось разрешить вопрос, и встреча все-таки состоялась. Ямагути настаивал на том, что у него не было аристократического звания, но он занимал важный пост в воен-

---

[10] [Rai 1877] под ред. Цянь И, издательство «Душитан»; экземпляр издания 1877 года есть в Стэнфордской университетской библиотеке, а 1889 года — в библиотеке Гарвард-Йенчинг и публичной библиотеке Принстона.

но-морском флоте. Он указал, что его одежда — подарок сёгуна, на ней герб мальвы, и он вытащил меч, чтобы показать его даотаю, который особенно впечатлился акульей шкурой на рукояти. Спустя много лет возникает вопрос, не развлекался ли окружной интендант за счет Ямагути.

Самый сложный из всех вопросов, заданных Ин Баоши Ямагути и его коллегам, который, похоже, застал их врасплох, касался прежде всего имени японского императора. Как позже рассказывал Ямагути, никто из них не «знал» имени императора. Вероятно, он имел в виду, что они не знали личного имени императора. Некоторые различные слова, которые переводятся как «император», в основном предназначены для внутреннего употребления, а некоторые — только для внешнего. Последовало молчание, а затем Ин нарушил его, сказав: «Вот, напишите его японскими иероглифами». Несомненно, из-за того, что воспоминания были записаны много лет спустя, рассказ Ямагути изобилует фактическими ошибками и неправильно написанными иероглифами. Хотел ли Ин, чтобы они написали имя китайскими иероглифами, которые, как ему было известно, читали и использовали образованные японцы, или же он хотел, чтобы они записали его имя слоговой азбукой? Затем одному из японцев пришла в голову идея написать термин «кинри» знаками катаканы [Shinmura 1935b: 347; Yamaguchi 1901: 23–24]. Термин *кинри* буквально означает «*запретный двор*» или внутреннее святилище императорского двора и является сокращенной формой одного из популярных и допустимых понятий, использовавшихся в то время для обозначения японского императора: *кинри-сама*. Таким образом, они смогли достойно ответить на вызов.

Ямагути рассказал Ину о трудностях, с которыми они столкнулись в море по пути в Шанхай. Он также рассказал, что на «Кэндзюммару» вывесили два флага: «Хиномару» как символ японского народа в целом и «Аой-но хата» как эмблему, указывающую на принадлежность корабля сёгунату — еще одно свидетельство того, что Япония еще не стала унифицированным современным национальным государством. Подобное разделение, возможно, вызывало у Ина любопытство, может, даже озадачивало его, но Ямагути как можно яснее дал понять, что «Кэндзюммару» принадлежало сёгуну. Одна вещь, по поводу которой у Ина, как ни странно, не возникало вопросов, заключалась в том, по какому праву они появились в Шанхае, ожидая, что им разрешат вести коммерческую деятельность. Это было довольно серьезной проблемой для «Сэндзаймару», и, учитывая обещания, данные официальными лицами тогда, можно было бы удивиться как наглости японцев, так и безразличию — по крайней мере, поверхностному — даотая к этому вопросу.

Должно быть, что-то происходило за кулисами. Как мы теперь знаем из архивных материалов, отплытие «Сэндзаймару» на родину не стало концом, по крайней мере, для цинских чиновников. Высокопоставленные лица понимали, что видят японцев не в последний раз, и хотели предугадать возможное их возвращение. 1 сентября 1862 года, через несколько недель после того, как «Сэндзаймару» отправился в обратный путь, Цзунли ямэнь отправил Сюэ Хуаню и Ли Хунчжану следующее краткое письмо:

> Мы не можем предположить, будут ли в будущем какие-либо негативные последствия, если Цзунли ямэнь одобрит прошение Японии о разрешении заниматься торговлей в единственном порту Шанхая, открыть консульство из одного человека, арендовать дом и присматривать за ним. Таким образом, мы поручили вышеупомянутому суперинтенданту [Сюэ Хуаню, занимающемуся вопросами торговли] исследовать сложившуюся ситуацию, принять соответствующие меры, исходя из этих обстоятельств, и в то же время доложить Цзунли ямэнь о том, какие действия были предприняты [d, 11].

Сюэ и Ли включили в свой ответ, датированный 26 сентября, рапорт, полученный от У Сюя по этим вопросам, поскольку последний провел исследование, порученное двум первым:

---

[11] *Циньмин Цзунли гэгуо шиу ямынь Циндан, уюэ гэгуо ань, Жибэнь.* Архивы Цзунли ямэнь, дело 01–21–22 (1), перевод в [Huang 2003: 186].

Японский чиновник Нэдати Сукэситиро и другие попытались как можно скорее вернуться домой с деньгами; их товары продавались плохо, и они следовали инструкциям не покупать китайскую продукцию по своим квитанциям [он, очевидно, не знал о том, что Мацудая открыто покупал китайские товары]. Уже 7/10 [5 августа] они отплыли на борту голландского торгового судна и, таким образом, не получили ответа касательно визитов для ведения торговли в Шанхае, разрешения на которые они просили им выдать. Если будет получено разрешение ваших превосходительств, они бы очень хотели отправить письмо голландскому [вице-]консулу Крусу со сведениями об этом. Если разрешение ваших превосходительств не поступит в ближайшее время, сообщите об этом голландскому [вице-]консулу. Они еще раз отправят миссию[e, 12].

Две недели спустя У было поручено изучить возможные негативные последствия японских просьб, полученных китайскими властями. Через десять дней, 21 октября, Сюэ и Ли сообщили, что У Сюй доложил им о том, что японцы следовали всем изложенным инструкциям. Кроме того: «Они использовали очень почтительный язык, и им было трудно отказать»[f]. У был убежден, что японцы вернутся, и поэтому:

Это наводит меня на мысль, что вышеупомянутая страна [Япония] искренне желает заниматься торговлей. Если мы отклоним их просьбу, а они не подадут другой запрос, этого будет недостаточно, чтобы выразить примирительный дух нашей страны. Я долго думал и понял, что эти [японские] чиновники пришли и сердечно изложили свою просьбу. Они хотят заниматься только торговлей и только в порту Шанхая — кроме этого, они утверждают, у них нет никаких желаний. У них не было хитрых скрытых мотивов. Я считаю уместным удовлетворить их просьбу[g].

Но как? На каком основании цинское правительство могло разрешить японцам заниматься торговлей? В обычных обстоя-

---

12 *Циньмин Цзунли гэгуо шиу ямынь Циндан, уюэ гэгуо ань, Жибэнь.* Архивы Цзунли ямэнь, дело 01–21–22 (1), перевод в [Huang 2003: 186].

тельствах решение этой проблемы легло бы целиком на плечи японцев, но они нашли союзника в лице У Сюя, который, похоже, был готов заняться этим вопросом:

> Если говорить более конкретно, то это означает, что, основываясь на примере западных стран, не имеющих [торговых] договоров, следует разрешить им заниматься коммерцией в порту Шанхая. Таможенные пошлины на все товары будут взиматься таможней. Таможня и налоги будут взиматься по тому же принципу, что и с западных государств, с которыми не подписаны договоры. Таким образом, нужно разрешить им открыть консульство, арендовать дом и заниматься собственными торговыми делами, но не делать из этого прецедент для других стран Востока. Кроме того, нам нужно сообщить этому [вице-]консулу [а именно Крусу], что они будут сами контролировать своих торговцев, запрещать им отправляться в другой порт и указывать ограничения. В таком случае негативных последствий не будет. Я получил ваши предыдущие инструкции и теперь предлагаю направить этот отчет в Цзунли ямэнь[h, 13].

Сюэ и Ли, впрочем, оказались недостаточно убеждены доводами У. Отправив отчет даотая начальству, они добавили: «Тем не менее суперинтендант и губернатор обсуждали этот вопрос, и нам трудно поверить, что разрешение не вызовет негативных последствий»[i]. Они призвали провести еще одно исследование или решительно отклонить японское предложение. Инструкции Цзунли ямэнь, отправленные Сюэ Хуаню 26 октября, по-видимому, выражали соглашение с их опасениями, хотя и не без некоторой доли осторожности:

> По сведениям в нашем Ямэне о запросе Японии на ведение торговли в Шанхае, японцы утверждают, что хотят ограничиться единственным портом Шанхая. Иностранцы, однако, по натуре хитры. Если мы ответим на этот запрос, это может привести к дальнейшему росту их амбиций и появлению интереса к торговле в других портах. Кроме того, множество

---

[13] *Циньмин Цзунли гэгуо шиу ямынь Циндан, уюэ гэгуо ань, Жибэнь.* Архивы Цзунли ямэнь, дело 01–21–22 (1), перевод в [Huang 2003: 186–187].

небольших стран не имеет договоров с нами, и вполне возможно, что все они могут последовать этому примеру [...] Согласно циркулярному письму от вышеупомянутого даотая, иных негативных последствий не будет, и эти чиновники [из Японии] по возвращении домой сообщили, что, если их просьба будет отклонена, они отправят новую миссию из Японии с просьбой [о торговле]. Если они не смогут выполнить просьбу своего государства, они явятся снова и будут утомлять нас своими требованиями об уступках. В таком случае мы еще раз немедленно обратимся к суперинтенданту [по торговле] с просьбой тщательно исследовать этот вопрос и рассмотреть подходящий план его решения. Гораздо важнее, чтобы мы не переусердствовали в своих мерах предосторожности, полагаясь [на прошлые случаи], и были в высшей степени великодушными[j, 14].

8 января 1863 года Сюэ и Ли написали в Цзунли ямэнь, добавив рапорт нового даотая Хуан Фана, который утверждал, что провел собственное исследование, хотя его слова почти в точности повторяют слова У Сюя.

Неизвестно, какая часть вышеупомянутой бюрократической переписки была доступна Ин Баоши, но вполне вероятно, что он, по крайней мере в общих чертах, знал о ней еще до своего вступления в должность. Японцы же не имели ни малейшего представления о прошлой миссии и ее итогах и, скорее всего, отправлялись в путь, исключительно надеясь на доброту У Сюя. В 1864 году, когда «Кэндзюммару» прибыл в порт, У Сюй, а также его сменщик уже ушли, и на его месте был новый и довольно опытный человек. Ин и его коллеги, должно быть, усердно пытались сгладить последствия присутствия японцев в порту. Это ясно из доклада от 9 мая, поданного им в Цзунли ямэнь:

В письме Томаса Дика [1837–1877], нового комиссара Таможенного управления, датированном 2/23 [10 апреля] этого года, говорится, что японское торговое судно с грузом, во-

---

[14] *Циньмин Цзунли гэгуо шиу ямынь Циндан, уюэ гэгуо ань, Жибэнь.* Архивы Цзунли ямэнь, дело 01–21–22 (1), перевод в [Huang 2003: 187]. О мнениях и действиях Ли Хунчжана по отношению к Японии см. [Bai 2012].

шло в порт Шанхая. Британский консул Гарри С. Паркс нанес визит и сказал, что японские официальные лица хотели бы встретиться с даотаем. Насколько мне удалось исследовать этот вопрос, когда в пятом месяце 1-го года эры Тунчжи [1862] японский чиновник Нума Хэйрокуро и другие прибыли вместе с торговцами с торговой [миссией] в Шанхай, они прошли таможенные процедуры и оплатили импортные пошлины через голландцев. Они уехали из Шанхая 7/10. В то время Нума Хэйрокуро и его коллеги стремились заниматься торговлей исключительно в порту Шанхая, а также разместить там единственного консула и арендовать для него дом. Бывший окружной интендант У [Сюй] доложил об этом Цзунли ямэнь, и на основании проведенного им исследования, свидетельствующего об отсутствии негативных последствий, он получил инструкции надлежащим образом отреагировать на ситуацию, с которой он столкнулся в то время. В то время, — судя по тому, что действующий даотай Хуан [Фан] писал о радушии японцев, — казалось, что они нескоро обратятся с новой просьбой [k].

Пока что мы имеем дело с шаблонными фразами, но под давлением обстоятельств Ин неожиданно смещает фокус внимания в своем докладе и демонстрирует таланты себя и своих сотрудников:

Если мы глубже погрузимся в вопрос и изучим «Таможенные правила» (Цзян хайгуань цзэли), обнародованные Министерством доходов в 46-м году Цяньлун [1781], мы найдем упоминание о торговых судах из Японии, экспортирующих товары и уплачивающих пошлины. Кроме того, существуют положения, предусматривающие въезд в города иностранных торговцев. Из этого следует, что, в соответствии с этим условием, японским торговцам не запрещалось приезжать в Шанхай для ведения торговли. Япония начала торговать с Китаем раньше, чем это сделал Запад, и если Япония стремится учредить консульство в Шанхае, мы должны получить об этом документ от японского правителя (цзюнь-чжу). Независимо от того, прибыли ли в данный момент японские чиновники и торговцы в Шанхай в первую очередь для торговли, или у них есть какая-то другая цель, я считаю, что нам нужно прямо узнать это. Так, 3/3 [8 апреля] британский переводчик У. Ф. Майерс [1832–1878] был направлен британским консулом сопровождать пятерых японских чиновников к даотаю. Их звали Ямагути Сэкидзиро, Морияма Такитиро, Фудзита Сюма, Иидзима Хандзюро и Оцубо Ханкити. Они были чрезвычайно почтительны и вели себя в соответствии с этикетом. Как они сказали, «мы доложили великому сёгуну Японии, что для того, чтобы привыкнуть к навигации [букв., ветрам и волнам], мы поднялись на борт корабля и поплыли в разные места. Торговцы просили, чтобы мы взяли с собой различные товары: морские водоросли, морской огурец, западный шелк, лакированную посуду и тому подобное. Таким образом, мы прибыли в Шанхай, чтобы продать их. Если бы нам разрешили пройти таможенные процедуры и оплатить пошлины за ввоз нашего товара, мы были бы вам очень благодарны. Поскольку мы должны вернуться домой в конце месяца, мы не будем сходить на сушу, чтобы поселиться там». Я немедленно приказал им быстро продать свой товар и возвращаться домой, и они согласились и вернулись. Они поручили таможенному инспектору Томасу Дику позаботиться о таможенных процедурах для их товаров с прикрепленными к ним японскими номерами[1, 15].

Хотел ли он прикрыть себя или пытался совершить доброе дело? В любом случае Ин создал успешный прецедент, на основе которого Япония могла бы законно вести торговлю с Китаем в Шанхае. Этот прецедент, связанный с постановлением 1781 года, куда входила и японская торговля, кажется немного странным, поскольку торговля в Японии в 1781 году была строго внутренней. Ни одно японское судно не ходило за границу, и уж тем более в китайские порты. В то время из-за запрета на зарубежные поездки японских «торговых судов» просто не было, и даже въездная торговля контролировалась чрезвычайно жестко. Можно предположить, но с некоторой натяжкой, что японские товары попадали в Китай

---

[15] *Циньмин Цзунли гэгуо шиу ямынь Циндан, уюэ гэгуо ань, Жибэнь.* Архивы Цзунли ямэнь, дело 01–21–22 (1), перевод в [Huang 2003: 188–189].

с бортов других иностранных судов. Однако более вероятно, что Япония случайно оказалась в списке стран — партнеров по торговле, составленном Министерством доходов в 1781 году. Японцы должны были привезти официальные документы от своего правителя — вероятно, именно это было причиной, по которой Ин стал расспрашивать их об императоре, званиях пассажиров «Кэндзюммару» и личных проездных документах. В любом случае китайцы проделали всю тяжелую работу, и Япония в конечном счете добилась того, к чему стремилась с самого начала [Kawashima 1999: 189; Cassell 2012: 97, 215n69][16].

Почему консул Паркс и сотрудники британского консульства были так любезны — или, по крайней мере, так уступчивы с японцами? Паркс подтолкнул их к встрече с даотаем, обеспечил сопровождение и представил друг другу, сыграв роль Теодора Круса в миссии «Сэндзаймару». Именно к сотрудникам британского консульства и, в частности, к Парксу 29 марта, на следующий день после прибытия, отправилась делегация японцев (Морияма и Иидзима). После него они посетили голландского консула, который занимался их коммерческими делами. Уже на следующий день несколько более многочисленная делегация вернулась в британское консульство, где условились, что Паркс и его сотрудники займутся политическими вопросами. Было высказано предположение, что «Кэндзюммару» прибыл с секретным поручением провести переговоры с британскими официальными лицами в надежде урегулировать инцидент в Намамуги [Mutō 1927: 133]. 14 сентября 1862 года, как отмечается в комментарии, шанхайский торговец и подданный Великобритании Чарльз Ричардсон, спасаясь от летней шанхайской жары, отдыхал недалеко от деревни Намамуги в Японии, когда его группа подверглась нападению сацумских самураев, настроенных против иностранцев, а сам он был убит. Сацума отказалась возместить Британии ущерб, что стало поводом к англо-сацумской войне в следующем году. В конечном счете Сацума заплатила британцам 25 000 фунтов. Если одна из причин для визита заключалась в этом, то она

---

[16] См. также программную работу [Kawashima 2004].

держалась в секрете, поскольку до сих пор не было обнаружено документов, подтверждающих эту связь.

Хотя одним из условий, изложенных в китайской чиновничьей переписке, было обещание японцев не селиться на суше, ночью 4 апреля после встречи с даотаем четверо участников миссии (Ямагути, Морияма, Фудзита и Оцубо) отправились с Крусом в цирк и провели ночь в отеле «Астор Хаус». Два дня спустя, 6 апреля, сын владельца отеля провел их через концессии, и по пути они смогли испытать ровно те же ощущения, что и пассажиры «Сэндзаймару», оказавшиеся в окружении огромных толп любопытных китайцев. Сын, маленький мальчик, крикнул китайцам, чтобы они уступили дорогу, и, к изумлению, недоумению и огорчению японцев, китайцы быстро подчинились. «С тех пор как они сражались с англичанами и французами, — отмечалось в "Ко:хо си", — иностранцы смотрят на китайцев свысока, как на рабов. Когда они [китайцы] ходят близко к британским домам, им запрещено разговаривать громкими голосами.... Китайцы боятся людей с Запада» [m, 17].

По предварительной договоренности с британцами, 8 апреля японцы снова отправились к даотаю. Во время встречи китайские чиновники обращались к нему с явно неотложными вопросами, что чрезвычайно затрудняло частную беседу с японцами. «Он казался человеком, который не знает, как правильно вести подобный разговор»[n], говорится в «Ко:хо си» [Kōho shi 1935: 350] (цит. по: [Miyanaga 1995: 186]). Японцев это не обрадовало. Насколько нам известно, на этой встрече не произошло ничего важного, но тем не менее на официальном уровне было закреплено то, что становилось преобладающим мнением о Китае, которого придерживались эти японцы. Несмотря на суету и богатства города, они поняли, что китайский народ испытывает острую нужду, и возможно (только возможно), что это является намеком на направление, в котором развивались японские взгляды на Китай и китайцев. Ямагути заметил в своем отчете много лет спустя, что они «плохо пахли вблизи, и поэтому я прогонял их кнутом»

---

[17] Цит. по: [Okita 1943: 180–181].

или палкой. Китайцы в разных учреждениях вели себя по-разному, поэтому взяточничество было крайне распространено. Однако их поверхностные наблюдения привели к ряду довольно необоснованных выводов, которые должны заставить нас отнестись к ним более чем скептически. Например, они были убеждены, что восстание тайпинов не будет подавлено в ближайшее время. На самом деле восстание закончилось в том же самом 1864 году. В конце концов, они приписали необычайное процветание Шанхая не китайской деятельности или промышленности, а западному присутствию, находящемуся под постоянной защитой британских и французских войск. Лень китайских чиновников была такова, что даже таможенные сборы в порту приходилось собирать иностранцам [Yamaguchi 1901: 25].

В отличие от пассажиров на борту «Сэндзаймару», за те недели, что «Кэндзюммару» находился в порту Шанхая, бесед с китайцами у них было немного. Один студент по имени Лин Гао пришел навестить Ямагути и его коллег в отеле «Астор Хаус». Ямагути показал ему экземпляр «Какка рон» («Об упадке») Сионоя Тоина (1809–1867) — работы, написанной на литературном китайском языке и посвященной Опиумным войнам, — который он, должно быть, намеренно взял с собой в поездку. Не будучи поклонником Китая, Тоин кропотливо собирал сведения об Опиумных войнах и задумал эту работу как предупреждение Японии о том, чтобы она не попала в ту же ловушку, что и Китай, оказавшись неподготовленной с точки зрения национальной обороны к приходу людей с Запада. Ямагути отметил, что Лин Гао «краснел от смущения», когда читал ее[18].

Интересовались японцы не столько Китаем и китайцами, сколько жителями Запада. Они посетили иностранные боевые корабли, военные учения и консульства. К китайскому народу они особой симпатии не проявляли и, более того, даже выражали недоверие к нему. Вероятно, следует также отметить, что в начале апреля 1864 года погода в Шанхае была куда благоприятнее, чем летом 1862 года.

---

[18] Цит. в [Miyanaga 1995: 189]. О «Каккарон» см. [Guluk 1939–1940].

Завершив дела, 12 мая пассажиры «Кэндзюммару» решили отплыть через два дня, началась подготовка. В тот день Эбико Сихэй встретился с Крусом, чтобы закрыть торговые вопросы. На следующий день Ямагути, Морияма и Оцубо отправились в британское и французское консульства, чтобы поблагодарить их за проявленную во время пребывания делегации в Шанхае доброту. В 7:00 утра 14 мая лоцманский катер и буксир пришли за «Кэндзюммару», который к тому времени уже поднял якорь, и сопроводили его к реке Хуанпу и далее к Янцзы. В отличие от пассажиров и экипажа «Сэндзаймару», никто на борту «Кэндзюммару» не заболел и не умер. Шесть дней спустя они добрались до Нагасаки. 23 мая Ямагути, Морияма и Оцубо засвидетельствовали свое почтение в британском и голландском консульствах в Нагасаки, они также повторно выразили благодарность за доброту, проявленную к ним сотрудниками консульств в Шанхае. Моряки, по-видимому, были необычайно рады тому, что благополучно добрались домой, и отпраздновали событие посещением увеселительных заведений квартала Маруяма. 8 августа корабль вернулся в Синагаву через Хёго. Через три года сёгунат будет полностью свергнут.

На первый взгляд кажется, что Ин Баоши вел себя с японцами несколько холодно, но это только на первый взгляд. Они пока не знали, что он решал за них их дипломатические и торговые вопросы, и вряд ли они когда-то его за это поблагодарили. У самого Ин Баоши, видимо, осталось горькое послевкусие от встреч с японцами. Позднее он занимался разработкой соглашения о дружбе с Японией 1871 года, но не питал теплых чувств к своим соседям: «Японцы хитры и нечестны. Они не выполнили ни одного обещания. В последнее время они следуют западной модели, стремясь к усилению и расширению Японии. В этих низменных намерениях нет ничего нового». Тем не менее, особенно с учетом событий, на которые он намекал, начиная с Реставрации Мэйдзи, японцы «сейчас переодеваются в западную одежду и изучают западные языки. Они сжигают старые книги и проводят реформы. Люди по всей Японии хотят восстать, чтобы изменить нынешнюю ситуацию». Ин, возможно, был сбит с толку реальными событиями в Японии, но его реакция была однозначна: Цин не должна упускать возможности, которую эти беспорядки в Японии предоставляют для нападения на нее, поскольку иначе, по его мнению, Япония продолжила бы укрепляться и в конечном счете напала бы на Китай: «Если на нас внезапно нападут, сожалеть будет слишком поздно». Он фактически посоветовал направить военные корабли в Нагасаки, высадить там «десять тысяч солдат» и проследовать прямо в Токио: «Японцы испугаются и потеряют боевой дух». Он предостерег от убийств и мародерства. Его план был направлен на то, чтобы помочь бывшим феодалам восстановить свои позиции на местах, возродить «старую систему» и остановить волну централизации власти [Wang Xiqi 1897, 10: 265–266][19].

Было ли плавание «Кэндзюммару» успешным? В случае «Сэндзаймару» ответ вполне очевиден: дипломатически — да, коммерчески — нет. Однако путешествие 1864 года было безоговорочно успешным по всем направлениям. Во-первых, потому что это был первый случай в истории, когда полностью японская команда отправилась на корабле в Шанхай — поездка оказалась недолгой, особенно на фоне кругосветных путешествий выходцев с Пиренейского полуострова в XV–XVI веках, но она стала хорошим началом для людей, которые не покидали границ собственного государства многие века. Хотя информация о поездке держалась в секрете, после возвращения корабля в Японию самые разные слухи поползли от Нагасаки и до Киото, а глав миссии стали преследовать настроенные против иностранцев самураи, возмущенные их общением с подлыми иноземцами. Сойдя на сушу, Ямагути и другие отправились засвидетельствовать свое почтение в Исэ, но по пути их окружила банда разъяренных самураев, расспрашивавших их о причинах их поездки за границу. Один самурай из княжества Мито, Микадзуки Сэцукуро, пришел в гостиницу, где остановился Ямагути. Ямагути пригласил его войти, выпил с ним и подробно рассказал о поездке, показав подарки, которые он планировал преподнести сёгунату. Позже той же ночью этот самурай был вынужден совершить ритуальное

---

[19] См. также [Zhou 2002: 259–260].

самоубийство путем вспарывания живота, предположительно за то, что не зарубил Ямагути на месте. Ямагути посоветовали тихо перебраться в другой город, так как оставаться там, где он находился, было слишком опасно. Он согласился и в конце концов перебрался в Эдо [Yamaguchi 1901: 27–28].

Несмотря на успешный путь в Шанхай и обратно, риск тем не менее был велик, хотя в итоге ни с кем из команды «Кэндзюммару» ничего не случилось. Во-вторых, главной целью «Кэндзюммару» была торговля, и в этом отношении власти Нагасаки хорошо усвоили опыт «Сэндзаймару». Они узнали, какие товары пришлись бы по вкусу китайцам, и им повезло, потому что тайпины уже исчезли из Шанхая и его окрестностей. Они по-прежнему должны были платить 2,5%-ную комиссию Крусу и минимальную 5%-ную таможенную пошлину за приобретенные товары. Как ни странно, «комбу», которой в последующие годы предстояло стать очень популярной, плохо продавалась в Шанхае в 1864 году[20]. Они договорились с пароходом о транспортировке комбу, привезенной из Японии, вверх по Янцзы в Ханькоу, что по правилам им было делать запрещено, но и там не смогли его распродать. Видимо, на рынке наблюдался переизбыток, поскольку совсем недавно британское судно доставило большое количество комбу в Шанхай из Хакодате [Okita 1943: 182–183]. Другие морские продукты, сушеные и свежие, продавались очень хорошо.

В-третьих, на дипломатическом фронте, возможно, вследствие их настойчивости или отказа принять отрицательный ответ, японцам повезло в том, что власти сумели найти лазейку в законодательстве, благодаря которой у них появилась основа для продолжения торговли без заключения договора. Что бы Ин лично ни думал о японцах, они были перед ним в неоплатном долгу. А после этого появилось и консульство, и прочие вещи, которые запрашивались при личной встрече с официальными лицами и даотаем. Таким образом, Япония стала в глазах империи Цин «торговой страной без договора» (уюэ туншанго) [Kawashima 1999: 189–190].

---

[20] За несколько лет до этого комбу была особенно популярным товаром в китайско-японской торговле. См. [Okita 1942b: 99–100; Fogel 2009: 79–80; Fogel 2002: 82].

Секретная миссия Тёсю, 1865 год

Гораздо менее известным, чем путешествия «Сэндзаймару» и «Кэндзюммару», остается путешествие 1865 года, предпринятое мятежниками княжества Тёсю. В конце лета 1864 года сёгун Токугава Иэмоти (1846–1866) приказал своим верным феодалам сокрушить даймё княжества Тёсю Мори Такатику (1836–1871), но в начале следующего года он отменил приказ. Тёсю готовилось нанести удар по сёгунату, своему злейшему врагу, и с этой целью вооружалось до зубов. Чтобы закупить много более совершенных орудий, власти княжества в апреле 1864 года подписали соглашение о продаже американскому торговцу Дрейку 449-тонного судна под названием «Дзиндзюцумару» (изначально вооруженный британский пароход «Лансфилд» мощностью 300 лошадиных сил, проданный в 1862 году в Иокогаме компанией Jardine Matheson Company). Несмотря на ксенофобию, царившую в княжестве Тёсю, его правители специально наняли в качестве учителей для самураев иностранцев, последние учили их, как обращаться с «Дзиндзюцумару», однако вскоре иностранцев уволили, так как был найден японец, способный обучить самураев навигационным технологиям. 6 марта 1865 года Мурата Дзороку (Омура Масудзиро, 1824–1869) отплыл от имени княжества с командой примерно из 50 самураев и матросов в Шанхай, где они и заключили сделку. С помощью немецкого торговца из Нагасаки они продали корабль за 35 000 долларов США (часть того, что княжество заплатило за него несколькими годами ранее) и на вырученные деньги купили винтовки. Они вернулись с купленным оружием в Симоносеки, прибыв туда 26 апреля, вероятно, на борту «Фэйпен», чье прибытие осталось незамеченным «Норт-Чайна херальд» [Ishii 1973: 468; Kimoto 1976: 150–151; Itoya 1971: 97; Tanaka 1938: 154; Kimura 2010: 165–169; Furukawa 1996][21].

Чудом было то, что Мурата совершил это путешествие без явного ведома сёгуната, хотя вскоре о нем станет известно от гене-

---

[21] С учетом секретности миссии неудивительно, что, кроме заметок Омура, ничего не сохранилось.

рального консула Нидерландов Дирка де Граффа ван Полсбрука (1833–1916), который сообщил об услышанном заведующему иностранными делами, Хосино Кадзуюки. Хосино отправил трех подчиненных — Исикаву Ивадзи, Сугиуру Айдзо (Юдзуру, 1835–1877) и переводчика с голландского Ниси Китидзюро (1835–1891) — в Шанхай для разведки. Им выдали небольшую сумму на расходы и соответствующую одежду, а также оплатили проезд и расходы на гостиницу. Исикава, работавший в управлении заведующего иностранными делами, возглавил группу, и 12 апреля трое мужчин отправились из Эдо в Иокогаму, где они посетили консульство Нидерландов и провели встречу с консулом; на следующий день они поднялись на борт британского почтового судна «Пекин», переночевали там и на следующее утро отплыли на нем в Шанхай. 19 апреля после короткого пятидневного путешествия они прибыли на место. На следующее утро они сошли на сушу и направились прямиком в голландское консульство, чтобы засвидетельствовать свое почтение и объяснить цель визита. В их задачу входило задержать 50 или более человек Тёсю, которые, по слухам, приехали в Шанхай за оружием. Если эти своенравные люди все еще находились в Шанхае, чиновникам сёгуната было необходимо держаться в тени, и голландцы нашли им тихое местечко для ночлега. Слухи подтвердились, но люди из Тёсю исчезли; даотай уведомил их, что группа из примерно 50 японцев действительно была в Шанхае, но покинула его примерно восемь дней назад. Можно только удивляться, как трое безоружных человек смогли бы загнать в угол 50 мятежников.

Вице-консул Крус отправился 21 апреля на встречу с американским консулом Сьюардом, чтобы узнать, какой информацией тот располагал о случившемся, но увы, нам неизвестно, что ему удалось выяснить. Японцы встретились с Сьюардом 25 апреля, объяснили свои цели и обратились за помощью. Голландцы разузнали, что судно, о котором идет речь, было продано американцу. Сьюард мало чем помог, но пообещал, что американский посланник в Японии будет более полезен, а затем предъявил документ — копию передачи доверенности от Тёсю Дрейку. После серии вопросов и ответов они узнали, что Дрейк был капитаном и владельцем судна «Монитор», и к этому моменту «Дзиндзюцумару» сменил название и направлялся в Иокогаму. Американцы оказались слегка зажаты, поскольку не хотели втягивать своего гражданина во внутренние японские дела, но, как объяснили японцы, покупать корабль частным образом было незаконно, а Тёсю уже восстало против правительства Японии. Это означало, что Дрейк участвовал в незаконной операции. Поскольку Дрейк и моряки Тёсю к этому моменту покинули Шанхай, американцы больше ничего не могли сделать, а Сьюард, похоже, делать ничего не хотел [Sugiura 1978][22].

В интересах будущих торговых и дипломатических отношений Крус призвал японцев на следующий день встретиться с шанхайским даотаем. Окружной интендант Дин Жичан (1823–1882) принял их и выслушал историю, угостив вином, сладостями и чаем. У них состоялась «беседа кистью» с высокопоставленным чиновником в Шанхае, который приехал по делам из Пекина. Дальше ничего не случилось. Если японцы и получили какие-либо достоверные данные, то они никогда не публиковались и не предавались огласке. Сёгунат использовал аргумент о предстоящем вооруженном нападении Тёсю на Эдо в качестве повода для начала того, что впоследствии получило название Второй карательный поход в Тёсю.

Сведения из Тёсю были столь же туманными. Мы даже не знаем порта в Японии, из которого отплыли Мурата Дзороку и его команда. В его биографии есть одна строка: «[2-й год Гэндзи, второй месяц], девятого числа, отбыл в Шанхай, чтобы разобраться с "Дзиндзюцумару"»° [Tan 1944][23]. Дата соответствует — 6 мар-

---

[22] [Miyanaga 1995: 201–205, включая изображение на с. 205] в во всех прочих отношениях прекрасном описании путает Джорджа Сьюарда и Уильяма Х. Сьюарда (1801–1872). Последний был госсекретарем при президенте Аврааме Линкольне (1812–1865) и во время этих шанхайских событий восстанавливался после покушения на его жизнь 14 апреля, когда был убит президент. Джордж Сьюард был консулом в Шанхае. Мы провели много времени, пытаясь понять, тот же этот корабль, что и знаменитый американский броненосец времен Гражданской войны в США, или нет, и не нашли связи.

[23] Цит. по: [Miyanaga 1995: 207]. Слегка осовремененный японский см. в [Uchida 1977: 223].

та. Остальное — догадки, но одно кажется более чем ясным: княжество Тёсю занималось тайной торговлей на местном и международном уровне, что и пытались отследить Исикава и его товарищи. 6 мая 1865 года газета «Норт-Чайна херальд» сообщила об их возвращении в Иокогаму на «Пекине», правда, исказив их имена: «Исакава Ивадзи, Нини Кидсюсуро, Сэгура Айсо» [Okita 1980: 27]. В общей сложности они провели в Шанхае девять дней, с 20 по 29 апреля включительно.

Исикаве также, по-видимому, было поручено наблюдать за обстановкой в Шанхае с прицелом на будущую китайско-японскую торговлю. Вскоре после возвращения он и двое его коллег представили доклад, озаглавленный «Сина годзё:яку оторимусуби ката тэцудзуки укэритамавари тадаси со:ро: симацу обоэгаки» («Заметки об обстоятельствах, связанных с исправлениями согласованной процедуры заключения договора с Китаем»). Из него мы узнаем, что Теодор Крус стал основным источником информации и главным посредником при организации встреч с консулами в Шанхае. Он прожил в городе пять лет и незаметно установил контакты с деловыми и дипломатическими кругами. Суть доклада сводилась к тому, что китайские власти неохотно заключали международные договоры — очевидно, японцам еще предстояло узнать о находке Ин Баоши прецедента 1781 года — и часто отказывали странам, стремящимся к нему. Далее в докладе говорилось, что, даже если Япония направит другую миссию, неясно, сможет ли она обеспечить заключение договора. Японцы, по-видимому, спросили Круса, есть ли шанс, что наместник Нагасаки и окружной интендант Шанхая могут заключить соглашение, но он объяснил, что даотай обладает властью только над одним округом и что все, что он может подписать, будет иметь силу, только пока он находится на своем посту. Возможно, это была не самая точная информация, но она призывала к определенной осторожности в стремлении Японии заключить торговый договор. Трое японцев, как ни странно, пришли к выводу, что, хотя получение договора о торговле в Шанхае в настоящее время невозможно, если Япония отправит линкор в Тяньцзинь, они могли бы заключить договор вроде того, который существует

у Китая с другими странами, и тогда они могли бы отправлять
торговые суда в Шанхай с официальными лицами и арендовать
льготные помещения. Излишне говорить, что это потребовало
бы значительной подготовки — если бы не было совершенно
нелепым, — и Крус в любом случае настоятельно советовал обратиться за помощью Китая в этом вопросе[24].

«Ганг», 1867 год

Последняя миссия, отправленная в Шанхай в период Эдо, не
была инициативой сёгуна и, более того, совершила путешествие
не на борту японского судна. Японцы, которые плавали на пароходе «Ганг» в 1867 году — весом 742 тонны, принадлежащем
Джардину Мэтисону из Иокогамы и под командованием капитана Исаака Бернарда, — были отобраны Иноуэ Масанао (Кавати-но
ками), даймё княжества Хамамацу, и Хотта Масатомо (Сагами-но
ками, 1851–1911), даймё княжества Сакура. В отличие от миссии
1864 года, японцы на борту не имели инструкций относительно
торговли или товарооборота, но были (по крайней мере, на
первый взгляд) заинтересованы в науке и искусстве. Это был
первый шаг в направлении изучения стран Запада. Причина, по
которой оба даймё возглавили такое предприятие, неизвестна, за
исключением того, что они считались «просвещенными даймё»
с более широким кругом интересов.

«Ганг» отплыл из Иокогамы 15 февраля 1867 года, и ему потребовалось всего четыре дня, чтобы добраться до Шанхая, что
свидетельствует и о быстроте парохода, и о том, чего могла достичь опытная команда, несмотря на сильные ветры и неспокой-
ное море (морская болезнь настигла всех в первый же день пути).
Как писала «Норт-Чайна херальд» (23 февраля 1867 года), «девять
японцев прибыли 19 февраля на пароходе "Ганг"». Пароход покинул Шанхай и вернулся в Японию 4 мая. Команда была следующей:

---

[24] [Shina to gojoyaku otorimusubi kata tetsuzuki ukeritamawari Tadashi soro shimatsu oboegaki 1978]. См. также [Matsuzawa 1992: 203–204].

Имя	Положение
Нагура Ината	Вассал даймё Хамамацу
Обаяси Торадзи	Вассал даймё Хамамацу
Ито Дзинсиро	Слуга вассалов
Абэ Ясутаро	Слуга вассалов, старейшина Хамамацу
Яги Сайдзи	Самурай княжества Тахара, ранее княжества Хамамацу
Кусидо Годзаэмон	Вассал даймё Сакура
Ватанабэ Сёхэй	Вассал даймё Сакура
Кабураги Тацумото	Вассал Хотта Сагами-но ками
Такахаси Иносукэ	Вассал Хотта Сагами-но ками

Как отмечалось в главе 3, Нагура стал одним из самых часто путешествовавших японцев своего времени, это была его третья поездка в Шанхай. Ранее он путешествовал на борту «Сэндзай-мару» и во Францию в 1864 году с японской делегацией под номинальным руководством Икэды Тёхацу (Тикуго-но ками, 1837–1897). Учитывая опыт, он взял на себя роль проводника для неопытных японских путешественников на борту.

Обаяси также был самураем Хамамацу, о котором, однако, мало что известно. Одна история гласит, что после возвращения из поездки в Шанхай он поссорился с даймё и совершил ритуальное самоубийство. Его сын, Обаяси Юя, работал в «Чайной ассоциации Сидзуоки», а позже в Министерстве сельского хозяйства и торговли. Слуга, Абэ Ясутаро был местной знаменитостью в Хамамацу. Вернувшись в Японию, он сменил имя на Абэ Ясута. Несколько лет спустя, после Реставрации Мэйдзи, он покинул Хамамацу и занялся шелковым и чайным бизнесом в Иокогаме. Он был одним из немногих путешественников на борту «Ганга», оставивших воспоминания, которые сохранились исключительно в виде рукописи[25]. Кабураги был врачом, практикующим западную медицину и пишущим научные статьи, он изучал медицину как в Эдо, так и у себя на малой родине. По-видимому, он

---

[25] См. рукопись [Abe 1860]. Огромная благодарность профессору Фуме Сусуму, который помог нам обзавестись копией этой чрезвычайно редкой работы.

также хорошо владел английским языком. После реставрации Мэйдзи Кабураги стал военным врачом [Tanaka 2009: 324]. Единственным умеренно известным членом этой группы стал Кусидо Годзаэмон. Ему предстояло занять значительное положение в княжестве Сакура, но также, что немаловажно, он стал тестем Хатано Сёгоро (1858–1929), крупной фигуры в финансовой сфере периода Мэйдзи, связанной с «Мицуи».

Самым известным членом группы на тот день был Такахаси Иносукэ, который впоследствии сменил имя на Такахаси Юити (1828–1894) и стал известнейшим живописцем своего поколения. Будучи подростком, Такахаси привлек внимание даймё своего княжества Сано благодаря положению своего отца, Такахаси Гэндзюро, высокопоставленного местного чиновника. Даймё был настолько впечатлен его работой, что призвал Такахаси продолжать свои художественные занятия и освободил его от домашних обязанностей[26]. В 1862 году Такахаси переехал в Эдо и начал работать в «Художественном бюро» отдела западных книг (Ё:сё сирабэсё, еще за четыре месяца до этого известном как отдел варварских книг, или Бансё сирабэсё) под руководством художника Каваками Тогаи (1827–1881), одного из пионеров в использовании западного стиля в живописи маслом [Kawakita 1969: 63, 64].

В тот же самый день, что и «Ганг», из гавани Иокогамы вышел еще один пароход — французский «Алфей», перевозивший большую японскую делегацию во главе с Токугавой Акитакэ (Мимбу, 1854–1910), младшим братом сёгуна, направлявшуюся на Международную выставку в Париж[27]. Оба судна прибыли в Шанхай с разницей в час, и, к сожалению для наших путешественников с «Ганга», в отеле «Астор Хаус», где они планировали

---

26 [Yōga no senkaku Takahashi Yuichi shi den (yon) 1905; Sakai 1994: 7]. Библиография работ, посвященных Такахаси, почти бесконечна.

27 «Норт-Чайна херальд» от 23 февраля 1867 года анонсировала прибытие: «Принц Минботаю и 30 офицеров в его свите». Подробнее об этом посольстве на Всемирную выставку см. [Miyanaga 2000]. См. также [Beasley 1989: 114–117; Miyoshi 1979: 175].

остановиться, не оказалось достаточного количества свободных номеров. Им пришлось переехать, чтобы освободить место для более престижной делегации.

Однако Такахаси и другим пассажирам «Ганга» посчастливилось переехать в большое поместье местного шанхайского коммерсанта и поклонника искусства Ван Жэньбо, который, похоже, проявлял интерес к Японии и/или японцам. В 1862 году он провел несколько «бесед кистью» с Нагурой и, таким образом, возобновил знакомство[28]. Ван проявлял особый интерес к Такахаси и поддерживал его в течение всех десяти недель его прибывания в Шанхае и окрестностях. Среди рисунков, выполненных им в этот период, Такахаси оставил один, изображающий Вана за работой (см. рис. 12).

С помощью Вана и вездесущего Кисиды Гинко (1822–1905), который с октября прошлого года работал в Шанхае над словарем Хэпберна, «Ва-Эй Горин Сюсэй» (английское название: «A Japanese and English Dictionary», 1867 — Японско-английский словарь, 1867 год), и отвечал за содействие переезду пассажиров «Ганга» в резиденцию Вана, Такахаси смог познакомиться с самыми разными китайскими художниками, включая Чжан Цзысяна (Сюн, 1803–1886), и другими знатными китайцами, посетить местный китайский театр и впитать в себя как можно больше местной атмосферы[29]. Хотя он находил предметы для рисования и художников, с которыми можно было общаться (с помощью кисти), следы влияния Шанхайской школы живописи (Хайпай) или любого другого китайского художественного направления трудно обнаружить в его творчестве.

Среди других участников этой поездки, о ком у нас сохранились какие-либо сведения, были коммерсанты, врач, военный специалист и чиновник. Кроме Такахаси, никто из них не был типичным представителем культуры, и предполагаемая причина посещения

---

[28] Часть этих «бесед кистью» собрана в [Nagura, Obayashi]. См. также [Morita 2009: 63, 78]

[29] См. дневник Такахаси в [Aoki 1986: 13–22]. Наброски Вана и ряда других есть в [Tanaka 1994: б. н.]. См. также [Haga 1963].

Рис. 12. Рисунок
Ван Жэньбо

Китая Такахаси — учитывая его преобладающий интерес к западной живописи и возможность, пусть и ограниченную, учиться на Западе — в лучшем случае кажется сомнительной. Как выясняется, Такахаси путешествовал по приказу своего даймё, который «надеялся, что [эта поездка] даст [Такахаси] возможность пообщаться с художниками западного стиля, живущими»ᵖ в Шанхае, и, согласно путевым документам, «изучить свой предмет» (гакка сю:гё:), — выражение, несомненно, было расплывчатым тогда и остается таким сегодня [Takahashi 1975: 254; Takahashi 1994: 109]. Если предположить, что эти намерения были искренними, то почему Шанхай? В прошлом году он уже изучал живопись маслом у Чарльза Виргмана (1832–1891) в Иокогаме, и Виргман остался чрезвычайно высокого мнения о его работах. Казалось бы, у Такахаси и его коллег должна была быть другая цель для поездки в Шанхай, но она по-прежнему остается для нас загадкой.

Вносит путаницу и тот факт, что всем девяти японцам, по-видимому, были выданы либо паспорта, либо проездные документы, возможно, в ответ на более раннее требование, с которым Ин Баоши обратился к японцам «Кэндзюммару». У нас есть документ Абэ, и, откровенно говоря, по нему нельзя сказать, что его владелец как-то связан с культурой и наукой, или что-либо вообще узнать о нем. На самом деле в документе, в частности, говорится: «Владелец этих документов желает поехать в Гонконг для изучения артиллерийского дела. Надеемся, что эти документы помогут ему избежать проблем в странах, через которые он будет проезжать по пути следования. При возникновении препятствий он должен быть соответствующим образом защищен» (сёмэн-но моно кадзюцу сюгё: тоситэ Хонкон э айкоситаки мунэ ганни ёри коно сё:сё о атаэ со:ро: тотю: но айда идзурэ-но куни ни тэ мо косё: наку цу:ко: сэсимэ кикю: ва со:то:-но хого корэ ари). В нем также перечислены четыре условия, предъявляемые к владельцу документа: он не должен выезжать никуда, кроме стран, перечисленных в документе; он должен соблюдать установленные сроки поездок; он не может перейти ни в иностранную семью, ни в религию — то есть ему нельзя вступать в брак с иностранцами или обращаться в их веру; и он должен взаимодействовать с иностранцами честно и в соответствии с условиями, описанными выше [Abe 1860: 4–5][30].

Похоже, что Абэ в конечном счете направлялся в Гонконг, если только это не была простая видимость — и какое отношение «военное дело» имеет к занятиям наукой или искусством? Много лет назад пионер в области изучения Шанхая и Японии Окита Хадзимэ отметил, что мало какие из заявленных сведений о причинах поездки — учеба, исследования — были связаны с ее настоящей целью — наблюдением за внешним миром, знакомством с Китаем и китайскими деятелями культуры, обменом идеями и знакомством [китайцев] с Японией и, таким образом, расширением до сих пор крайне ограниченных возможностей Японии [Okita 1943: 222]. Кроме того, вряд ли за этой миссией стояли

---

[30] См. также [Miyanaga 1995: 211–213].

какие-то более низменные цели, какими бы разными не были ее участники.

К этому моменту многие японцы уже путешествовали сами по себе или небольшими группами в Шанхай и другие места, несмотря на то что технически это все еще было незаконно, так как путешествия допускались только в рамках специальной миссии. Некоторые брили головы и притворялись странствующими буддийскими монахами, другие прикрепляли себе фальшивые косички, притворяясь китайскими слугами иностранцев, которые часто оказывались соучастниками в этих делах. Вскоре все это изменится, когда после реставрации Мэйдзи сформируются совершенно новые политические договоренности и отношения с внешним миром.

Как уже отмечалось, Нагура бывал в Шанхае и раньше и разыскал своих старых знакомых, Ван Жэньбо и Ван Сюаньфу, чтобы восстановить с ними связь. В Шанхае он также познакомился с Ябэ Кисабуро, явно выброшенным на берег японцем из Аомори, который жил в Шанхае с 1866 года и работал в какой-то должности в страховой компании Heard Augustine. Мало что известно об этом человеке, хотя Ван Тао (1828–1897) однажды встретился с ним в Шанхае и оставил краткую заметку об этой встрече, и позже даже предпринял попытку разузнать о нем побольше во время своей знаменитой поездки в Японию в 1879 году, там он расспрашивал о Ябэ всех, кто встречался ему на пути, но никто из этих людей ничего о нем не знал [Wang L. 2010: 103; Okita 1943: 195–197; Yonezawa 1942: 159–160]. Ябэ несколько раз присоединялся к японцам с «Ганга» в беседах и дружеских прогулках, и когда Такахаси отправился в Нанкин 17 марта, он поехал с ним.

Прежде чем оставить эту миссию, нам нужно посмотреть, что китайцы думали об этой странной компании из девяти человек, которые появились в порту Шанхая с проездными документами, пусть и довольно странными. 26 марта 1868 года суперинтендант по торговле Цзэн Гофань, тот самый человек, который ранее создал и возглавил антитайпинскую армию, представил Цзунли ямэнь документ, в котором он упомянул отчет от Ин Баоши.

С самого начала письма он не скрывает своих истинных чувств к Японии:

> 1/24 [17 февраля] пришло письмо, отправленное британ-ским консулом Чарльзом Александром Винчестером [1820–1883]. Он утверждает, что правительство Нагасаки в Японии попросило его направить это к даотаю. Открыв, я обнаружил письмо в деревянной коробке, на одной сто-роне которой был написан [текст квадратными буквами], а на другой — скорописью. Обе стороны вряд ли имели какой-либо смысл. Текст, набранный квадратными буквами, был переводом текста, написанного скорописью. В начале текста было написано: «Нагасаки бугё: Кавадзу Идзу но ками»[q], но неясно, что это за должность и название. Суть письма заключается в просьбе о сотрудничестве в сфере торговли[r, 31].

Ин имел в виду Кавадзу Сукэкуни, последнего человека, за-нимавшего пост наместника [Нагасаки] в правительстве сёгуна. Затем Ин рассказал шестилетнюю историю появления японцев и их кораблей в порту Шанхая и отметил, что в 1862 и 1864 годах окружные интенданты проинструктировали японцев продать товары и вернуться домой. Однако ситуация изменилась: «в до-полнение к занятию коммерцией [японцы] теперь приезжают в Китай, чтобы изучать науку»[s]. Понятие, использованное в японском письме для обозначения последнего выражения, «гакудзюцу-о дэнсю: ситари», ясно указывает на причину, по которой Такахаси Юити и его коллеги на борту «Ганга» посети-ли Шанхай в прошлом году. Ин добавил: «Это позволяет япон-цам надолго задерживаться в Китае. И это отличается от того, что мы видели до этого, когда они продавали свои товары, а затем быстро возвращались домой [в соответствии с моими указаниями]»[t, 32].

---

[31] *Циньмин Цзунли гэгуо шиу ямынь Циндан, уюэ гэгуо цзилу, Жибэнь* (01–21–22 [3]), перевод в [Huang 2003: 190].

[32] *Циньмин Цзунли гэгуо шиу ямынь Циндан, уюэ гэгуо цзилу, Жибэнь*, перевод в [Huang 2003: 191, 192].

Но и на этом японцы не остановились. Они повысили ставки и теперь также добивались специальной печати в паспорте для всех японцев, посещающих Шанхай, — торговцев, временных работников, ученых, — которая должна была находиться в то время у даотая. Как понимали китайцы, японцы требовали контроля над всеми своими гражданами, находящимися на китайской земле, основываясь то ли на западном понятии экстерриториальности, то ли на более древнем восточноазиатском прецеденте. В официальном японском письме к даотаю утверждалось, что такая печать будет действовать как «виза», то есть проводить различие между теми японцами, которые легально занимаются торговлей или получают образование, и теми злоумышленниками, которые нелегально пробрались в Шанхай, как, например, самураи Тёсю, и собирались напасть на сёгунат. О вторых в письме больше ничего не говорится, что затрудняет возможность понять, хотели ли они выявить и, возможно, вернуть на родину японцев, которые с помощью различных уловок покидали страну и творили непотребства за границей (например, проституток, торговцев оружием, повстанцев), или обманным путем попытаться получить разрешение на въезд в Китай.

Цзэн Гофань отнесся к этому в высшей степени подозрительно. Со своей стороны, он был готов разрешить японцам торговать в порту Шанхая, но он также чувствовал, что китайский перевод японского письма недостаточно проясняет, что именно означает «гакудзюцу о дэнсю: ситари». «Заниматься наукой» или «изучать науку» сейчас звучит так же расплывчато, как и тогда; для получения студенческой визы подобные объяснения могут предоставить и в наше время, поэтому неудивительно, что китайцы захотели получить больше подробностей. «Им нужно уточнить, какого рода наукой, — отметил Цзэн, — они хотят заниматься»ᵘ. Цзунли ямэнь полностью поддержал Цзэна[33].

Теперь ход снова был на стороне Ин Баоши, и он, следуя просьбе Цзэна, запросил разъяснения намерений у японской стороны:

---

[33] *Циньмин Цзунли гэгуо шиу ямынь Циндан, уюэ гэгуо ань, Жибэнь*, перевод в [Huang 2003: 178–180].

«Что касается научной деятельности, то, как написано об этом в вашем письме, а именно вид научной деятельности, которой они занимаются, остается неясным. Укажите, будете ли вы учиться науке у китайцев или, наоборот, учить их»[v]. Прошло несколько месяцев, прежде чем был получен ответ на запрос о предоставлении дополнительной информации. 1868 год был напряженным для Японии. Осенью того года (16 октября 1868 года) в Шанхайскую таможню пришло письмо от Савы Нобуёси (1835–1873), адресованное Шанхайской таможне. Сава отвечал за иностранные дела в новом правительстве Мэйдзи, и он попытался прояснить ситуацию к удовлетворению китайских властей:

> Вы спросили, какого рода наукой они хотели бы заниматься. Под «наукой» (гакудзюцу) мы подразумеваем все, что может принести пользу нашей стране. [...] В соответствии с императорской волей я хотел бы установить сердечные отношения с нашим соседом [Китаем]. Наши намерения совершенно искренни. Таким образом, мы с уважением предлагаем вам этот ответ издалека, из-за волн[w].

Этот ответ — мы хотим перенять опыт китайцев, — похоже, успокоил Цзэн Гофаня. Он, вероятно, знал, что японцы путешествовали по многим странам, по крайней мере западным, чтобы овладеть иностранными языками и получить практические знания, которые помогут внедрить новые институты эпохи Мэйдзи. Китай вряд ли походил на страну, откуда новое японское правительство хотело бы что-то заимствовать, но в 1868 году, и даже несколько позже, дело обстояло именно так. Цзэн добавил к этому оговорку, повторив прежнюю озабоченность: «Когда вы будете составлять ответ, будет мудро с вашей стороны отметить, что те, кто приезжают сюда, должны изучать китайский язык. Однако если сами приезжающие предпримут попытки наставлять китайцев, мы должны четко указать, что возникнет необходимость изучить обстоятельства этих эпизодов»[x, 34].

---

[34] *Циньмин Цзунли гэгуо шиу ямынь Циндан, уюэ гэгуо ань, Жибэнь*, перевод в [Huang 2003: 195, 200].

Подводя итог, можно сказать, что путешествие группы самураев из владений Сакура и Хамамацу в 1867 году как в большей,
так и в меньшей степени было направлено на достижение заяв-
ленной цели. Каким бы ни было культурное взаимодействие, оно
должно было проявиться в рисунках Такахаси Юити и «беседах
кистью» с китайскими представителями аристократии. У них не
было четко определенной программы обучения, и нет никакой
информации о том, что кто-то из них действительно что-то изучал, за исключением упоминаний об этом в официальной переписке. Они увидели Шанхай и в меньшей степени Нанкин, но не
оставили докладов для сёгуната или даже для своих даймё — ни
одного, по крайней мере, который был бы обнаружен. Учитывая
потрясения, которые переживал сёгунат в последний год своего
существования, непонятно, зачем он отправил эту миссию в Китай в такой сложный период. Предположение о том, что это
было сделано для укрепления китайско-японских коммерческих
связей на благо нации, граничит с анахронизмом, поскольку
непонятно, сколько японцев в то время помышляли о себе как
о «нации», хотя вскоре это, конечно, должно было измениться.
Кроме того, японцы не вступали в контакт с высокопоставлен-
ными китайскими служащими, что особенно странно, учитывая
все закулисные интриги китайских и японских чиновников, которые они плели вокруг мотивов путешественников[35].

Несколько миссий меньшего масштаба и просто путешествий
японцев в Китай в последние годы правления сёгуната Токугава
были, пожалуй, менее значимыми, чем «Сэндзаймару». Мало кто
из них оказался «первым», хотя последствия этих миссий нельзя
недооценивать. Они приоткрыли двери Японии в мир международной торговли во всем: от сушеной рыбы и угля до оружия.
Они также проложили путь для культурных обменов, число

---

[35] Одним из возможных исключений мог быть Чжан Сючжи, чиновник, который занимался обороной на побережье, с которым Такахаси встретился
25 января, а позднее — и другие японцы. Несколько раз он упоминается
в [Shanghai xian xuzhi 1970: 9a].

участников которых со временем увеличится. В первые годы правления правительства Мэйдзи поездки отдельных лиц станут легальными — в последние годы правления Токугавы они также осуществлялись, но тайно, — и необходимости собирать целые группы для перемещения людей по воде больше не будет.

Такое путешествие по-прежнему будет дорогим и требующим определенной смелости. Китай не был приспособлен для иностранных туристов, особенно для тех, кто не знал разговорного языка. В крупных городах, таких как Шанхай, были резиденции иностранцев, но для проживания в них требовался английский (или, возможно, французский), а мало кто из японцев пока знал эти языки.

Однако значимость таких миссий, как «Кэндзюммару», заключается в том, что они сделали японцев еще ближе к Китаю. На официальном уровне руководители миссий повторяли список просьб, связанных с присутствием японцев в Шанхае, о торговле, о поддержании дипломатических отношений — несмотря на неизменно вежливые отказы Китая. Несколько лет спустя, в эпоху Мэйдзи, в Шанхае будет открыто консульство, небольшая, но важная точка опоры, поддерживающая японское присутствие в Китае. Полтора века спустя в одном только Шанхае будут проживать десятки тысяч японцев, а Япония и Китай станут крупнейшими торговыми партнерами.

Глава 10

«Сэндзаймару» в художественной литературе и кино

Японцы (и китайцы), похоже, любят историческую прозу гораздо больше, чем представители других культур. Впрочем, не стоит поэтому недооценивать разнообразие исторической прозы или фильмов (а также производных от них) в других странах. Сейчас, когда мы говорим об этом, два самых высоко оцененных фильма прошлого года, «Операция "Арго"» и «Линкольн», частично «основаны на реальных событиях». Тем не менее, кажется, японцы серьезно увлечены определенными периодами своей истории, представленными с самых разных географических или личных точек зрения.

История «Сэндзаймару» часто бралась за основу произведений художественной литературы, реже — кино. Поскольку Такасуги Синсаку в исторической перспективе стал самым известным из 51 пассажира на борту, во многих произведениях о путешествии «Сэндзаймару» по крайней мере часть истории посвящена тому, как Такасуги противостоит падению китайцев и беспрецедентному высокомерию жителей Запада, которых он уже научился ненавидеть (и начинает ненавидеть еще сильнее), но внезапно он понимает, что до тех пор, пока Япония не примет новые правила игры, где доминирует Запад, и не обучится западным способам ведения войны, — остановить это невозможно. Когда он умрет несколькими главами или сценами позже в нежном возрасте 28 лет, молодые приверженцы княжества Тёсю поклянутся продолжить его дело[1].

По сути, в таком подходе нет ничего плохого, если помнить, что исторические романы суть не то же самое, что история. Последующие исследования часто показывают те или иные недостатки предыдущих. Действительно, «отцеубийственная» модель науки — разгром трудов авторов из нынешнего или более раннего поколения с целью прославиться, — несомненно, является наиболее распространенной тактикой в гуманитарных дисциплинах, по крайней мере в западном мире.

Однако представление истории «Сэндзаймару» как главы в эволюции интеллектуального и эмоционального взросления Такасуги Синсаку стало нормой. В недавних научных работах Харуна Акира не столько преуменьшил значение дневниковых записей Такасуги, сколько раскрыл и глубже проанализировал, чем кто-либо до него, записи, оставленные другими путешественниками на борту корабля. В свете последнего картина становится намного сложнее, и именно сложность, а не простота, является центральным элементом хорошей истории. Результатом стало гораздо более глубокое понимание того, что делали японцы в Шанхае в конце весны и начале лета 1862 года.

Вероятно, самый плодовитый автор исторических романов в Японии XX века, Сиба Рётаро (1923–1996), пересказывает историю Такасуги и «Сэндзаймару» в своем длинном романе (на самом деле, все его романы длинные) «Ё-ни суму хиби» («Дни в этом мире»). Там затронуто все необходимое, упомянуты все значимые имена, и все события, как важные, так и второстепенные, играют свою роль. Книга не отпускает от себя, и Сиба, безусловно, справился с задачей. Но в начале 1970-х, когда он проводил необходимые исследования для «Ё-ни суму хиби», первичных и вторичных источников, на которые можно было опереться, значительно не хватало.

---

[1]   Среди многих примеров можно назвать [Yamaoka 1966; Murakami 1984; Ikemiya 1994; Shiba 1971].

В течение 1977 календарного года японский телеканал NHK транслировал (как он это делает ежегодно по мотивам какого-нибудь исторического романа) 52-серийного фильма, основанного на другом романе Сиба под названием «Касин» («Бог цветка»), который был опубликован пятью годами ранее. Центральной фигурой этого романа и телевизионной драмы был Мурата Дзороку (см. главу 9), еще один самурай Тёсю и знаток западных наук, ответственный за создание вооруженных сил родного княжества. Сценарий к этой драме включил весь фрагмент из «Ё-ни суму хиби», касающийся Такасуги Синсаку и «Сэндзаймару», хотя эта часть истории не фигурирует в романе «Касин». Образ Такасуги в «Касин» (драме) вплоть до поездки в Шанхай и во время нее не столько неточен — за исключением нескольких вымышленных персонажей, несомненно, вставленных для драматического эффекта, — сколько приукрашен. Герой Такасуги (с некоторыми оговорками) берет штурмом Шанхай, возвращается домой, основывает «Кихэйтай», меняет военную историю Японии и умирает — и все это накануне Реставрации Мэйдзи.

Гораздо более интересным с кинематографической, исторической и географической точек зрения является фильм о плавании «Сэндзаймару», снятый во время Второй мировой войны. Пол Пикович назвал «Нороси ва Сянхай ни агару» («Огненные знаки Шанхая») «вероятно, самым противоречивым китайским фильмом» [Pickowicz 2012: 101][2]. Споры продолжаются и по сей день, отчасти потому, что вопросы, связанные с фильмом, крайне сложны (и выходят далеко за рамки «сказки о "Сэндзаймару"»), а отчасти потому, что от фильма нелегко отмахнуться как от пропаганды коллаборационизма (учитывая всех важных фигур, вовлеченных в его производство).

Хотя в свое время фильм был хорошо известен, он долгие годы считался утерянным, пока в 2001 году в архиве «Госфильмофонда» не был обнаружен единственный экземпляр «Нороси ва

---

[2] Есть китайская версия этой главы из книги [Pickowicz 2012], см. [Bi 2007]. Мало кто на Западе упоминал этот фильм, а еще меньшее количество людей видели его. См., например, [Fu 2003: 126–129].

Сянхай ни агару», в котором отсутствовала первая из трех катушек. Режиссер фильма, Инагаки Хироси (1905–1980), был одним из самых известных японских режиссеров XX века, а звездой ленты стал легендарный Бандо Цумасабуро (1901–1953, известный под прозвищем Банцума, урожденный Тамура Дэнкити), исполнивший роль Такасуги Синсаку. Несмотря на то что карьера Инагаки в конце концов пошла ко дну, — вдобавок он приобрел алкогольную зависимость, — на пике он снял множество фильмов и получил за них множество желанных и почетных в кинематографической сфере наград. Вероятно, он наиболее известен своей работой «Самурай. Трилогия» (1954–1956), фильмов длиной 5 часов и 22 минуты о полумифической фигуре Миямото Мусаси (1584–1645), главную роль в которой сыграл великий Мифунэ Тосиро (1920–1997). Банцума наиболее известен как актер остросюжетных фильмов того периода, — хотя он был выдающейся фигурой уже в период немого японского кино, — а также как независимый сценарист и продюсер[3].

Две сохранившиеся катушки рассказывают историю с момента появления «Сэндзаймару» в гавани Шанхая. Съемки «Огненных знаков Шанхая» проходили непосредственно в Шанхае в 1944 году, и актеры, по крайней мере японские, ежедневно тратили по 30 минут, чтобы добраться на автобусе до съемочной площадки, и все это в условиях опасности войны. Первоначально они остановились в принадлежащей японцам гостинице «Токива» (Tokiwa Inn), но Банцуме, на тот момент уже актеру-звезде, не понравились традиционные японские гостиницы, и поэтому японские актеры фильма в полном составе переехали в отель «Метрополь»[4]. Фильм появился в кинотеатрах в конце того же года, Шанхай в то время находился под японской военной оккупацией. Фильм задумывался как полноценное совместное

---

[3] См. [Segawa 1977; High 2003; Inagaki 1978]. Обнаружение «Огненных знаков Шанхая» совпало со столетием со дня рождения Банцумы и привело к ряду ретроспектив фильмов и выставок фотографий в Японии, посвященных ему.

[4] [Okazaki 1999: 100]. См. также: Mitsuyosi Mitsugi, «Metropole Club», на сайте www.geocities.jp/metropoleclub/movie/ooedo/2003.html.

предприятие, где Инагаки, по крайней мере теоретически, разделял режиссерские обязанности с Юэ Фэном (1909–1999), которого позже сменил Ху Синьлин (1914–2000). Юэ впоследствии стал успешным гонконгским режиссером, Ху же (который прошел обучение в Японии) прославился в Гонконге и на Тайване. В Китае фильм вышел под названием «Чуньцзян ихэнь» («Разлад в Шанхае»)[5]. Как неясна (мягко говоря) связь между японскими и китайскими названиями, так и не совсем понятно, к чему относятся «огненные знаки» в японской версии.

Фильм был спродюсирован совместно двумя компаниями, японской «Дайэй эйга кабусики гайся» (сокращенно «Дайэй») и китайской «Чжунхуа дяньин гунси». Он вышел в прокат в ноябре 1944 года в Китае и 28 декабря 1944 года в Японии, менее чем за восемь месяцев до катастрофического для японской стороны окончания войны, когда все шло из рук вон плохо. Единственная найденная до сих пор копия фильма принадлежала Маньчжурской кинокомпании («Манъэй»), созданной в конце 1930-х годов под эгидой Японии на материке. Когда в последнюю неделю войны, в августе 1945 года, советская армия вторглась в Маньчжурию, архивы «Манъэй» стали советским трофеем, и единственная копия фильма была отправлена в Москву — так она и оказалась в архиве «Госфильмофонда». В 2001 году этот архив с 55 000 фильмов был рассекречен.

Фильм «Огненные знаки Шанхая», безусловно, создавался в условиях военного времени — военных, реальных и политических — и отражал идеологию Великой восточноазиатской сферы сопроцветания. Посредством шанхайского кинематографа эта идеология призывала к критике всепоглощающего и декадентского культурного влияния США и Великобритании. Тем не менее в ней заключалась не просто пропаганда. «Чжунхуа дяньин гунси» фактически возникла в Шанхае в 1939 году по инициативе японских военных как «компания национальной политики» (кокусаку кайся), и главным в ней был председатель знаменитой

---

[5] [Pickowicz 2012: 101–120] переводит китайское название как «Разлад в Шанхае». Чей «разлад» — неясно.

компании «То:ва Сё:дзи» (предшественницы нынешней компании «То:хо: То:ва») Кавакита Нагамаса (1903–1981) [Tsuji 2000; Baskett 2008: 120, 142, 170, 184]. Со своей стороны, Кавакита не был пешкой японского империализма. Он вырос в Китае, получил образование в Пекине и свободно говорил по-китайски; он также был давним сторонником интернационализации японского кинематографа в целом. Кроме того, его привлекал опыт китайского народа — среди его работ есть фильмы, снятые в 1930-х годах с полностью китайскими актерами, — и, рискуя собственной карьерой, он пытался сделать так, чтобы эта новая кинокомпания не стала просто еще одной марионеткой японской армии[6].

Кавакита позаботился о том, чтобы в этом фильме были настоящие китайские звезды, режиссеры, которые не поддавались бы ни Китаю, ни Японии, и сюжетная линия, которая не унижала бы китайцев, но в то же время соответствовала «линии партии» (см. рис. 13). К написанию сценария Инагаки привлек Яхиро Фудзи (1904–1986), с которым он работал более десяти лет назад. Яхиро позже вспоминал, что изначально они планировали снять фильм, основанный на жизни Годая Томоацу, но, «изучая жизнь Годая», который не оставил никаких записей о путешествии в Шанхай, «я понял, что мне придется изучить дневники его попутчика по Шанхаю, Такасуги Синсаку [...] Я [...] также должен был изучить биографию Накамуды Кураносукэ. [...] Читая дневники Такасуги, я обнаружил, что он непреднамеренно выступил против восстания тайпинов» [Yahiro 1974] (цит. по: [Takase 2000: 234]).

---

6   Пошек Фу высказывает мнение, что Каваката больше думал о себе, чем предполагает наш анализ, и что он хотел заниматься производством развлекательных картин, поэтому опасался отторжения большого числа кинематографистов Шанхая, которые сбежали бы в тыл, если бы японцы ввели строгие меры контроля киноиндустрии. Поэтому он хотел создать единую и централизованную киноиндустрию в Шанхае под его «Чжунхуа дяньин гунсы», которая была бы создана для китайцев, из китайцев и ради китайцев. См. [Fu 1997: 68–69, 72–73; Fu 1998; Shimizu 1995; Tsuji 1987; Yamane 2001]. Фу также обсуждает отношения Кавакиты с Чжан Шанькунем (1907–1957), ответственным за ежедневные работы в «Чжунхуа дяньин гунсы».

Рис. 13. Рекламный плакат фильма «Нороси ва Сянхай ни агару»

На первой, утерянной катушке предположительно был изображен до сих пор неизученный момент — как Такасуги Синсаку попал в миссию 1862 года. Там раскрывалась и тема того, как он стал ярым ненавистником иностранцев, и как он и другие недовольные самураи планировали (безуспешно) убийство Нагаи Уты (1819–1863), стремившегося к объединению императорского двора и сёгуната в качестве временной меры для предотвращения полного уничтожения сёгуната Токугава. Такасуги также активно участвовал в попытке сжечь в знак протеста британское посольство, и это привело к тому, что наместнику княжества, который явно благоволил к нему, пришлось использовать свою власть, чтобы вывести его из-под удара.

В нынешнем виде фильм начинается с того, что «Сэндзаймару» заходит в гавань Шанхая, лавируя среди сотен китайских и иностранных судов в порту, забитом настолько, что ни один японец, живший в то время, вероятно, даже представить себе не мог. Такасуги стоит на палубе вместе с чиновниками сёгуната, и одновременно вдалеке раздается стрельба. То, что официальные лица принимают за приветственный выстрел из гавани, на самом деле является признаками войны, — с ухмылкой объясняет Такасуги соотечественникам. Его спрашивают, что за «война», и он отвечает, что это тайпины сражаются с армией династии Цин, против которой они подняли восстание. «Вы этого не знали? Правда?»[a] — в его голосе слышен сарказм (если не гнев), который подчеркивает всю глубину его неприязни к чиновникам сёгуната. Актер (Цукигата Рюносукэ, 1902–1970; см. рис. 14), играющий Годая Томоацу, также стоит на палубе рядом с Такасуги; на нем костюм в западном стиле и галстук-бабочка, весь этот образ взят с единственной фотографии, которая у нас есть из этого путешествия; на борту «Сэндзаймару» он путешествовал в качестве матроса и наверняка не носил западный костюм (и не болтал с Такасуги и чиновниками сёгуната), но смысл фильма в том, чтобы зрители знали, кто это, без лишних отступлений.

Прошло две минуты фильма, и уже что-то не так. В своих дневниковых записях Такасуги называл тайпинов исключительно «длинноволосыми негодяями» (тё:хацудзоку), как их называли в большинстве официальных источников того времени. Как Такасуги мог узнать, откуда стреляют именно в это время, — еще одна загадка, но допустим небольшую кинематографическую вольность. Фильм с самого начала пытается связать Такасуги — центральную фигуру и бунтаря у себя дома, в Японии, — с тай-

Рис. 14. Годай Томоацу

пинскими повстанцами, на встречу с которыми молодой японец возлагает большие надежды. Мы можем с уверенностью предположить, что Такасуги раздобыл некоторую информацию — хотя, несомненно, так или иначе порочащую — о тайпинах, поскольку его учитель Ёсида Сёин отредактировал и перевел с китайского недавнюю работу об этом восстании, надо отметить сомнительный источник, в котором реальность перемешана с вымыслом [Masuda 1979: 21–22; 135–139]. Как мы подчеркнули в предыдущей главе, гораздо больше о тайпинах он узнал после встречи с британским миссионером Уильямом Мюрхедом и копирования нескольких текстов, которые Мюрхед ему одолжил.

Важность волос в движении тайпинов подчеркивается в фильме с самого начала. Вскоре после того, как японская делегация сошла на берег в Шанхае, Такасуги и двое его товарищей прогуливаются по городу с очаровательным гидом-китаянкой и становятся свидетелями сцены на переполненном рынке, где правительственные войска расстреливают мужчину, пытающегося вырваться из их ловушки. Мужчина замертво падает на землю, его шляпа слетает с головы, и к ее внутренней стороне прикреплена фальшивая косичка, которая под страхом смерти была обязательной для всех китайцев (кроме буддийских монахов) по закону правящей маньчжурской династии-завоевателей. Тайпины обрезали свои косы в знак приверженности движению, противостоящему династии Цин, и отращивали длинные волосы, отсюда и «изменническое» название («длинноволосые негодяи»), полученное ими от властей. Яхиро, Инагаки и их китайские товарищи проявили здесь художественную вольность — ни в одном из рассказов о путешествии 1862 года о подобном инциденте не сообщается, но эта сцена действительно готовит нас к центральной идее фильма: связи между радикальными самураями и мятежными тайпинами. Другие вольности превзойдут эту в полной мере.

На протяжении всего фильма именно Такасуги недвусмысленно подчеркивает, что англичане и американцы — настоящие враги всех азиатов. С французами проблем еще больше. Французские войска сражались на стороне династии Цин, чтобы отразить нападение тайпинов на Шанхай, и они действительно появляются в конце фильма, но мимолетно, так как правительство Виши в 1944 году было в некоторой степени союзниками Японии. По ходу фильма, однажды поздней ночью Такасуги спасает, а затем заводит дружбу с вымышленным лидером тайпинов по имени Шэнь Ичжоу (его играет красивый и опытный актер Мэй Си, 1911–1983, который к этому времени уже был звездой китайского кино). Шэнь служит не у кого иного, как у Ли Сючэна (его играет Ян Цзюнь, 1917–1980), «верного князя» Небесного царства тайпинов. Британцы пообещали Шэню в запланированный момент атаки обеспечить проход в Шанхай, поэтому он не может понять глубокую антипатию Такасуги ко всем жителям Запада. Когда Такасуги риторически спрашивает, можно ли доверять британцам и американцам, особенно учитывая унизительные договоры, к которым они принудили Китай после Опиумных войн, Шэнь утверждает: что было, то прошло. «Могут ли британцы и американцы вообще отличить одного азиата от другого (тайпина или Цин)?» — спрашивает Такасуги, учитывая, как плохо они ко всем относятся. Затем Такасуги задает очередной вопрос, известно ли Шэню об условиях, сложившихся в Индии после британской колонизации этой некогда великой страны, о чем сам Такасуги знать не мог. По правде говоря, продолжает он, иностранные концессии, вырезанные из Шанхая, — лишь первый шаг на пути погружения Китая в пучину порока. Шэнь, напротив, в нынешнем упадке и бедности Китая полностью готов обвинить иностранцев-маньчжуров, и главной целью тайпинов является свержение маньчжурской династии Цин. Такасуги на самом деле обижен этим ответом, поскольку он японец, а значит, он не просто сторонний наблюдатель этого полномасштабного наступления стран Запада на Азию — британцы и американцы, по его словам, имеют планы и на Японию. Это, как мы знаем, действительно беспокоило Такасуги. Шэнь остается равнодушным к речи своего странно настойчивого собеседника: в конце концов, жители Запада такие же христиане, как и тайпины. Такасуги приходит в раздражение при упоминании об этой связи, и встреча заканчивается.

Напрашивается вывод, что правота Такасуги будет доказана — по крайней мере, в фильме. На самом деле он действительно презирал западное присутствие в Шанхае и предупреждал об этом китайцев, с которыми встречался. Ему также не нравилось ни христианство, ни декларируемое миссионерами превосходства европейцев над жителями Восточной Азии. Однако все это не помешало ему оценить военную мощь Запада, прочувствовать ее еще до путешествия и несколько раз увидеть воочию в Шанхае. Возможно, ему не понравилось увиденное, но он был реалистом.

Такасуги и правда был очарован тайпинами, но, несмотря на все попытки встретиться с настоящим живым тайпинским повстанцем или командиром, ему так и не удалось этого сделать. Встреча с Шэнь Ичжоу была придумана исключительно для создания драматического эффекта и в действительности искажала исторические факты — и нет свидетельств тому, что его желание встретиться с тайпинами было искренним и подпитывалось симпатией к их взгляду на мир.

В фильме Шэнь смог проскользнуть в британское консульство в Шанхае с письмом от Ли Сючэна. Там он встречает консула Уолтера Генри Медхерста (первого жителя Запада, встретившего «Сэндзаймару»; см. главу 3), который говорит ему, что людям с Запада не понравится полномасштабное нападение тайпинов на опиумные притоны и полный запрет на опиум в районах, находящихся под их контролем; нам показывают, как тайпинские солдаты вторглись в Шанхай и уничтожали опиумные притоны, хотя в Шанхае этого никогда не происходило. Медхерст, единственный иностранец в фильме, который хоть как-то сочувствует японцам и китайцам, полагает, что такая политика является единственным гуманным подходом к смертельно опасному наркотику, хотя это приведет к угасанию интереса британских империалистов к Китаю. Актеру, играющему роль Медхерста (чье имя указано в титрах как «Орлов»), на вид примерно лет 60, возможно, больше. Старший Медхерст (1796–1857), отец британского консула в 1862 году, много писал на китайские темы, а также делал переводы фрагментов Библии на китайский, но ко времени визита в Шанхай Такасуги и других он был уже мертв, а Медхерсту-сыну, гораздо менее образованному человеку, было всего 40, и он был ярым сторонником британского империализма. «Медхерст» (Орлов) обещает добиться, чтобы британцы разрешили тайпинам въезд в город, но он лично не может гарантировать им оружие; для этого он знакомит Шэня с другом, который торгует оружием и немного говорит по-китайски в фильме (и по-английски с сильным славянским акцентом).

Когда злые британцы позже предают тайпинов-идеалистов самым отвратительным образом, выкрикивая (анахроничные) расистские эпитеты в адрес китайцев и японцев и буквально вышвыривая Шэня из консульства в Шанхае, тогда, уже к концу фильма, послание становится как нельзя более ясным. Азиаты должны держаться вместе, а жителям Запада нельзя доверять, потому что они нанесут удар в спину только для удовлетворения собственных интересов. «Ненадежные создания (мэйю синьюн дэ дунси)!» — говорит Шэнь, хотя на его лице отражается значительно более жесткая оценка ситуации. Объединившись, они могут бороться за освобождение от империализма и колониализма; без этого они никогда не добьются успеха. Как единственный представитель Запада, характер которого хоть как-то раскрыт, Медхерст тщетно пытается заставить соотечественников признать соглашения, которые они заключили с тайпинами, но они только насмехаются, поскольку теперь они заключили союз с цинским правительством. Он пытается сказать, что тайпины, в конце концов, такие же христиане, «как и мы», но снова его встречают насмешками, ибо, как не очень тонко выразился один из его британских коллег по поводу Шэнь Ичжоу: «Мне жаль, что у него кожа не такая белая, как у нас». И когда позже он встречает (полностью вымышленного) капитана британского корабля, который вернулся в Шанхай, чудом избежав нападения в проливе Симоносэки самураев из родных владений Такасуги, капитан объясняет, ссылаясь на анахронизм для 1862 года, но не для 1944-го, что японское нападение («эти проклятые япошки») было именно тем, чего ждали британцы: предлогом «навредить япошкам». Кадр исчезает, и Медхерст говорит себе с большой грустью в голосе: «Индия, Китай, а теперь и Япония». Пусть сделано грубовато, но смысл предельно ясен. Еще одна художественная вольность — инцидент близ Симоносэки, о котором идет речь, произошел в 1863 году.

Сцены с участием европейцев чрезвычайно трудно воспринимать всерьез. Англоязычных или франкоязычных персонажей изображают актеры, у которых явно родной язык славянский, вероятно русский. У некоторых акцент настолько силен, а интонация настолько вымученная, что, очевидно, они просто пытались произнести слова, значения которых были им неизвестны.

В титрах указаны фамилии только троих из них: Орлов, Серибанов и Москаренко; безусловно, они не были профессиональными актерами. В Шанхае 1944 года было чрезвычайно трудно найти белых, которые хорошо бы владели английским — не говоря уже о настоящих англичанах — и захотели бы принять участие в таком фильме; в то же время в городе, безусловно, было много безработных, обедневших русскоязычных жителей. Несоответствие современному (особенно англоязычному) произношению, вероятно, не считалось серьезным недостатком в то время; в любом случае альтернативы не было, если не считать драгунских британских военнопленных, которые вряд ли бы добровольно согласились сниматься в фильме. Немногие зрители из Восточной Азии рассматривали бы плохое произношение как проблему. Мэй Си в роли Шэня Ичжоу говорит по-английски гораздо лучше, чем любой из его западных собеседников. Интересно, однако, что все диалоги на английском языке в фильме грамматически безупречны и, за исключением нескольких анахронизмов, точны даже по стандартам XIX века. Таким образом, в работе над фильмом явно участвовал консультант, который хорошо знал английский, даже несмотря на отсутствие среди актеров лиц с «белой кожей», которые могли бы реалистично говорить на нем.

Одной из наиболее интересных тем для изучающего китайско-японские культурные связи и, в частности, личные взаимодействия является коммуникация между двумя людьми в отсутствие общего разговорного языка. Как мы неоднократно видели в предыдущих главах, японцы и китайцы использовали письменный литературный китайский язык в качестве средства общения, продолжая древнюю традицию «беседы кистью» (см. главу 4). В фильме есть только одна продолжительная «беседа кистью», которая является очень важной для сюжетной линии, и китайские иероглифы в ней написаны исключительно четко. Обученный грамоте отец Шэня Ичжоу, Шэнь Чанлин (его играет Цзян Мин, фильмография которого, похоже, ограничилась «Огненными знаками»), наблюдает, как Такасуги расспрашивает торговца художественными редкостями о чернильных камнях; когда тот с немалым удивлением понимает, что Такасуги, хотя и не китаец, все же знает достаточно, чтобы искать такие сложные в культурном отношении артефакты, он подходит и предлагает именно то, что ищет Такасуги. Кстати, хотя на данный момент нет свидетельств о сделке с чернильными камнями с участием Такасуги, Хибино Тэрухиро записал в своем дневнике «беседу кистью» с торговцем чернильными камнями, который, возможно, вдохновил Яхиро на описание формирующейся китайско-японской культурной связи [Hibino 1946a: 65][7]. Между старшим Шэнем и Такасуги завязывается дружба, и они снова встречаются — возможно, случайно — у Шэня. Во время их «беседы» Шэнь описывает чернилами на бумаге, как был свидетелем смерти Чэнь Хуачэна, знаменитого деятеля, который погиб совсем рядом, 20 годами ранее сражаясь с британцами во время Опиумной войны. Сочувственным тоном Такасуги спрашивает, был ли Чэнь убит британским солдатом, — странный вопрос, конечно, учитывая, что британцы были единственным неприятелем в той войне. Шэнь отвечает, что нет, на самом деле он был убит индийцем, сражавшимся в британской армии. Может быть, в конце концов, вопрос Такасуги не такой уж и странный, нам известно только, что Чэнь погиб в бою против британцев, но мы не знаем, от чьих рук, индийского ли солдата или нет. Шэнь подчеркнуто выписывает иероглифы: «Иньду бин» (индийский солдат). Затем он со вздохом заканчивает свою историю: «Один азиат убил другого»[b]. Мгновение спустя Такасуги говорит своему японскому другу и попутчику Накамуде Кураносукэ, который все это время был рядом, но молчал во время разговора: «Ах, Накамуда, отличная беседа, а? Еще один человек, который так глубоко задумывается о новой Азии!»[c] Вся эта сцена — чистая фантазия.

Подавляющее большинство японцев на борту «Сэндзаймару» были самураями, и этот статус не просто давал им право носить свои длинные и короткие мечи, он требовал этого. Одно дело — разгуливать по городам и сельской местности Японии с двумя

---

[7] См. также [Satō 1984: 91]. Часть его рассказа переведена в [Fogel 1996: 45]. Хотя дневник Хибино не публиковали до 1946 года, неясно, был ли он как-то доступен ранее.

мечами, прикрепленными к поясу, и совсем другое — делать это в Китае. В Шанхае 1862 года они вызывали сильное любопытство у китайцев. После разговора о Чэнь Хуачэне (и «Азии для азиатов») Шэнь просит показать мечи, которые постоянно носят с собой японцы. Такасуги складывает бумагу, на которой до сих пор происходила их «беседа кистью», пополам, зачем-то кладет ее в рот (причина никак не объясняется), а затем обнажает длинный меч. Шэнь смотрит на него и восхищенно вздыхает: «Японские мечи — это одновременно и оружие, и произведения искусства». Однако это уважение к мастерству изготовления японских мечей — не просто пропаганда, поскольку поднятый меч символизирует готовность Японии возглавить борьбу всех азиатов против Запада, — хотя, безусловно, и она тоже. Существует литературная традиция, восходящая по крайней мере к XI веку, в рамках которой китайцы писали оды японским мечам, попадавшим на китайские рынки благодаря двусторонней торговле [Ishihara 1960]. Как мы видели ранее, прошлое практически без изменений переносилось в настоящее, и если японцы могли оценить китайские чернильные камни, то, возможно, китайцы смогли бы оценить необыкновенные качества японских мечей и все, что они олицетворяют: культуру и военное дело, соответственно *вэнь* (яп. *бун*) и *у* (яп. *бу*).

Однако, какими бы интересными ни были эти беседы для ученых, по-видимому, сделать фильм лучше они не помогли. Поэтому Инагаки, Юэ и/или Ху и Яхиро представили в качестве переводчицы героиню женского пола по имени Ван Ин (ее играет потрясающе красивая актриса Ли Лихуа (1924–2017)), которая при первом появлении в кадре приковывает к себе взгляды всех японцев. В юности Ли Лихуа готовилась к выступлению в пекинской опере, и неудивительно, что в «Нороси ва Сянхай ни агару» ей представилась возможность спеть отрывок из оперы. После войны она стала звездой Гонконга и Голливуда, и до сих пор существует англоязычный веб-сайт, посвященный ее актерской игре и музыкальному таланту (http://lilihua.net/). В фильме ее героиня объясняет, что, благодаря короткому пребыванию в китайской общине Нагасаки, она достаточно овладела японским

Рис. 15. Бандо Цумасабуро (в роли Такасуги Синсаку) и Мэй Си (в роли Шэнь Ичжоу)

языком, чтобы при необходимости показывать дорогу японцам и служить им переводчицей. Хотя возможно, что такой человек мог существовать в Шанхае 1862 года — и куда более вероятно, что это был мужчина, — но ни один гид не фигурирует ни в одной из путевых записок, составленных пассажирами «Сэндзаймару». Однако, что еще более важно, именно ее персонаж сопровождает главный разговор между лидером тайпинов Шэнь Ичжоу и Такасуги Синсаку, о котором речь шла выше, возможно, самую волнующую сцену в фильме.

Несмотря на эти вымышленные дополнения, анахронизмы и искажение исторических фактов ради кинематографического эффекта, историческая значимость «Нороси ва Сянхай ни агару» никоим образом не умаляется[8]. Если в фильме и есть элемент, который полностью подрывает его ценность, то это предполагаемые отношения между Такасуги Синсаку и тайпинами, где стороны олицетворяют всех дальновидных японцев и будущее Китая соответственно. Как показано в фильме, Такасуги устанавливает тесную связь с лидером тайпинов Шэнь Ичжоу, которого он предостерегает от доверия западным людям (см. рис. 15). Неважно, что этой встречи не было, — важно, что Такасуги в реальной жизни не верил в «длинноволосых негодяев».

В конце фильма тайпины, теперь без оружия, обещанного британцами, и без возможности войти в город, полностью отступают, и Шэнь, спасаясь бегством, пробирается в свой дом, чтобы попрощаться с сестрой Сяохун (которую играет еще одна потрясающе красивая актриса Ван Даньфэн (1924–2018)). Он упоминает, что хотел бы еще раз увидеть японского «Гаошаня Сяньшэна» (г-на Такасуги). Она каким-то образом передает сообщение, и Такасуги со своим верным китайским гидом — переводчицей Ван Ин отправляются на фермы на окраину Шанхая, как раз в тот момент, когда «Сэндзаймару» собирается отплыть обратно в Японию, — и чудесным образом встречают там отступающие тайпинские войска. Интересно отметить, что на тайпинских знаменах в фильме верно передан своеобразный стиль, в котором был нарисован последний знак их названия «Тайпин тяньго» (Небесное царство тайпинов). В этой череде невероятностей Такасуги каким-то образом среди сотен солдат находит Шэнь Ичжоу, и затем каждый произносит что-то вроде монолога на своем родном языке, из которого другой не может понять ни слова и который Ван Ин не переводит — после чего другой отве-

---

[8] В статье 1997 года Пошек Фу куда критичнее относится к фильму и считает его пропагандистской попыткой вызвать ненависть к западным иностранцам, хотя он к тому времени еще не успел его посмотреть. См. [Fu 1997: 79]. Он опирался на интервью со все еще живыми китайскими актерами, вроде Люй Юйе (в роли Чжан Сяна), которые испытывали боль спустя 40 лет после выхода фильма. Последний иероглиф в имени Люя, «е», часто читается как «кунь» в статьях о нем, хотя ни один словарь не приводит этого чтения; вероятно, опечатка.

чает (на своем родном языке): «Я понимаю. Я понимаю» (кит: *минбай лэ*; яп.: *вакару*). Смысл этого обмена мнениями прямо противоположный, и тут как бы подразумевается: «На самом деле я не понял ни единого слова из того, что вы только что произнесли, но теперь *понимаю*, что азиатам действительно важно объединиться против западного захватчика».

Еще одна историческая проблема, связанная с таким обменом репликами, заключается в том, что Ли Сючэн и его войска полностью отступили из Шанхая только через несколько недель после того, как Такасуги и его попутчики вернулись домой в первую неделю августа [Jen 1973: 448–449, 458–459]. Однако совершенно верно, что обещания, данные ранее французскими и британскими чиновниками, были нарушены. Соединенные Штаты не играли особой роли во всем этом, хотя в фильме они подвергаются серьезной критике, в значительной степени из-за того, что американские войска приняли активное участие в разграблении Летнего дворца, но, конечно, очевидно, что на самом деле эта критика обусловлена не столько исторической необходимостью, сколько требованиями обстоятельств тех лет.

Как уже отмечалось, встреча и обмен репликами между Такасуги и Шэнем являются полной фантазией и выходят за рамки художественных допущений[9]. Как мы видели, несмотря на все усилия, Такасуги не встретил тайпинов — иначе наверняка упоминания об этом появились бы в его рассказах. Любого тайпинского офицера, разгуливающего по улицам Шанхая, как это делает Шэнь Ичжоу в полном, причудливом облачении тайпина, постигла бы участь мужчины с фальшивой косичкой для прикрытия, которого нам показали в начале фильма, — его застрелили посреди переполненного рынка. Тем не менее собственная биография Такасуги и его рассказ о пребывании в Шанхае с какой-то жуткой точностью вписываются в рамки восточно-

---

[9] Схожую критику фильма «Линкольн» при прочих равных см. у [Dowd 2013] на сайте www.nytimes.com/2013/02/17/opinion/sunday/dowd-the-oscar-for-best-fabrication.html?_r=0 и последующий скандал. «Арго» попал под схожую, хотя и менее ядовитую критику.

азиатской политики силы 1944 года. Если отбросить анахронизмы — а в фильме их немало, включая, например, «Хиномару», одиноко развевающийся над «Сэндзаймару» в качестве «национального» японского флага, когда корабль прибывает в Шанхайскую гавань[10] и покидает ее, — Такасуги предостерегал от любого сближения с западными жителями, презирал их присутствие в Шанхае и высокомерие по отношению к китайцам, а больше всего на свете его беспокоило то, что участь Китая может постигнуть Японию. Хотя он не употреблял слово «колония» — как такового его не существовало в японском лексиконе 1862 года, — он действительно называл Шанхай «зависимым от Великобритании» (*Дай-Эй дзоккоку*), и, очевидно, под «зависимостью» он понимал колониальные отношения[11].

Таким образом, есть веские основания считать Такасуги иконой раннего движения по борьбе с империализмом. Возможно, он поддержал бы возглавляемое Японией паназиатское движение, если бы оно появилось в годы его жизни. Впрочем, огромная вольность допущена в представлении Такасуги как (условно или в данном случае буквально) сторонника тайпинов в их стремлении свергнуть династию Цин и основать христианское государство на материковой Азии (это он, несомненно, осудил бы). В мемуарах 1978 года японский режиссер Инагаки вспоминал период создания и сюжет фильма:

> Мы с Банцумой сняли «Нороси ва Сянхай ни агару», совместный китайско-японский фильм, в Шанхае, и в нем Такасуги Синсаку появляется в качестве главного героя. После того как династия Цин потерпела поражение в Опи-

---

[10] На самом деле на нем было три флага: «Хиномару», британский флаг из-за британской команды (и торговых отношений Британии с Китаем) и голландский благодаря присутствию Томбринка, представителя владельца.

[11] Самый ранний пример использования японского слова «колония», «сёкуминти», кажется, встречается в 1868 году, в газетной статье об Австралии как колонии Англии; сёкуминти тогда писалось иначе. См. словарную статью [Nihon kokugo daijiten 2006, 7: 341]. См. также [Furukawa 1996: 80; Ikeda 1966: 119; Naramoto 1965: 106–115; Takasugi 1974: 178, 185; Tanaka 1991: 244].

умной войне и была вынуждена подписать унизительные договоры с Великобританией, Китай утратил свою субъектность. В этих обстоятельствах революционеры, известные как «тайпины», восстали под знаменами христианской идеологии и напали на цинское правительство. Такасуги Синсаку, Годай Томоацу, Накамуда Кураносукэ и их соратники отправляются в Шанхай, чтобы купить западный корабль. Неравнодушные к тому, что кажется гражданской войной, они предвидят, что Япония также может подвергнуться вторжению людей из Великобритании и Соединенных Штатов. Я не собирался снимать фильм про вооруженных головорезов с Банцумой в главной роли или же взваливать на свои плечи бремя войны на Тихом океане...

Мы с Банцумой снимали этот фильм в течение восьми месяцев в Шанхае. Когда он впервые вышел на экраны, и Япония, и Шанхай были в эпицентре воздушных налетов, и у людей не было времени ходить в кино. Но, по крайней мере, мы, создатели, те из нас, кто успел, невозмутимо наблюдали за началом и завершением войны на Тихом океане, точно так же как Такасуги в драме беспристрастно наблюдал за восстанием тайпинов в период Цин [Inagaki 1978: 281–282].

Позже в мемуарах Инагаки объясняет, что он пытался позвать необычайно популярную актрису Ямагути Ёсико (1920–2014) на главную женскую роль в фильме. Родившаяся в Маньчжурии в семье японцев, она владела двумя языками и уже прославилась в японских и китайских фильмах, снимаясь в последних под псевдонимом Ли Сянлань; зрители спокойно принимали ее за китаянку. На самом деле, после войны многие и считали ее китаянкой, снимавшейся в прояпонских пропагандистских фильмах; однако, если бы это было так, Ямагути, возможно, постигла бы куда более страшная участь предательницы (ханьцзянь). Она была бы только рада принять участие в фильме Инагаки, но переговоры о сотрудничестве так и не были продолжены [Inagaki 1978: 203–204]. В дальнейшем Ямагути снялась во множестве фильмов в Японии, Гонконге и США (под именем Ширли Ямагути), а после завершения актерской карьеры стала депутатом японского парламента.

В этом в остальном серьезном фильме есть ряд комических происшествий, и именно японец в итоге становится жертвой одного из них. Однажды утром Годай Томоацу пытается уговорить двух чрезмерно услужливых и привередливых китайских посыльных в шанхайском отеле приготовить чай для себя и Накамуды Кураносукэ (его играет Исигуро Тацуя, 1911–1965)[12]. Еще одна вольность — Годай не останавливался в отеле, находясь в Шанхае, а путешествовал инкогнито и, будучи матросом, спал на борту «Сэндзаймару». Он обнаруживает, что не в состоянии передать самые простые слова на китайском: «отя» по-японски, «тя» по-китайски, но с существенно отличающейся интонацией. Наш герой Такасуги спускается вниз, вмешивается в неразбериху и берет инициативу в свои руки, несколько раз повторяя слово «отя». Когда китаец начинает передразнивать японское слово, он отвечает: «Корэ да» («Именно это»). Затем китайцы начинают повторять слова «Корэ да», пока, наконец, не осознают, чего именно эти странные посетители хотели бы выпить первым делом с утра: *гаолян цзю*, особенно крепкий алкогольный напиток, приготовленный из сорго. Несколько позже видно, как Накамуда делает глоток того, что он принимает за чай, и выплевывает его. Китайских посыльных сыграли Хань Ланьгэнь (1909–1982) и Инь Сючэнь (1911–1979), которые прославились как «Лорел и Харди Востока» (соответственно) в ряде фильмов 1930-х, 1940-х и 1950-х [Wang W. 1990: 81–109; Fonoroff n.d.][13]. Согласно японской афише, имя Ханя по сценарию «Ясэппоти Ё:» (Тощий Ян), иначе «Тощая обезьяна», а Иня — «Футоттё Рин» (Толстый Линь).

Что бы мы сейчас ни говорили о кинематографических достоинствах «Нороси ва Сянхай ни агару», участие в этих съемках не

---

[12] Все три главных японских актера, Бандо, Цукигата и Исигуро, были известными актерами исторических фильмов того времени. Только Исигуро хоть сколько-то был близок по возрасту к персонажу. Бандо и Цукигата были почти вдвое старше своих героев, и это заметно особенно по Бандо, которому было 43 в противовес 22-летнему Такасуги.

[13] См. также [Zhongguo [dianying chubanshe] 1982: 303] и www.chinesemirror.com/index/2011/10/han-langen-1909–1982-the-skinny-monkey.html.

могло сослужить хорошую службу китайским актерам и персоналу после окончания войны и основания КНР. Как мы уже отметили, китайский режиссер Юэ Фэн в течение нескольких лет продолжал карьеру в Гонконге, где снял ряд фильмов с участием китайских актеров из этого совместного проекта 1944 года. Его коллега Ху Синьлин работал на киностудиях Гонконга и Тайваня. Супружеская пара Ли Лихуа и Янь Цзюнь появилась в постановке Юэ Фэна 1952 года под названием «Синь Хонлумэн» («Новый сон в красном тереме»). Только за период 1949–1950 годов Янь снялся по меньшей мере в четырех других фильмах режиссера Юэ. Ван Даньфэн проработала в Гонконге несколько лет, прежде чем вернуться в Китай в начале 1950-х, где ее ждала продолжительная кинокарьера, хотя, возможно, она была лишь исключением, подтверждающим правило[14].

Фильмографию Мэй Си сложно восстановить в полном объеме, но, несмотря на ряд длительных пробелов, бо́льшую часть своей карьеры ему удавалось сниматься в КНР. Хань Ланьгэнь также остался на материке после 1949 года, но он пострадал от ряда коммунистических кампаний и так и не смог спасти свою загубленную карьеру. Пока ничего не известно о западных актерах со славянским акцентом, тягучим как патока, хотя совсем неудивительно, если бы после войны они нашли работу в других профессиях. Их игра в этом фильме с актерской точки зрения ужасна, а об их английском и говорить не стоит.

Как мы видели в предыдущих главах, плавание «Сэндзаймару» в Шанхай в 1862 году ознаменовало начало современных китайско-японских отношений в области государственного управления, торговли и даже культуры (хотя и в меньшей степени). Путешествие стало бы исторической вехой, даже если бы не имело последствий в Японии, где Такасуги Синсаку обнаружил, что

---

[14] Информация в предыдущем абзаце взята из ряда японских и китайских сайтов, посвященных истории кино, например «Хунсэ цзиндянь» («Красная классика»), который включает фильмографию Ван Даньфэна, в которой не упоминаются «Огненные знаки Шанхая»; см. www.cctv.com/specials/hsjd/sanji/wangdanfeng.html, и японские сайты, где встречаются ретроспективы фильмов Бандо Цумасабуро.

угли его враждебности к иностранцам вновь разгорелись. Отчасти это привело к пробуждению радикализма в княжестве Тёсю, а в итоге, всего через пять лет после возвращения «Сэндзаймару» в Нагасаки, к краху правительства Токугавы и формированию нового единого правительства Мэйдзи. Дальнейшие события оказывали влияние на рассерженных молодых японцев на протяжении целых десятилетий, и по иронии судьбы они же послужили подходящим материалом для спонсируемого государством фильма 1944 года «Нороси ва Сянхай ни агару». Действительно, Яхиро, Инагаки и их коллегам-постановщикам не нужно было копаться в истории восстания тайпинов и его связях с японцами, чтобы рассказать историю, которую они хотели рассказать. Правды было бы вполне достаточно, хотя, возможно, драма на пленке тогда не получилась бы столь удачной. Объединение двух знаковых образов — радикальных самураев, выступающих против сёгуната, и тайпинских повстанцев — придало фильму дополнительную остроту.

Сейчас, спустя 80 лет после выхода «Нороси ва Сянхай ни агару» на экраны кинотеатров, поражаешься современности его послания. Оставляя в стороне нелепых восточноевропейских «актеров», анахронизмы, а также устарелую актерскую игру китайцев и японцев, идея о необходимости объединения для отражения западного вторжения в середине XIX века сохранила свою актуальность. Мы никоим образом не хотим оправдать японский империализм — для 1944 года это была данность. Тем не менее точно так же, как Такасуги «разговаривал» с Инагаки и его съемочной группой через 80 лет после отплытия в Шанхай, он продолжает разговаривать с нами через 80 лет после выхода фильма.

Заключение
Роль «Сэндзаймару» в истории

В этой книге рассматривался ряд миссий, отправленных из Японии на материковую Азию в 1860-е годы. Основное внимание уделяется первой из них — экспедиции «Сэндзаймару» в Шанхай в 1862 году. Поскольку значение путешествия «Сэндзаймару» легко преувеличить (что случалось довольно часто), важно придерживаться менее восторженного тона, чем обычно, когда речь заходит об исключительной важности этой миссии с исторической и дипломатической точек зрения. Поэтому начнем мы с того, чем эта миссия не была, а затем рассмотрим то, чем она, несомненно, стала.

Миссия «Сэндзаймару» вовсе не была первым за несколько веков контактом японцев и китайцев. Японцы, жертвы кораблекрушений, оказывались в Шанхае и других городах нижней Янцзы на протяжении эпох Эдо и Цин. Китайские монахи из секты Хуанбо (яп. *о:баку*) школы буддизма Чань (яп. *дзен*) обеспечивали приток настоятелей в храм Мампуку к югу от Киото на протяжении всей эпохи Эдо. Китайские торговцы приплывали в Нагасаки, когда обе страны якобы прекратили всяческие контакты, и вели торговлю в огромных масштабах. На протяжении всех этих лет в Нагасаки существовала небольшая китайская община[1]. В течение десятилетий эта община и японцы — жители Нагасаки

---

[1] См. восхитительную коллекцию картин об этом сообществе и китайцах в Нагасаки у [Ōba 2003] и приложенные эссе.

приняли десятки китайских художников и ученых на относительно короткие периоды времени, обычно не более года или двух, хотя в исключительных случаях проживание было более длительным; различные источники приводят имена более сотни китайских художников, которые жили в Нагасаки в 1860-е годы. Одним словом, не стоит преувеличивать влияние запретов на зарубежные поездки и контакты между китайцами и японцами. В реальности японцам, ставшим жертвами кораблекрушений и оказавшимся в Китае, было гораздо труднее вернуться на родину к семьям, чем китайцам, заходившим в порт Нагасаки.

Однако путешествие «Сэндзаймару» — первое официальное посольство, отправленное из Японии за границу, в Китай, более чем за три столетия. Чиновникам сёгуната, находившимся на борту, предстояло выполнить миссию, которая осуществлялась под прикрытием коммерческого предприятия, но на самом деле была гораздо более масштабной. Им нужно было встретиться с местными китайскими официальными лицами в Шанхае, обсудить нынешние и будущие торговые соглашения и даже рассмотреть возможность устройства собственного консульства в Шанхае. Хотя окружной интендант Шанхая У Сюй проявил к ним необычайное великодушие, он также предельно ясно дал им понять — как мы теперь знаем из недавно обнаруженных китайских документов, — что они должны как можно быстрее продать свои товары и вернуться в Японию. И им не следовало «опрометчиво» отправляться в эту часть мира, где их не ждали.

Японцы благодарно согласились, пообещали соблюдать все правила и предписания, а затем, менее чем через два года, в Шанхай прибыла другая группа, обратившаяся с аналогичными просьбами к новому окружному интенданту Ин Баоши. Ни Ин, ни У не были неопытными мужланами. Должность шанхайского даотая была чрезвычайно ответственной, и на нее нелегко было назначить человека. Даотай отвечал за всех иностранцев, заходящих в порт, и все иностранцы в порту, по крайней мере по закону, находились во власти даотая. В 1862 году, а также, хоть и в меньшей степени, два года спустя существовал дополнительный страх перед тайпинскими повстанцами у ворот города.

Но именно из-за множества важных дел у У и Ина были заботы куда более неотложные, чем неожиданное прибытие японцев. Оба изо всех сил старались угодить незваным гостям, но, как мы уже видели, Ин определенно не питал особенной любви к Японии.

Главной целью миссии «Сэндзаймару» было наблюдение за Шанхаем как миниатюрой западного мира. Таким образом, Шанхай должен был выполнять двойную роль микрокосма как Запада, так и Китая. Чиновники сёгуната и их сопровождающие встречались с британцами, французами, голландцами, американцами и, возможно, другими иностранцами в Шанхае. Среди них были дипломаты, торговцы и по крайней мере один миссионер. Эта цель была важной, и она была достигнута, но, возможно, еще более важными были контакты между сопровождающими чиновников и простыми китайцами на протяжении десяти недель в порту, многие из которых были описаны в их дневниках. Вряд ли найдется лучший способ проникнуть в мир китайско-японского культурного взаимодействия, чем через эти «беседы кистью».

Помимо того, что пассажиры «Сэндзаймару» обрели новые знания о том, как работает мир международных отношений и торговли, в котором доминирует Запад, они стали первыми японцами, которые смогли, хотя и несколько издалека, увидеть влияние восстания тайпинов на жизнь в крупнейшем городе Китая. Хотя им так и не удалось встретиться с тайпинами вживую, они обратили внимание на перенаселенность Шанхая и отметили, что она была вызвана захватами земель тайпинами вдоль всей Нижней Янцзы. Они наблюдали за китайскими войсками на учениях, задавали бесчисленные вопросы китайским собеседникам о тайпинах и чрезмерно заботились о том, чтобы узнать о них как можно больше. Но в этом любопытстве не было никакой симпатии к тайпинам, особенно после того, как стала очевидна христианская основа их идеологии, хотя отношение к цинскому правительству у японцев было в лучшем случае двойственным. Сочувствия заслуживал только китайский народ, страдающий как от тайпинов, так и от ущербного правительства Цин.

Большинство японцев безжалостно критиковали династию Цин за то, что она искала или принимала западную военную помощь для подавления повстанцев, и, опять же, не из-за какого-либо сострадания к повстанцам, а из-за крайнего отвращения и страха перед западными державами и их мотивами. Антипатия к жителям Запада была вызвана не только тем, что они завозили опиум в Китай и тысячи китайцев из разных слоев общества пристрастились к этому наркотику. В первую очередь это было скорее следствием, чем причиной допуска людей с Запада в китайские порты. Не было никаких сомнений в том, что европейцы торговали наркотиками и что их правительства защищали и поддерживали эту торговлю, занимая совершенно неэтичную, аморальную позицию, прикрывая ее замысловатыми формулировками. Однако, в отличие от современной западной реакции на оборот наркотиков и их употребление, в глазах японцев равная доля вины принадлежала китайским потребителям — одним словом, никого не заставляли курить опиум. Статус У Сюя в их глазах, конечно, не повысился, когда они узнали, что тот употребляет опиум. Описанная ранее сцена с одурманенным опиумом китайцем — капитаном буксира, который вывел «Сэндзаймару» из порта в начале обратного путешествия, красноречиво говорит о том отвращении, которое японцы испытывали к опиуму. До настоящего времени ни один японец, законно находящийся в Китае, не видел употребления опиума, его пагубных последствий и не сообщал о них.

Опиум был лишь верхушкой айсберга, хотя и довольно большой. Вместе с ним шло христианство и расистское высокомерие обитателей Запада, которые сливались в одно большое, невероятно уродливое и пугающее целое. Обитатели Запада хотя и пользовались уважением из-за стоявшей за ними военной мощи, но в рассказах японцев об этом путешествии они неизменно именовались «варварами». Отвращение, выражаемое японцами, по-видимому, было вызвано как культурными различиями, так и высокомерием, которое они наблюдали.

О западном высокомерии было написано в дневниках практически всех пассажиров «Сэндзаймару». В 1862 году западное присутствие в Японии, за пределами небольшого острова неподалеку от Нагасаки, все еще было в новинку. Конечно, миссионеры появились в Японии сразу же, как только неравноправные договоры обеспечили им это право в 1859 году, но большинство японцев из нашего рассказа, скорее всего, никогда раньше их не видели. В Японии 1862 года они были еще в диковинку, и именно поэтому Такасуги Синсаку обратился к Вербеку и Уильямсу в Нагасаки, поскольку в то же время в Китае их было много. От них можно было многое узнать о Западе и о тайпинах в Китае, — но, конечно, все это не расположило японцев к источнику информации. Ведь гремучие змеи тоже могут быть источником научных сведений. Возмущение японцев высокомерием всех жителей Запада по отношению к китайцам и их нежеланием что-либо узнать о выдающейся культуре Китая не имело предела. Если бы для них существовало более грубое ругательство, чем «варвар», они, скорее всего, прибегли бы к нему.

Несмотря на то что китайские чиновники приказали японцам не спешить возвращаться в Шанхай и несмотря на то что они нарушили этот приказ, в 1864 году экипаж и пассажиры «Кэн-дзюммару» не понесли никакого наказания. Когда последние обратились в Цзунли ямэнь с аналогичными просьбами, их восприняли как должное и отправили просителей вверх по цепочке инстанций за инструкциями. По сути, они получили тот же ответ, что и официальные лица на борту «Сэндзаймару». А семь лет спустя китайско-японские отношения получили совершенно новую основу благодаря Тяньцзиньскому договору 1871 года [Matsumoto 1939: 40–41]. Тогда у Японии появилось первое официальное консульство в Шанхае, все еще без посольства в Пекине, но договор уже был подписан. Тем временем на троне находился все тот же император династии Цин, в то время как власть в Японии совершенно изменилась: сёгунат Токугава был свергнут, а на его месте сформировалось новое правительство Мэйдзи.

Какую роль «Сэндзаймару» и последующие путешествия сыграли в формировании наиболее важных двусторонних отношений в Восточной Азии? Кем были эти люди на борту того судна и насколько они представляли Японию 1862 года? Даже если не учитывать Томбринка, капитана Ричардсона, его жены и британской команды, японские пассажиры «Сэндзаймару» были совершенно разными. За исключением кухонного персонала и не-самураев, они состояли из горстки чиновников сёгуната, трех торговцев, других должностных лиц, связанных с Торговой палатой Нагасаки, и большого количества сопровождающих — молодых самураев, должностные инструкции которых никогда не были четко прописаны. Их цели и обязанности в Шанхае представляются в лучшем случае расплывчатыми. Похоже, они были предоставлены сами себе, и многие из них использовали поездку, чтобы впитать как можно больше впечатлений. Время от времени они появлялись на церемониях, но их было чрезвычайно мало.

Не все княжества были представлены. Среди наиболее важных с политической точки зрения в конце эпохи Эдо, на «Сэндзаймару» были в том числе представители Сацума (Годай Томоацу в качестве матроса), Тёсю (Такасуги Синсаку), Кумамото, Айдзу, Сага (с наибольшим количеством представителей: четыре), Овари и Хамамацу. Таким образом, в экспедиции присутствовали сторонники сёгуната и его противники в предстоящей борьбе за власть. В отсутствие каких-либо свидетельств трудно сказать, почему все представители были столь молоды, но путешествие, возможно, рассматривалось как потенциально трудное, не для пожилых; участники посольства в США двумя годами ранее были постарше, но их миссия носила официальный характер и требовала более высокопоставленных представителей. (Вряд ли группе участников, которым едва перевалило за 20, было уместно появляться в Вашингтоне, округ Колумбия, для подписания договора с США.) Путешествие в Шанхай в 1862 году было не просто трудным — оно рассматривалось как потенциально опасное, несмотря на то что тот же путь проходили корабли из других стран, к тому же японцы находились в опытных руках Генри Ричардсона, который много раз ходил в плавание по этому маршруту до этого, и последнее — оно было значительно короче, чем дорога через Тихий океан в США. Такасуги Синсаку застала острая необходимость избежать опасности, ему нужно было остыть и на некоторое время исчезнуть, хотя никто из других пассажиров, похоже, не находился, так сказать, с ним в одной лодке. По-видимому, даймё не согласовывали навыки, необходимые для включения того или иного кандидата в список пассажиров, а значит, у властей на местах должны были быть общие или, по крайней мере, связанные между собой проблемы. Все они, по-видимому, несмотря на свою молодость, чрезвычайно хорошо владели литературным китайским языком и культурой Китая, что служило непременным условием для общения с китайцами и обучения у них в Шанхае.

Излишне говорить, что сёгунат был в первую очередь заинтересован в наблюдениях и рекомендациях собственных чиновников, а также торговцев и официальных лиц из Нагасаки. Если сёгунат и заботился о том, что сопровождающие их лица думали о Китае по возвращении в Японию, то он это не показывал. Вероятно, их впечатления сыграли бы большую роль в местной, а не в национальной политике Японии, если только мы не приписываем участникам миссии роль зачинщиков оппозиции сёгунату.

Главной фигурой в этом движении снова стал Такасуги Синсаку; вскоре после возвращения в Тёсю он помог сформировать «Кихэйтай» (нерегулярное ополчение), которое оказалось мощной боевой силой. В Шанхае он понял, что ни одна антизападная идея сама по себе не остановит западных империалистов от попыток получить то, чего они желают, а Япония и княжество неспособны противостоять их посягательствам. Эту мысль он выразил в стихотворении, написанном на китайском языке после возвращения домой, оно связано с тем, которое уже цитировалось ранее, в конце главы 5:

> Однажды я сам побывал и в Китае,
> где по Восточному морю плыли канонерские лодки.
> Поговорив с китайцами, маньчжурами, англичанами
>   и французами,
> я решил отказаться от собственных слабостей и изучить
>   их сильные стороны[а, 2].

---

2   Цит. по: [Kobayashi 1994: 72].

Формирование «Кихэйтай», описанное в главе 6, было революционным шагом в военной истории Японии; сама идея вооружать местных жителей, то есть не-самураев, нарушала главную идею, на которой основывалось самурайское общество и его превосходство[3]. Но если Япония хотела стать достаточно сильной, чтобы противостоять [внешним] угрозам, то радикальные реформы должны были начаться на уровне княжеств, и вооружить лишь крошечную часть общества — класс самураев — было для этого уже недостаточно. Нет конкретных доказательств, которые позволили бы связать работу Такасуги по организации «Кихэйтай» с его наблюдениями после знакомства с Цзэн Гофанем за его организацией «туаньлянь», состоящей из «местных храбрецов», но эти события, безусловно, можно соединить.

Обычно никто не связывает китайское влияние в XIX веке с процессами демократизации в Японии (или где-либо еще)[4]. Чаще всего на поиски источника импульса таких реформ и создания новых политических институтов в период Мэйдзи отправляются за Тихий океан или еще дальше, за Атлантический. Но наши герои — в эпохе бакумацу и пока не вступили в период Мэйдзи, и многие из изменений, которые еще только предстоят, стали бы проклятием для самураев конца эпохи Эдо. Какими бы вспыльчивыми ни были Такасуги, Хибино и Нотоми, среди прочих на борту «Сэндзаймару» в 1862 году они были молоды и в некоторой степени объективны. Некоторые, такие как Годай, Нагура и Накамуда, и вовсе не были вспыльчивыми. Трудно представить, что время, проведенное ими в Шанхае, не оказало

---

[3] О «Кихэйтай» существует много источников, но самый полезный — [Tominari 2005: 148–168].

[4] В начале XX века великий синолог Найто Конан, который писал в конце династии Цин, утверждал, что за прошлое тысячелетие история Китая стремилась к демократизации, о чем говорило уничтожение аристократии, начиная с династии Сун, и рост доли простых людей в культуре и политике (что он называл *хэйминсюги*). По его мнению, именно тайпины, чей порыв к «коммунизму» (*кё:сансюги*) стремился остановить эту тенденцию, атакуя саму структуру местного китайского общества, были обречены. Цзэн Гофань и его друзья понимали это и поэтому при помощи местных обществ защищались от тайпинов и воевали с ними. См. [Naitō 1972, 5: 429].

заметного влияния на их жизнь и деятельность после возвращения в Нагасаки, будь то в военной, академической, политической или художественной сфере, даже если сейчас оно могло бы показаться нам совсем незначительным.

Почему Такасуги так часто появляется в произведениях, посвященных этой миссии? Вероятно, основная причина — его важная роль в политике и военных делах бакумацу, которая была описана выше и которая заключалась в том, что он должен был нанести сёгунату решительный удар. Однако безвременная кончина Такасуги в мае 1867 года исключила какое-либо его участие в окончательном свержении сёгуната или в создании нового правительства Мэйдзи. Может, дело в его ярком характере, бесшабашной удали или яростной решимости показать высокомерным европейцам их место? Конечно, свою роль сыграла и ностальгия по тем временам, когда мужчины и женщины ради великого дела были готовы рискнуть своими жизнями. Однако мы бы сказали, что, какими бы важными ни казались все эти объяснения его популярности (и в художественной литературе тоже), все они бледнеют перед его историческим вкладом в основание «Кихэйтай», чьим прообразом стало китайское ополчение, о котором он узнал в 1862 году.

В нашей истории о том, каким японцы увидели мир, есть также совершенно очевидный и тем не менее чрезвычайно важный момент. Крошечная армада, которая приплыла в бухту Урага, возглавляемая коммодором Перри, возможно, напугала правительство, не имеющее военно-морского флота или слабо разбирающееся в навигации в открытом море, но все же это было ничто по сравнению с тем, что увидели пассажиры на борту «Сэндзаймару» в порту Шанхая. По сравнению с потрясающим зрелищем многих сотен судов в Шанхае Нагасаки показался бы сонной заводью. Смогли бы японцы хоть как-то отреагировать в случае, если бы крохотная часть западных судов из Шанхая решила совершить рейс в Нагасаки, Симоду или Хёго? Таким образом, опыт, полученный в Шанхае, послужил тревожным звонком, и, вероятно, он оказал бы такое же влияние на любого другого японца вне зависимости от его положения.

И кроме того, потенциально негативное последствие заключалось в том, что Запад мог попытаться насильственно открыть Японию миру тем же злонамеренным способом, которым он воспользовался в случае с Китаем, и обрушить на нее концессии, экстерриториальность, христианство, опиум, высокомерие европейцев и прочие беды и несчастья, с которыми в свое время столкнулись китайцы. Разные японцы, возможно, по-разному реагировали на это, но никто в 1862 году, вероятно, не упускал из виду необходимость сделать что-то, чтобы предотвратить это — причем сделать как можно быстрее. Неспособность отреагировать сделала бы Японию уязвимой перед полным разрывом ее социальных связей. Опиум, иностранцы и христианство оказали значительно меньшее влияние на Японию, и она стала первой азиатской страной, которая пересмотрела неравноправные договоры, но в конечном счете это означало, что мир японского общества 1862 года впоследствии был полностью перекроен.

Как во всем вышесказанном, так и в том, что касается опыта, о котором докладывали бакуфу чиновники сёгуна, первое плавание «Сэндзаймару» стало важным поворотным моментом в современной истории и дипломатии Восточной Азии. Китайские и японские чиновники увидели друг друга воочию, и хотя ни одно из их решений не принесло зримых плодов, простой разговор помог положить конец долгому молчанию. Девять лет спустя, в 1871 году, между двумя правительствами был подписан равноправный договор, состоялся обмен консулами, и в Восточной Азии наступила новая эра — даже несмотря на тот факт, что это было уже совсем не то правительство, которое в 1862 году отправило «Сэндзаймару» в Шанхай.

Отличался ли мир в 1871 году от мира в 1862 году? Несомненно, хотя разница не всегда была к лучшему. Гражданская война в США, которая только началась в 1862 году, уже закончилась, президент Линкольн был убит. 20 апреля президент Улисс С. Грант (1822–1885) подписал «Закон о гражданских правах» 1871 года как часть напряженных усилий по проведению в жизнь реформы, известной как Реконструкция Юга, на фоне нападений на бывших рабов со стороны недавно сформированного ку-клукс-клана и других расистских организаций. Рабству как институту пришел конец, война только-только закончилась, а впереди были ужасы законов Джима Кроу. Во Франции 26 марта была создана Парижская коммуна. Она просуществовала чуть более двух месяцев, прежде чем в конце мая военные расстреляли последних 147 коммунаров, безжалостно подавив движение.

В октябре случился Великий Чикагский пожар, через месяц Генри Стэнли найдет Дэвида Ливингстона, а 26 декабря, в день вручения подарков, с умеренным успехом пройдет премьера оперы «Феспис» — первой совместной работы Уильяма Гилберта и Артура Салливана. Некоторые считают, что в начале мая был сыгран первый матч высшей бейсбольной лиги, но историки спорта пока не готовы это подтвердить. В марте Отто фон Бисмарк (1815–1898) провозгласит Германскую империю, примерно через две недели после рождения в Польше Розы Люксембург, которая погибнет в Берлине, будучи гражданкой Германии, — ее убьет социал-демократическое правительство в ходе революционного восстания.

В конце августа молодое правительство Мэйдзи нанесло еще один сокрушительный удар по институциональным основам бывшего сёгуната, отменив систему полунезависимых владений даймё и заменив ее на более централизованную систему префектур. Двумя неделями ранее родился человек, который в 1875 году станет императором Гуансюем (ум. в 1908 году). Его имя будет ассоциироваться с некоторыми из самых масштабных реформ в истории Китая, многие из которых были основаны на реформах, проводившихся от имени императора Мэйдзи.

Японские и китайские тексты

Глава 1

a. 西人來ツテ玆ニ利ヲ爭ヒ、霸ヲ試ント欲ス。吾輩同胞、此必爭ノ地ニ在リ、坐シテ其ノ肉タランロ欲スルカ、將タ進ンデ、共ニ膳上ノ客タラント欲スル乎。

b. 伊國與日本國通商二百餘年交誼甚深今次該頭目等冀帶商人貨物搭坐伊國商船前來上海不便阻止情願代為報丞進出一俟物銷畢保其不買中華貨物催其趕緊回國

Глава 2

a. 拍枕海潮來 / 勿再閉貫眼 / 日本橋頭水 / 直接龍動天

b. 陽に交易をと致し...陰ニ彼が動靜等探偵

c. 追而唐國上海香港等迄も出船...土地之潤澤...往往莫大之御國益

d. 畫工之由也。未ダ年少也。

e. ここに數卷の著作がある。これは自分が外遊のたびに心血を注いで、その行程及び見聞を記錄したもので、唯一の財產だ。今これを君に呈する。

f. 幕府吏をして支那諸港に互市すと聞く。汝幕吏に隨い、ひそかに支那諸港に渡り、彼の形勢情實と彼の諸港を御する所以を探索せよ。しょこうして我が國に歸り報ぜよ。

Примечания к главе 2

a. 此度、御内思召これあり。公儀御役人へ隨從、外國へ差し越され候に付いては、容易さらざる事柄、辛勞の至りに候え共、外國の事情形勢、なお制度器械まで、なる丈け見分の及ぶべく、歸國の上申し出候は、一廉國家の御裨益に相成るべく候條、何によろず心を留め記憶仕り候樣、精々心掛け肝要に候。

b. 此度上海渡海互市之根起ハ、必竟長崎商人共...高橋某ニワイ賂ヲ
遣ヒ、商人共私之利ヲ得ントナス也。又江戸來リシ官吏モ、多
クハ高橋 黨ニテ、皆俗物故

c. 此船買入之後、千歳丸ト名ク。是長崎奉行高橋美作守ノ名ヅク
ル所ト 云フ｛聞ク、高橋ハ安藤閣老之黨ニテ、頗ル俗物也ト。
其所名ノ船號、以テ可知其為人俗。｝

Глава 3

a. 此度同船數十人ノ銘々見聞セシコトヲ皆集メテ大成セバ、頗ル
益アルコトモ多カルベキニ、余ガ微力ノ及ブコトニアラザルハ
歎ズベキコト ナリ

b. 予其話ノ意味推察スルニ、外亂ヨリ内亂ノ方可懼キト云心
持ナリ

c. 華親頓ハ、始メ土民、遂ニ為大統領、後又歸土民、又再ビ
為國王

d. 予聞ヲ欲セズ。因去ル

e. 予、彼二人日本語ヲ學バン[ト]欲スル、何トモ怪シ。其心中推シ
謀ルニ、耶蘇教ヲ日本ヘ推シ廣メンコトヲ欲ルナラン。要路ノ
人實ニ務防有リ度キコトナリ

f. 故ニ世界中以英國為強國

g. 外夷ノ猖獗ヲイキドウリ、畜髪隱逸人ト為リ

h. 嗟日本人の因循 且にして、果斷に乏しき、是れ外國人の侮りを
招く所以なり。歎くべし、 愧づべし

i. 火の用心の事、但し煙草用ひ候時は火焚所最寄へ出、飛散らざ
る樣用ゆべし、其外にては無用たるべし

j. 船中にて紙張提灯を用ゆべからず

k. 船室の外夜四つ時燈明を消すべし

l. 煎焚の火は夜五つ半時に消すべし。

m. 船中一日、一人水一升の外與ふべからず。

n. 諸用申立る事有之時は中村良平に可申立事

o. 喧嘩口論は勿論高聲に雜話すべからず

p. 部屋内に火を免さず

q. 諸用なくして船室に來るを許さず

r. 役人の許を受けずして上陸いたすべからず

s. 必要の品は格別商賣物に紛らはしき品物持越すべからず、但し
自用無據品買候節は役人に申立得差圖調可申事

t. 滯船並に逗留中工他出の時は出入とも役人へ届くべし、私に遊
步すべ からず

u. 役人の許なくして外國人へ音信すべからず

v. 異宗の儀は堅く御制禁に付相勸め候もの有之候とも一切撮申間敷事

w. ソノ法甚ダ嚴ナリ。若有侵法者、則不許上陸

x. 嗚呼萬里ノ別レ、又何ノ時ニ會合スベキ

y. 船中の諸子困窮極まれり

z. 晩ニ至テ風雨不止。船中動搖、夜寝ラレス。乘組ノ人々多ク浪ニ醉フ

aa. 萬里何管海路厄／巨艦衝破濤波劇／航海不特為壯觀／唯期一點國家策／君不知朝衡宏才鳴一時／吉備博學青史垂／元是千古文治世／爾今世變屬艱危／壯士此行自有意／何厭飢餓類股噉／ 腰間秋水不可誇／只存日本勇義膽

ab. 舟中ノ人、荷物ト共ニ轉倒ス。時ニ舟中ノ人浪ニ醉ハサルナシ。

ac. 颶風狂雨、諸子甚だ窮す。船の搖動する每に、行李人と與に轉倒す。 船に醉ふの人猶ほ酒に醉ふがごとく、體を臥すこと殆ど死人の如し。 終日閑默し、敢て談を發する者なし

ad. 諸子大いに喜ぶ

ae. 一見して舊知の如く、肝膽を吐露し、大いに志を談ず。亦た妙なり

af. 未明ヨリ眼ヲ拭ヒ嶋ノ有無ヲ試ム。巳時西面ニ屹立タル物アリ。 雲ニ似テ又山ニ似タリ。彷彿サダカナラズ。船中ノ人手ヲウチ云フ、コレ嶋ナリ

ag. 愕然眼ヲ拭ヘバ。。。一髮ノ煙严ヲ看ル。皆云フ、コレ嶋ナリ

ah. 我輩腰間ノ日本刀アリ。滿心ノ勇義ヲ以テコレヲ揮フ。些々タル海賊何 ゾオソレン

ai. 海を去ること四拾余里なり。諸子大いに踴躍し

aj. コノ邊水底深ク錨鎖二十四尋。江ノ廣サ十里餘。四面皆舟ナリ、ソノ數幾百千。コノ江ノ名ヲ問フニ、ウ ソント云フ。。。。南岸砲臺連リ凸凹ノ形ヲナス。要地ニシテ堅ナルヲ覺ユ。然ルニ砲ヲソナヘズ。船長云フ、コノ砲臺二十年前ハ大砲ヲ備ヘ且人家モ比麟ス。當時英人上海港 ニ至ラントス。彼防イデ入レズ。故ニ火ヲ放チ人家燒燼、大砲奪却ス。 故ニ今ヤ砲臺ヲ存スルノミト云フ

ak. 五月五日。天晴。風順ひ、船馳すること矢のし。忽ちにして吳淞江に至 る。。。。北南にすれば兩岸隔ること三四里計リ、四面は茫々たる草野 にして、更に山を見ず。外國船、唐船皆碇泊し、檣花林の如し。本船も亦た此に碇泊す

al. 此の地は嘗て支那人と英人との戰爭の地なり。故に人家等しく盡く。 吳淞江の口に至れば、北岸は盡く砲臺なり。。。。此の邊は昔時英人の 奪ふ所と為る、故に人家殆ど盡くと云ふ

am. 此人萬國ノ風説ヲ筆記シテ新聞紙ニ載セ萬國ニ發行スルト云

an. 水路ノ主人

ao. 各國ノ夷船輻輳シ、清國ノ艇舶數知レス。帆檣ノ連立スル恰モ
林ノ如ク

ap. 黄浦中來舶スルトコロノ蠻船百餘舟。。。且唐船ノ碇泊スル幾
千ト云フ數ヲ知ラズ。帆檣ノ多キハ萬頃ノ麻ノゴトシ

aq. 吳淞江より上海迄五里斗之處は唐漁船誠澤山數不相知識界一番
之 賑成處と相見へ吳淞へはフランス之コンシル館アメリカコン
シュル館 有之尚人家或は城閣之樣成所幽に見へる

ar. 右岸ニハ西洋諸國ノ商船櫛比シ壯觀ヲ極タリ實ニ支那諸港中第
一繁 昌ナリ所ト聞シ

as. 同舟諸士ノ内ニ前年米利幹へ赴キシモノ兩名アリテ物語ヲ聞ク
モ米 利幹ワシントン・ニューエロク・ニモ遙ニ勝リタル繁昌ナ
リト云ヘリ

at. 江ハ滿抹皆船ナリ。陸ハ家屋比麟、何ゾ盛ナルヤ

au. 帆檣林立渺無邊／終日去來多少船／請看街衢人不斷／紅塵四合與
雲連／憶從曾有大沽患／市利網收老狒姦／休言上海繁華地／多少
蕃船騙載桓

av. 午前漸く上海港に到る。此は支那第一の繁津港なり。歐羅波諸
邦の 商船、軍艦數千艘碇泊す。檣花林森として津口を埋めんと
欲す。陸上は則ち諸邦の商館紛壁千尺殆ど城閣の如し。其の廣
大嚴烈なること 筆紙を以て盡すべからざるなり

aw. 誠に存外之振

Глава 4

a. 六七歲ノ女兒余輩ニ向ヒオハヨウト云フ

b. 上海夷場居留地ノ甚廣袤甚タ大メ屋宇ノ結構宏麗ノ極メ其數幾
千百 屋ト云フ

c. 城門狹隘ニメ纔ニ肩輿ヲ并ブヘシ門ヲ入ハ街衢ノ縱橫道達セリ
但街 間ノ路ハ狹ケレドモ城外ニ比スレハ每戶結構壯麗ナリ。。
。店舗モ亦 狹フメ每店口二步或ハ一步半ナルモアリ其繁華雜沓
ナルコト本朝江戶 ニ異ナラス

d. 吾江戶ニ異ナラサルナリ

e. 故ニ上海中、每年炎暑ノ時節ニ至レハ必ス惡病大ニ行レ、人民
ノ死スルモノ甚タシト多云

f. 海ハ支那南邊ノ海隅僻地ニシテ、嘗テ英夷ニ奪ハレシ地、津港
繁盛ト雖ドモ皆外國人商船多キ故ナリ。城外城裏モ皆外國人ノ
商館多キガ故ニ繁盛スルナリ。支那人ノ居所ヲ見ルニ、多クハ

貧者ニテ、其不潔ナルコト難道。或年中船ズマイニテ在リ。唯富メル者外國人ノ商館ニ役セラレ居ル者也。

g. 海市坊通路ノ汚穢ナルコト云フベカラズ。就中小衢間逕ノゴトキ、塵糞堆ク是ヲ踏ムニ處ナシ。人亦コレヲ掃フコトナシ。

h. 此度ノ上海行、最モ艱苦ニ堪ヘザリシハ濁水ナリ。古ヘハ揚子江吳淞 江ナド皆清流ナリシ由ナレド、中比北地ノ黃河淮濟ヲ并セテ南ニ決シ 大江ニ合シタリシカバ、カクノゴトク濁流トナリシ由。ソノ上ニ土人死セル犬馬豕羊ノ類、ソノ外總ベテ汚穢ナルモノヲコノ江ニ投ズル故、皆岸邊ニ漂浮セリ。且又死人ノ浮ベルコト多シ。。。尚コレニ加フルニ數萬 ノ舶船屎尿ノ不潔アリ。井ハ上海街中纔カ五六所アリト云フ。然モソノ濁レルコト甚ダシ。故ニ皆コノ江水ヲ飲ム。

i. 今萬里外ニアッテ涓埃モ國家ノ用ヲナサズ、空シク病狀ニ死スルハ、豈遺憾ナラズヤ。

j. 實ニ笑フベク厭フベシ

k. 街市を徘徊するに、土人予輩を尾して來る。土人の臭氣人を蒸すこと 猶ほ炎熱人を蒸すがごとし。予も亦た甚だ窮せり。

l. 街坊ヲ徘徊ス至ル所看ル人堵ノ如シ

m. 此日余レ街坊ヲ徘徊スルニ小シク足ヲ留レハ看ル人群聚メ炎氣ニ堪ヘ 難シ

n. 吾輩形粧ノ異ナルヲ以テノ故ニ、認メ看ントメ士女爭テ相集ルコト每ニ 堵ノ如シ

o. 初メテ渡リシ我輩ヲ親シムコト眞ニ舊知ノゴトシ。コレ筆語談論ノ意味 自ラ相通ズル故ナリトモ云フベケレドモ、已ニ着岸ノトキ初メテ上陸セシニ、見ル者雲集セシ中ニモ童兒輩最モ狎親シミ手ヲ携ルバ從ッテ来ル。謂フニコレ倭漢ノ人心自然ニ相通ズル故ナルベシ。

Примечания к главе 4

a. 街市を徘徊す。土人は土墻の如く我輩を囲む。其の形異なる故なり。

Глава 5

a. 上海海關ノコトハ、英人コレヲ司リ、黃浦ニ入舶ノ船稅ヲ取納ムルナリ。ソノ故ヲ尋ヌルニ、二十年以前コノ地初メテ開港ヲナシ、萬國ノ商客ヲ集メ貿易ヲ盛ンニセシト雖トモ、洋商等清人ノ柔弱ナルヲ侮リ、ヤヽモスレバ制令ニ從ハズ不法ノ行ヒナ

セシヲ以テ、英人ヲ賴ミ海關ノ税ヲ納メシム。然ルニ先年天津ノ戰爭ニテ英軍ニ打負ケ、和約ノ為メ莫大ノ償金ヲ出スニ決定ス。コレヨリソノ後ハ上海ノ税銀ヲモ右償金トシテ年々英人ニ占取ラルヽ由

b. ソノ新館ハ上海港ノ運上所ニテ頗ル廣大ナリ。清吏英人ト雜居ス。ソノ人數ヲ問フニ英人四十二人、清吏九十九人、都ベテ百四十一人。清國政府ヨリ商官ノ者一人來ッテ管理シ、英人モ司長ナルガ頭ニテ管理ス。ソノ司長ノ給料年ニ洋銀八千。。。何ノ故ニ英人新館ヲツサドルヤ。夫レ天津ノ戰ニ約定シテ千六百萬兩ノツグノヒ金ヲ四十箇年ニ五港ノ運上ニテ奪却シ。甚哉、コノ事ヤ。蓋シ上海港ハ清國第一ノ港ニテ、一日ノ舟運上ノミモ洋銀六百餘ニテ、都ベテノ運上ハ莫大ナリ。然ルニソノ利ヲ洋夷ニ奪ハル、實ニ慨以テ歎ズベキカ。

c. 上海刑勢、大英屬國ト謂フテモ好キ譯也

d. 潔曰:今借英佛兵,他日貼石晉之患,其如之何.抑以英佛心情為可倚 信乎.

e. 曰:此乃上年危急之秋,不暇慮及,且顧目前之計

f. 借英法之兵.防長毛.何拙謀之甚乎

g. 貴邦堯舜以來堂々正氣之國,而至近世區々西夷之所猖獗則何乎.

h. 從是國運凌替,晉之五胡,唐之回訖,宋之遼金夏,千古同慨.

i. 國運凌替,君臣之不得其道故也,君臣得其道,何有國運凌替,貴邦近世之衰微,自為炎而已矣,謂之天命乎

j. 甚是々々

k. 英館を去ること五六間計り、橋あり、新大橋とづく。今を去ること七年前、古橋朽ちて崩るも、支那人再建すること能はず、因りて英人此の橋を建れり。支那人は通行する毎に壱錢を英人に貢ぐと云ふ。

l. 余コレヲ聞イテ愕然、怒髪サカノボリ目皆サケ、感慨勃々天ヲ仰イデ歎ズ。ソノ詩ニ云フ。奪國資基在此樓。滿堂諸士果知否。試憑欄檻看黄浦。濁浪排天萬里流。蓋シ清國耶蘇ノ禁廢シテ上海ニ耶蘇堂三箇所アリ。長毛賊ノ起リモ明末ノ者大義ヲ唱ヘテ兵ヲ起スニ非ズ。唯邪教ヲ以テ愚民ヲ惑溺シ、遂ニ大亂ヲ釀シ災十省ニ及ブ。然ルニ何ゾコレヲ禁ゼザルヤ。タトヘ清國亂ノ極リト雖ドモ、豈一二ノソノ責ニ任ズル者莫カランヤ。然ルニ廟諾コヽニ至ラザル、何ゾヤ。蓋シ外ニハ洋夷ノ猖獗、內ニハ賊匪ノ煽亂アリテ災害並ビ至ル。善者アリトイヘドモ、如何トモスベカラザルカ。夫レ清國ノコヽニ至ル、豈他アランヤ。地ヲカシ五港ヲヒラクニアリ。嗟殷鑒トウカラズ。近ク一水ノ外ニアリ。オソルベキナリ。

m. 一日城内ヲ徘徊シ日暮ニ臨ンデ歸ラントセシニ、城門既ニ閉ヂテ往來　ヲ絶ス。佛人等日本人ト見テ、即チ門ヲ開ケテ通ラシム。然ルニ土人等コレニ乘ジテ通ラントスルニ敢テ許セズ。時ニ官人ノ肩輿ニ乘リテ外ヨリ來リ、佛人ノ制止ヲ聞カズ往カントセシ故、佛人怒リテ持チタル伺ニテ連擊シ、遂ニコレヲ退キ回ラシメシ由。嗚呼清國ノ衰弱コヽニ至ル、歎ズベキコトニアラズヤ。城門ハ七口トモ、英佛二夷コレヲ分衛シ。。。

n. 或日阿蘭ノコンシュル所用アリテ來リ過グ。渭南コレヲ見テ、愕然トシテ顔色土ノゴトク戰栗シ立ツテコレヲ拜ス。怪シンデソノ故ヲ問ヘバ、渠レ過グルトキ吾ヲ睨ム。ソノ意我儕來リテ貴邦ノ人ト談ズルヲ惡ムナルベシ。尚久シクセバ、恐ラクハソノ怒リニアハント。頓ニ坐ヲ立ツテ來リ去ル。施渭南ハ北京ノ學校ニ在テ人ニ名ヲ知ラル、程ノ者ナル由。然レドモカクノゴトキ異人ヲ恐怖スル國勢ノ情態、歎ズルニ堪ヘタリ。

o. 支那人の外國人の役する所と為るは、憐れむべし。我邦遂に此の如からざるを得ず務めて是れを防がんことを祈る。

p. 是借夷剿賊、流弊滋多

q. 此の日佛蘭西の兵卒數百人、軍艦より上陸す。予公事ありて、遂に看ることを得ず、甚だ以て遺憾と為す。

r. 五代來りて談ず。午後、中牟田と英人の預かる所の砲臺に到り、アルミストロンク砲を觀る。砲は十二ホントなり。

s. 佛則朴英則驕陸則恭

t. 是意吾等所見ト相符セリ

u. 支那人英佛人ニ賴、長毛賊ヲ防グ。其軍費何國ヨリ出スカト訪フニ、英　人云、軍費我自出ス、支那人云、自我贖フ。不分明也。

v. 洋人之兵,為賊所畏.與其以餉養兵,不如餉豢夷

w. 予清人等ニ對シ、中國如何ゾ外夷ノ力ヲ借リテ城壘ヲ守ルヤト難ゼシニ、皆默ス。一人暫ク有リテ云フ、コレ前年長毛賊上海ニ寇セシ時、新撫臺李鴻章ハ未ダ到ラズ、在ルトコロノ兵勇ヒトシク安慶ト云フ七百里ノ遠キニ在リシ故、止ムコトヲ得ズ英佛ノ兵ヲ借リシト。予又問フ、然ラバ何ゾ洋人跋扈ノ甚シキヲ制セザル。コレ清朝ノ却テ外夷ニ制セラルヽトコレニアラズニト。皆答フルコトナシ。

x. 問曰,上海現兵幾人.

y. 慶楳曰,松江提督標下所管三十七營,美營千餘或七八百不等.而上海額設兩營.其餘撫臺所統勇士一萬餘人

z. 潔曰,吾前問之道臺從者,則不如此多,而其說不詳.故復問之.今聞一萬二千餘兵.然則何為借英佛之兵哉.

aa. 曰,上年十二月時,新撫臺尚未到上海.所有兵勇均在安慶地方.離此
有 七白餘里.是以請借英佛二國助守城地

ab. 傳言可惡.我國嚴禁邪教.犯之者當死

ac. 上海城ノ浮說ニ、今段東洋人來リシハ吾朝ノ大ヒナル幸ヒナリ。
道臺 吳公ト熟計シテ長毛賊ヲ討伐ノ為メ、日本ヨリ援兵トメ大
軍海面ヲ掩 テ來ルコト不日ニアルベシナドノ諺アリ。余レニ向
テ援兵何レノ日ニカ 來ルナド問フモノアリ。笑フベシ

ad. 孔聖廟に到る。廟堂二つありて、其の間の空地に草木を種うる。
結え ること宏くして頗る備ふ。然れども賊の變以來英人之に居
りて、變じて 陣營と為す。廟堂中、兵卒銃砲に枕して臥す。之
を觀るに實に慨嘆に堪 へざるなり。英人支那のために賊を防
ぐ、故に支那は聖孔子像を他處 に遷し、英人をして此に居らし
むと云ふ

ae. ソレ狐ヲ驅ツテ虎ヲヤシナフカ。何ゾ失策ノ甚ダシキヤ。

af. 貴邦敬孔子否

ag. 我國敬孔夫子勝貴邦

ah. 何故

ai. 昨至城内拜聖廟. 無聖像而有英人

aj. 我邦の士君子預防あらざるべからざるなり。

ak. 聯邦志略等の書を需めて

al. 古ヘノ鎗砲ヲ用ヒ又弓ヲモ時アリテ之ヲ用ル

am. 朝讀英書、下後官吏盡至佛蘭西館

an. 讀英書

ao. 至川蒸氣船、看諸器械

ap. 朝與中牟田至亞米利加商館,商人名チヤルス,... チヤルス曰,我掩留
橫濱三四年,少解貴邦語,明後天出航, 又欲至貴邦,甚慕貴邦人,...中
牟田 解英語,談話分明,...予謂チヤルス曰,弟近日讀英書,未得與人
談,日夜 勉強,他日再逢,欲得與兄能談,チヤルス又曰,弟亦與兄再逢
日可能欲 解貴邦語矣

aq. 薩摩ヨリ、五代才介ト申人千歲丸水夫ト為リ、上海エ罷越セシ
ナリ。。。段々君命ヲ受ケ當地罷越セシ樣子ナリ。。。蒸氣船
買入之節之咄ヲ聞クニ、蒸氣船買入之直段十二萬三千ドル、日
本金ニ直シ七萬兩。

ar. 英人其の總管為り。總管、予二人を呼び、如々話あり。英人、
日本橫濱 より送り來る新報紙を讀み聞かす。分明ならざれども
交易の事に付、 動搖ある由。徒千餘人江戶を退く。大名皆京師
え越き、。。。其の大名 の大なる者を四つ舉る。薩州、細川、
我藩、黑田なり。又英人云はく、 別の新報に江戶にて一大名已
に幕府え打掛候由と。0英人云はく、大 名は外國人を長崎、箱

館など遣し、敢て大坂などえ近づけぬと云ふなり、大君の方には大坂邊え交易場を開きても宜しと申すと。故に夷人は皆大君の方を響むるなり。懼るべし、懼るべし。黄昏歸館す。

as. 從是學西方字初 / 誓心禁讀和漢書 / 忘了先後畫吾作 / 將致上知與 下知

Глава 6

a. 英夷鴉片以來戰爭之事、書為史冊者有否、

b. 無,阿片通中國,始於乾隆、盛於道光,鴻臚寺黄爵滋奏禁此物、英夷遂 滋事、道光二十二年提督陳忠愍公—化成—死之後、遂解禁、

c. 貴邦近世之人、欽慕陳化成林則徐等之為人者多否、

d. 二公名望非特本地欽慕、四夷多想望風采、實為吾朝名臣、

e. 弟亦嘗慕其為人

f. 佩文韻府等於我無要,陳忠愍公林文忠公兩名將之著書,則我雖千金要求之矣

g. 鴉片邪教之有害於國家。不鮮少。今也公行。然而往々看飢餓之人。兄何不獻白而救之。

h. 心有餘而足。為之一歎。

i. 清國近年又阿片烟ヲ吃スルモノ甚ダ多ク、官府ヨリモ遂ニ制禁スルコト能ハズト云フ。コレ現ニ上海ニ於テモ、吳煦ヲ始メ官吏皆コレヲ吃ス。故ニ下民ニ嚴禁ヲ施スト雖ドモ、亦コレヲ守ル者ナキナリ。清人云フ、鴉片烟ソノ味ヒ甚ダ美ナリ。然レドモソノ害ノ甚シキハ人命ニ及ブ。然ルヲ人々好ンデコレヲ吃スル者、ソノ故如何トナレバ、心氣遇々不爽ナルトキ、或ハ事ヲナシ身體倦勞レシトキ、コレヲ吃スレバ、精神頓ニ明發ス。故ニ人々終ニコレヲ廢スルコト能ハザルナリ。然レドモコレヲ吃スレバ一月ニシテ謙必ズ生ズ。然ラバ則チ豈コレヲ嚴ノセザルコトヲ 得ンヤ。

j. 未ダ黄浦ヲ發セザル時、中牟田倉之助コレニ問フテ云フ、爾コノ業凡ソ 毎月ニ幾度アルヤ。答ヘテ云フ、或ハ兩三度或ハ四五度。又問フ、父母妻子アリヤ。答ヘテ云フ、ナシ。又問フ、然ラバ爾博奕スルカ、將タ女色飲酒ニフケルカ。何ノ故ニハ、多ク大金ヲ得テソノ身衣服ダモ完カラズ、永ク貧窶ノ體ナルヤ。答フ、我他事ヲ欲セズ、嗜ムトコロハ唯阿片煙ノミナリ。故ニ得ルトコロノ金多シト雖ドモ、コレガ為ニ不足ナリト云フ。皆コレヲ聞イテ信ゼズ。

k. 須臾ニシテコノ者我輩ノ居所ニ來リ、美ナル箱ヨリ阿片烟ノ具ヲシ、平臥シテコレヲ吃スルコト凡ソ半刻。皆コレヲ奇トシ傍

ニ依テ見物ス。然ルニソノ烟座ニ滿チソノ臭モ亦惡ムベシ。因テコレヲ制止スレドモ更ニ耳ニ通ゼズ。眸神蕩ケテ眠ルガゴトクナリケレバ、ソノ久シクシテ過チアランコトヲ恐レ、倉之助大喝シテ刀ニ手ヲカケ怒レル顔色ヲ顯ハシケレバ、驚イテアハタゞシクソノ具ヲ收メ出デサリス。

l. 烟毒需良方、今求取其藥甚難、却有、其藥名則徐丸化成湯.

m. 或日二人ノ書生來リ訪フ。余病ンデ床ニアリ。同房ノ友等コレト筆語ス。談餘書生問ヒテ允フ、貴邦天主耶蘇ノ教ヘ行ナハルゝカ。答フ、古ヘ嘗テコノ教ヘ渡リ我朝ノ仇ヲナス。故ニ今尚コレヲ禁ズ。生云フ、先生等未ダ聖書ヲ見ゼルベシ。我等今コレヲ帶シ來ル。則チコレヲ呈セント云フ。我友コレヲ取テ披キ見ルニ耶蘇ノ邪教書ナリ。因テ大イニ怒リソノ書ヲ抛チ、皆コレト爭論シテ遂ニ戸外ニ推出ス。然ルニ此日又來ル。入ルコトヲ許サザレバ、立ツテ戸外ニ在リ。

n. 我友等倍々怒リ大イニ餂責シ皆出テ右ノ書生ヲ逐却ス。尚コレヨリ以前ニモ屢々來リ价ヲ窺ヒ便ニ就テ勸メ與ヘントセシニ、。。。追歸サレ シニヤ懲リタリケン、コレヨリ後絶エテ來ラズ。噫、清國書ヲ讀ム者スラ既ニコレヲ尊奉ス。況ヤ愚民等ニ於テヲヤ。

o. 始メ愚民等ヲソノ教ニ入ラシムルニハ、先ヅ多クノ金銀ヲ與ヘタリシ由。故ニ窮民等ハ宗法ノ善惡ヲ論ゼズ、湖口ノ助ケナレバコレヲ尊ブモノ多ク、ソノ教遂ニ天下ニ盛ンナリトイフ。又聞ク、洋人上海ニ於テ病院ヲ造營シ、數多ノ病人ヲ集メ療養ヲ施シアタヘ、藥劑等ニ於ケルモ上帝ノ命授スルトコロトシ、ソノ病ノ治スルモ亦上帝ノ救助シ玉フト云ヒ、必ズシモ醫師ノ功トセズ。コレヲ以テ天主ノ有難キヲサトシ、ソノ教ヲ遵ビクトシ、洋人等ハ素ヨリ醫術ニ精シケレバ、清國ノ庸醫等ガ及バザル妙療ヲナス故、愚民ハソノ命ノ助カリ得シヲ悅コブ餘リ、實ニ上帝ノ救助ナラント思ヒ、自ラコレヲ尊敬スル樣ニナリシモノナルカ。

p. 五月七日、拂曉小銃聲轟于陸上、皆云、是長毛賊與支那人と戰ふ音なるへし、予即ち以為く、此言信なるは、實戰を見ることを得へし、心私かに悦ふ。

q. 黃昏、和蘭人來りて告げて曰く、長髮賊上海の三里外の地に到る、明朝必ず砲聲を聽くべしと。官人之を聞きて大いに警むるも、予却て喜ぶ。

r. 七保鎮ト云フ處ニテ賊ノ戰爭アリシヨシ。

s. 未明砲發ノヲト囂スシク聞コユ。

t. 軍需公務

u. 賊匪湖城ヲ陷レ

v. 賊匪上海ニ逼リ近クニヨリ本地ニテ戒嚴スル

w. 南京ノ長毛賊、上海近郊ニ來リ、。。。仍テ長毛勢愈盛ニシテ
上海ニ 攻來ルノ注進アリ。故ニ上海ハ英佛各國守兵ヲ舉テ衛防
禦ヲ為ス。

x. 聞得タリ。當月初、胡城賊ノ為ニ陷ル。ソノ時城中食ツキ鼠雀
ニ至ル マデ磬盡ス。肉一斤大錢一千文ニテナホモトムル所ナ
シ。兵民餓死スル者數萬人。城主趙公計キハマリ力ツキ遂ニ難
ニ殉ズ。ソノ後兵民猶死ヲ決シテ城ヲ守ル。賊匪城中ニツケテ
云フ。胡地ニ我ノ敵タルハ趙 公一人ナリ。今趙公死ス。我百姓
ヲ敵トスルニ非ズ。爾等何ノ仇アルベキ。連カニ城門ヲヒラキ
降スレバ一人ヲ傷セズト

y. 馬路街ヲ經テ夷場ヲ巡曆ス處々砲臺アリ

z. 夫夷狄奪人之國也、先取其心、或厚利以啗之、或妖教以蠱之、
黎民 已懷之於是乎、一舉取其國,易於振枯

aa. 奧匪記略ヲ見ルニ長毛賊ノ起ル所以ン。。。詳ニ記セリ此書ハ
當時直 ニ絶版ニナリタル由ナリ此日舘内ノ唐人張雲余カ為ニ人
托。。。取リ來 ラシメ之ヲ余ニ贈レリ

ab. 晡後小東門外諸街坊ヲ徘徊シ書坊ヲ過キリ金陵癸申撧歌ト云ヘ
ル珎 書ヲ見ル是長毛賊猖獗ノ形勢。。。記セシム書ナリ

ac. 李鴻章是何等人。

ad. 是翰林.在曾相營中者。

ae. 所引率鄉民乎。

af. 所帥即是曾相部下之兵。此尚是第二等兵。其第一等兵乃是曾國
荃 所統。是曾相之弟。今圍困賊首於金陵.

ag. 清國ノ軍陣兵少ナク勇多シト云フ。兵ハ士林以上ヲ云ヒ、勇ハ
民ヲ 舉ゲ用ヒシ者ナリ。

ah. 支那ニテハ郡縣ノ制度ナルヲ以テ兵少ナク勇多シト云兵トハ士
林以上ニ列シタルヲ云勇トハ鄉民ヲ募リテ卒ニナシタルヲ云兵
ハ戎衣ヲ着 ケ勇ハ戎衣ヲ着ル甁ナク只陣羽織樣ノモノヲ着ル李
撫軍ノ營ニアル モノ大抵湖南湖北ノ鄉勇ヲ募リタルモノニシテ
惣軍ハ一萬六千此ニ 駐劄スルトイフ

ai. 近來兵書撰述スルモノ無シ。只陳德培、字ハ子茂ト云モノアリ。
近世ノ傑士タリ。此ヲ距ル甁七百里ノ山中ニ隱ル。其人一兵書
ヲ著ス。 之レヲ秘〆不肯出。。。。曾テ借テ讀之、乃チ近代第
一兵書ナリト云ヘリ。

aj. 新文紙ニ、上海ヲ去ル三五里マデ賊匪ノ寄セシコト有リテ、李
鴻章 屢人々往イテ征由、又浦東黃浦ノ東ヲ云フ賊起リ、英軍上

海ニアルトコロノ清兵ヲ助ケ伐チテコレヲ破リシ由。コレ五月
ノ頃ニシテ我等滯 流中ノコトナリ。

ak. 長髮賊ノ起ル始、道光二十九年。賊初將楊秀清、々々々死為天
王今 王代。楊秀清死。賊擊賊致自滅。賊信耶蘇者有也。江南元
帥、曾氏 英名アル由。賊徒主ヲ英王ト云

al. 長毛畏英乎。畏法乎。

am. 英法兵所到之地。賊皆畏。。。賊尤畏之

an. 賊將為何人。

ao. 忠王英王。

ap. 其為人何如。

aq. 忠王乃笑裡藏刀。英王如項羽一般拙燥。

ar. 賊首設神位。祭天惑饌。果然乎。

as. 賊首洪秀全廣西人。其設神祭天。名稱天主。然不過借此以愚民。
非若西人之有天主教也。

at. 聞得兄頻與賊戰。

au. 約有四十餘次。

av. 賊鋒強弱如何。且用何等陣法。

aw. 賊惟筌良民為兵。並無陣法。。。

ax. 貴邦所用之軍法如何。

ay. 敝邦所用法。亦隨時隨地。各有變通.不能執一。。。

az. 以一法應萬變之兵。焉有其理。唯應機投變。能得勝也。

ba. 然。

bb. 兄頃日與賊戰。帥鄉民若干。

bc. 帥鄉民七萬。

bd. 賊兵約若干。死傷約若干。

be. 賊兵亦有三四萬。死傷百餘人。

bf. 現長毛改名天京。蘇州改名蘇福省。吾從者去年被長毛筌去。 南
京天王。伊曾見過後。筌出江西杭州等處。直至前月。方得由蘇
州 逃來。

bg. 現長毛窩內做貿易。須得法兵全去方安。故我今日動身。亦待二
人 去也。

bh. 何畏法之甚乎。弟聞之慨歎。上海之人尚賊之窩內貿易乎。

bi. 現百姓與長毛亦貿易。。。在上海做貿易不妨。

bj. 頃日奸商寧波ノ方ニテ軍需器械ヲ以テ賊ト交易シ厚利ヲエシヨ
シ。然ルニ西洋ノ兵コレヲサトリ、奸商ノ船一艘ヲ奪フ。ソノ
中ニ西洋人フタリアリ。速カニトラヘ船中ヲケミスルニ、洋鎗
八十四箱、銅帽子十一萬五十匣、手鎗、刀劍夥シクアリ。上海
ニ來リ英人ノ領事館ニテ訊 究セシヨシ。コレ亦甚シト謂ツベ
シ。何故ニ清國ノ官吏イタリ訊究セザルヤ。嗚呼々々

bk. 玩松云はく、英(佛)法兵を請ひて長毛賊を防ぐ、近日又我兵卒を
して 西洋の兵銃を學ばしむ、因りて賊懼れて近づくこと能はず
と。此の言 に由り、支那の兵術は西洋の銃隊の強堅に及ぶこと
能はざるを知る べきなり。

bl. 長毛唯貪利乎。將有大望乎。

bm. 吾國國字中間。均寫或字。惟長毛倶寫王字。係自稱為王之故。
長 毛之事。吾友謝炳曽做金陵摭談書一本。上面倶有。

bn. 問曰、十八省中賊匪何處最酸烈。

bo. 銓曰、南京。

bp. 又問曰、逆匪有可滅之期乎。

bq. 答曰、此天數也。

br. 潔曰、雖曰天數、能治人事、則有挽回天運之理矣。且天之所佑
在 順而不在逆也。

bs. 禍ノ至リ止ルナキ所以ナリ

bt. 弟自舊冬避長毛賊至此、今春三月家屋已被焚燒、家中書籍金石
圖 畫一併而空、慘難言狀、聞之、使人潸然落淚。

bu. 近年支那國大半邪教ニ披靡シテ周公抔ノ道ハ地チ拂フ計リ城果
タリ憐ムヘキコトナラスヤ近頃上海ヨリ歸リタル男ヨリ聞クニ
夷等ノ建 タル病院ニテ治療スル醫師ハ即チ教師ニシテ病者ノ瀕
死篤疾ニ乗 シ彼妖教ヲ懇切ニ勸諭スル由

Глава 7

a. 官吏樓上に登り、從臣は樓下に待つ。予清人三兩名と筆話す。
。。官吏 蘭人と應接了る。乃ち清人を以て介者と為し、街市を
徘徊す。

b. 純白ニテ味尤モ佳ナリ。。。至テ珍菓ノヨシ。

c. コノ時官吏左右ヲ圍ミ、余輩ノ刀ヲ看或ハ衣ヲ撫シ羽織ノ紋ヲ
指點シテ、或ハ疑ヒ或ハ笑フ。一人余ノ前ニ立チ口ニ聲アリ。
語ルゴトシ。余筆 トリ暫ラク相語ル。

d. 嗚呼野ナル哉、卑ナル哉。

e. 本年五月初九日有西洋荷蘭國領事哥老司同東洋日本國頭目。。
。八人來道謁見據稱伊等八人皆日本國頭目奉本國上司派令管帶
本國商 人十三名冀有海參魚翅海帶鮑魚各四五千觔及漆器紙扇等
物幗坐荷 蘭國商船前來上海仍憑荷蘭國商人報關丞艙完稅進口意
欲試做貿易 求准在滬買賣因係初次一切不諳懇請指示等語 職道
當以中國商人歷年雖有由乍浦放洋前赴日本國採買洋銅之例而 日
本國商人從無逕來中華貿易之實照章不准進口姑念歷涉重洋而來
不忍拒而不納且係幗坐荷蘭國商船即憑荷蘭國商人出名報丞仰體

天 朝懷柔遠人盛意暫准通融作為荷蘭商人之貨准予趕緊銷售仍不許 轉買中國貨物早日齎資回國仍坐荷蘭國商船出口下次不可輕至該 頭目等聞知准極忻感唯唯聽命情詞頗為恭順又據荷蘭國領事哥老司 聲稱 伊國與日本國通商二百餘年交誼甚深今次該頭目等冀帶商人貨物搭 坐伊國商船前來上海不便阻止情願代為報丞進出一俟物銷畢保其不 買中華貨物催其趕緊回國

f. 各等語旋於五月二十五日職道親至該頭目寓所察看情形據該頭目等 稟稱今次帶來各貨因上海有長毛環據不能暢銷准甚虧耗且伊等遠來 異地不服水土商人已病斃三人現俟餘貨銷完立即返棹

g. 體察該頭目等寔有亟欲 回國之意並查今日西洋各國與日本國通商凡 該國所出土產無不搬運來滬販賣貨多價減勢所必至無值上海逆氛四 逼商買不通銷路阻滯亦係寔在情形是以此次日本國頭目帶同商人來 滬試行貿易未遂所欲此後或可杜其再至除侯該頭目等定期返棹由海 關查丞明確准令出口再行馳報外仰祈察核訓示

h. 遵行等情到本大臣據此查日本國不在通商各國之內向不遒來中國貿 易而荷蘭亦係無約通商之國乃竟帶同日本國頭目商人前來貿易此端 一開恐啓包攬之弊將來各國紛紛效尤何所底止不可不防其漸為此咨 呈謹請查核施行

i. 貴大臣嚴飭蘇松太道嗣後於各國商船進口時務須認真訪察設法妥辦 理毋令各國准蹈日本故轍是為止要

j. 該頭目復來謁見據云抵滬兩月銷貨未及一半現欲料理返棹惟在滬通商 之無約小國尚多准在於通商各口循照有約各國章程貿易惟不准 進京及擅入長江各內口 今日日本距中華甚近又有官民銅商頻年止 日本辦銅該國內係恪遵妥 辦從無違誤此時情願仿照西洋無約各小國 之式不敢請立和約祈求准 該國商船專來上海一口貿易并設一領事館 賃屋而居照料本國船商完 稅等事此即格外恩典等語由該關道開具有 約無約通商各國清摺轉稟請示前來又經本大臣以無約 各國上海從 前如何准其通商批飭查明原案刻日抄錄稟候會該核辦理 去後慈據該 關道稟尊查無約各小國從前如何准其通商

k. 緣於咸豐三年分上海縣城被匪踞蹓職道衙門案卷全行淪失無從查考 惟檢查道光二十三年五口通商章程案內有英國善後條約第八款內載 向來各外國商人止准在廣州一港口貿易上年在江南曾經一明如蒙大 皇帝恩准西洋各國商人一體赴福州廈門甯波上海四港口貿易英國毫 無靳惜

l. 本大臣署撫查核所稟與刊本相符今該日本國頭目請仿照無約各國 止在上海一口貿易並設領事官賃屋照料等情其應如何辦理之處本大 臣署撫未敢擅便相應咨呈謹請查核裁奪示覆以憑飭遵施行

m. 明季之末有日本國匪徒糾鱸至粵閩江浙等省沿海騷擾明為倭寇雖事 遠年湮既往不咎而父老相傳不無舊忿未消

n. 職道以所辨乃無之辭何可據信

o. 稱次載之伊國志乘惜未冀帶將來乃無據志書籤送

p. 自割又自炙 / 飽吃松江鰻 / 膏密齒間滑 / 香濃鼻頭酸 / 張翰嗜鱸鱠 / 何不試之餐 / 若使知此味 / 轉向江南嘆

Глава 8

a. 蒸氣舟走り來る千歲丸之右手に結付川筋所々曲處有之を引登る。。。 上海異館之前に碇を入候事。此賃錢洋銀二百枚日本銀八貫目に 當るなり

Глава 9

a. 我は東洋日本政府の士官なり、上海に到らんと欲し、今曉東鞍島邊に 到り、水導船を尋るに未見、願くは我に示すに其所在を以てせよ

b. 此港內の權、實は道台にあらずして英佛常に港中に大船六艘を泊し、 或は兵器或は兵糧を貯と云

c. 大日本藝州小林六郎

d. 本衙門查日本國懇請專在上海一口貿易並設一領事官賃屋照料各情 其中有無流弊本衙門無從懸揣相應咨行該大臣相度時勢察看情形妥 為辦理並將如何辦理之處迅即詳細咨覆本衙門查核可也

e. 日本國頭目根立助七郎等因各貨不能暢銷遵飭不敢轉買中國貨物丞 於冀資回國已於七月初十日仍搭荷蘭商船出口回國臨行囑為轉稟以 前請此後來滬通商一事不及等候如蒙各憲准行務請諭知荷蘭國領事 哥老司專函知會設奉駁飭亦由荷蘭領事通知以便伊國另添公使前來 馭求等情到

f. 其詞極為卑順似亦不便拒絕

g. 該國企慕通商意甚誠佝若必拒而不納司不足宣布聖朝懷柔之得意職 道細加察核頭目等殷殷陳乞其意但求通商且又專在上海一口別無溪 冀亦無伶詐別惜似應俯如所請

h. 援照西洋無約諸國之例准令在上海一口通商貿易所有進出貨稅統由 新關丞收其報丞完稅等事亦照西洋無約各國之例一律遵辦並准設一 領事賃屋而居管理該國通商事務其餘東洋各國俱不得援以為例仍飭 該國領事申明約束不准該國商人擅赴別口貿易以示限制其中似無別 項流弊飭前因合再遵飭議詳仰祈會同咨呈總理各國事務衙門核覆遵 行等情到

i. 本大臣署撫會同籌酌若謂此後毫無流弊寔未敢遽信

j. 本衙門查日本國請在上海通商一節雖據呈稱專在上海一口但外國人 性情伶詐誠恐如其所請又或起得隴望蜀之念更思覬覦他口且無約各 小國甚多又恐紛紛效。。。茲據覆稱據該道查明似無別項流弊且稱該 頭目返權曾有後言如或議佀難保該國不另派公使前來馭來等情查該 國所求不遂再來饒舌亦屬意中之事應再咨行貴大臣就近體察情形以 如何辦法為妥即行會商妥辦不必過事拘泥亦不可過存低大是為至要

k. 本年二月二十三日接新關稅司狄妥瑪來函有日本國商船一隻載貨進 口並准英領事官巴夏禮巴夏禮面稱日本國官員欲來道拜謁等語卑府 當查同志元年五月間有日本國官沼間平六郎等帶同商人來滬試做買 賣由荷蘭國報關驗艙完稅進口於七月初十日出口當時沼間平六郎等 欲專在上海一口貿易並設一領事官賃屋居住經吳前道稟咨明總理衙 門飭覆其事有無流弊即體察情形妥辦等因又經正任黃道詳明就其殷 殷企慕似不至遽起得隴望蜀之心請准

l. 溯查乾隆四十六年戶部頒發江海關則例刊載東洋商船進口貨稅並有 洋商人市之條似東洋商船來滬貿易例所不禁其與中國通商當在西洋 之前若該國欲在上海設立領事賃屋居住自應以彼國主文書為憑此次 日本官商來滬是否專為貿易抑另有別情必須當面詢詰旋於三月初三 日經英領事遣繙譯官梅輝立帶同日本國官五員來道相見一名山口錫 次郎一名森山多吉郎一名藤田主馬一名飯島半十郎一名大坪伴吉執 禮極恭據稱由日本國稟明大將軍乘坐板船游歷各處以習風濤因有商 人求帶貨物數種係海菜參洋綢緞漆器諸類來滬求售如准報關投稅感 激非淺三月杪必須起髮回國並不上岸居住等語卑府令趕售貨物迅速 回國不可久留上海伊等唯唯而去除知會稅務司妥瑪准其以日本編號

m. 支那英佛トノ戰爭以後、外國ノ支那ニスルヤ、奴隸ノ如ク蔑視 シ、英人ノ居宅最寄通行ノ節ハ高聲ヲ禁ジ、。。。支那人ノ西 人ヲ懼ル如此

n. 雜談禮ヲ知ラザル者ニ似タリ

o. [元治二年]九日先生、壬戌丸處分の為めに上海に赴く

p. 該地居留ノ洋画伯ニ交ハリ得ルトコロアランコトヲ望ミ

q. 長崎奉行河津伊豆守

r. 正月二十四日由英領事溫思達函送文書一匣稱係日本國長崎總 督託 帶來道職道啟閱木匣內儲文書翰一紙一係楷書一係草字文 義均不甚 通順其楷字即係繙譯草書之文首行所具長崎奉行河津 伊豆守字樣亦 不知其究竟是何官職姓名查核書中大意意在求請 通商書

s. 其來中國之人於經營商業之外添敘傳習學術

t. 其意似欲准與該國之人久住中國不僅如昔年之銷售貨物完畢即行 回國

u. 其請傳係學術必應查明是何學術所云

v. 今來翰所云傳習學術不知所傳係何項學術是否欲就中國人傳習抑欲 傳與中國人習學請即詳悉見示以憑稟明

w. 承問所傳習何項學術云云益其所謂學術者凡有益於我國家之事不論 何項皆欲使之學焉者也。。。欽承皇室之德意將欲以修善鄰之好其所 言推心置腹盡心盡誠者固所願也層濤漫漫肅很以報

x. 來受中國之教似屬可行將來答復時仍宜申明如來人專習中國學術決 不吝惜如有傳授於中國者尚須查酌至查

Глава 10

a. 御存知なかったですか？ ああそうですか。

b. 同室亞細亞的人卻打死亞細亞的人

c. ア、中牟田君、いい話だな、ここにもう一人新アジアを暮れる人が当たった。

Заключение

a. 単身嘗到支那邦 / 火艦飛走大東洋 / 交語漢韃与英仏 / 欲捨我短学 彼長

Глоссарий

Абэ Ясута 安倍保太
Абэ Ясутаро 安倍安太郎
Абэ-но Накамаро 阿部仲麻呂
Ава 阿波
Аидзу 會津
Андо Нобуюки 安藤信睦 (Нобумаса信正, Цусима-но ками 馬守)
Аой-но хата葵の旗
Аофэй цзилюэ 奧匪記略
Асидзава Сюнносукэ 蘆澤駿之助
Асидзава Тамидзи 蘆澤多美次
Бандо Цумасабуро 坂東妻三郎
Бансё сирабэсё 蕃書調所
Банцума 坂妻
баолянь 包攬
битань筆談 (яп. хицудан)
Боцуби хицуго 沒鼻筆語
бу 步
бугё:奉行
вакару 分かる
ван 王
Ван Даньфэн 王丹鳳
Ван Жэньбо 王仁伯
Ван Ин 王瑛
Ван Сюаньфу 王亘甫
Ван Сюнань 王洵南
Ван Тао 王韜
Ван Хуфу 王互甫
Ван Чаошань 王朝山
Ван Чэнчжай 王誠齋
Ван Шивэй 汪士偉

Вань Сун 玩松
Ватанабэ Ёхатиро 渡邊與八郎
Ватанабэ Сёхэй 渡邊莊平
Вашингтон 華親頓
Ва-Эй горин сю:сэй 和英語林集成
вокоу 倭寇
Восточной Чжуншань-роуд 中山東路
вэнь 文 (яп. бун)
Гайдзё: тансоку року: кан-но эр 外情探索錄、卷之貳
Гайдзё тансоку року: Сянхай сорон" 外情探索錄：上海總論
гайкоку бугё: 外國奉行
гакка сюгё 學科修業
гакудзюцу-о дэнсю: ситари 學術を傳習したり
гакудзюцу 學術
гаолян цзю 高粱酒
Гаошань сяньшэн 高杉先生
го (тайпинский иероглиф) 国
го: 合
го 國
Годай Сайсукэ 五代才助 (Томоацу 友厚)
Годзю:яку ситинин 御重役七人
Гоё:дзэй 後陽成
Гокё:кан 五教館
Гон 恭
Гото: 五島
Гу Линь 顧麟
Гу Хэ 顧鬻
Гуань Цинмэй 管慶楳
Гуань Ю 關羽 (Гуанди 關帝)
Гэ Юаньсюй 葛元煦
Гэндзиро 元次郎
Дайто:рё 大統領
Дайшусюэ 代數學
Дай-Эй дзоккоку 大英屬國
Дайэй эйга кабусики гайся 大映映畫株式會社
Даньшань, острова 丹山列島
Даогуан 道光
Дзиндзюцумару 壬戌丸
Дзинсабуро 甚三郎

дзокубуцу 俗物
Дзэнкити 善吉
Дин Жичан 丁日昌
Досё:-но готоку 土墙の如く
дэиригути 出入口
Дэндзиро 傳次郎
«Дянье янхан» 點耶洋行
«Дяньцюй янхан» 點取洋行
е 埜
ё:бо: хана ханада котонари 容貌甚ダ異ナリ
ё:гаку 洋學
Ё-ни суму хиби 世に棲む日日
Ё:сё сирабэсё 洋書調所
Ёсида Сёин 吉田松陰
Ёсидзо: 芳藏
Жибэньго чжи 日本國志
Жуань 阮
Ивагаки Мацунаэ 巖恒松苗
Ивасэ Кохо 岩瀬公圃
Ивасэ Ясиро 岩瀬彌四郎
Иидзима Хандзюро 飯島半十郎
Икэда Тёхацу 池田長發 (Тикуго-но ками 筑後守)
Ин Баоши 應寶時 (Миньчжай 敏齋)
Инагаки Хироси 稲垣浩
Инван 英王
Инду бин 印度兵
Иноуэ Масанао 井上正直 (Кавати-но ками 河内守)
Инудзука Сякусабуро 犬塚鑠三郎
Инь Сюцэнь 殷秀岑
Исивата Масакити 石渡政吉 (Комэй 弘明)
Исигуро Тацуя 石黒達也
Исикава Ёсихиро 石川禎浩
Исикава Ивадзи 石川岩司
итинити 一日
Ито Гунхати 伊藤郡八
Ито Дзинсиро 伊東甚四郎
иэ 家
Иэмоти 家茂
Йокогама синпо: мосихогуса 横濱新報もしほ草

Кабураги Тацумото鏑木立本

Кавадзу Сукэкуни 河津祐邦

Каваками Тогай 川上冬崖

Кавакита Нагамаса 川喜多長政

Кавасаки Мититами 川崎道民

Кагэцуро: 花月樓

Кадзиямати 鍛冶屋町

Кайгай симбун海外新聞

Кайсё хиссякаку 會所筆者格

Кайти 嘉市

Какидзин аравасу 花旗人著ス

Какити 嘉吉

Каккарон 隔靴論

Камбандзё: Рандзин хитори-то Накаяма-ко:-но хэя аратан-и косираэ-
   со:ро: カンバン上蘭人一人と中山公之部屋新に拵候

Камбун 漢文

Камэдамару 龜田丸

Кангаку 漢學

Кандзаки 神崎

Кандзё: гиммияку勘定吟味役

Канринмару 咸臨丸

Канси 漢詩

Канэко Хёкити金子兵吉

Касин 花神

Касугая Бунсукэ 春日屋文助

Като Хироюки加藤弘之

Катю: ко:-а сирё: тё:садзё華中興亞資料調査所

Кё:сансюги 共産主義

Киби-но Макиби吉備真備

Кидо Коин木戸孝允 (Такаёси)

Кимура Дэнносукэ 木村傳之助

кинри キンリ (禁裏)

кинри-сама禁裏樣

Кисида Гинко 岸田吟香

Кисима Камэносин木島龜之進

Китидзо: 吉藏

«Кихэйтай» 奇兵隊

Ко: 行

Ко:-А кай 興亞會

«Ко:кай нитироку» 航海日錄

кокка 國家

коко тю:дан дзиякунин сё:нин 此処中段地役人商人

коко тю:дан ни маканайката дзигэякунин комоно хэя 此処中段賄方地
下役人小人部屋

коко тю:дан Эдо якунин отомо 此処中段江戸役人御供

Кокумэйкан 克明館

Кокуо: 國王

Кокурю: ко: си 黑龍江誌

кокусаку кайся 國策會社

Кокуси ряку 國史略

комбу 昆布

Корэ да" これだ

корэ мата сирубэкарадзу コレ又知ルベカラズ

Кохо-си 黃浦志

Кудзэ Хиротика 久世廣岡 (Ямато-но ками 大和守)

Кумамото 熊本

куни 國

Куроганэя Рисукэ 鐵屋利助

Кусака Гэндзуй 久坂玄瑞

Кусидо Годзаэмон 串戸五左衛門

кэн 間

Кэндзюммару 健順丸

кэн-то: си 遣唐使

кю:ти но готоси 舊知ノゴトシ

Ли Лихуа 李麗華

Ли Сючэн 李秀成

Ли Сянлань 李香蘭

Ли Хунчжан 李鴻章

Ли Шаньлань 李善蘭

Лин Гао 凌縞

Линь Цзэсюй 林則徐

Ло Сэн 羅森

Лу Сюнь 魯迅

Люй Юйэ 呂玉埜

Люхэ цунтань 六合叢談

Лянбан чжилюэ 聯邦志略

Ма Цюань 馬銓

Мампуку, храм 萬福寺

Ман-Цин цзиши 滿清紀事
Манъэй 滿影
мару дзируси 丸印
матаросу хэя иригути マタロス部屋入口
матаросу マタロス
Мацуда Хёдзиро 松田兵次郎
Мацудая Ханкити 松田屋伴吉
Мацумото Ухэй 松本卯兵衛
Мидзуно Бунсай 水野文哉
Мидзуно Сёдаю 水野正太夫
Микадзуки Сэцукуро 三月節句郎
минбай лэ 明白了
Минэ Гэндзо 峯源藏 (Киёси Киёси 潔)
миру 看る
Мисима Суэтаро 三島末太郎
Мисима Юкио 三島由紀夫
Мифунэ Тосиро 三船敏郎
Миямото Мусаси 宮本武蔵
Мори Садахиро 毛利定廣 (Мотонори 元德)
Мори Такатика 毛利敬親
Мори Тораносукэ 森寅之助
Морита Ититаро 森田市太郎
Морияма Такитиро 森山多吉郎 (Норинао 憲直)
Мотоори Норинага 本居宣長
Мурагаки Норимаса 村垣範正
Мурата Дзоруку 村田藏六 (Омура Масудзиро 大村益次郎)
Мурата Тэссай 村田徹齋
Мэй Си 梅熹
Мэйриндо: 明倫堂
мэйю синьюн дэ дунси 沒有信用的東西
Мэсима 女島
Набэсима Наомаса 鍋島直正
Набэта Сабуроэмон 鍋田三郎右門
Нагаё Сюнтацу 長俊達
Нагаи Ута 長井雅樂
Нагайя Киёсукэ 永井屋喜代助
Нагао Косаку 長尾浩策
Нагасаки бугё: Кавадзу Идзу но ками 長崎奉行河津伊豆守
Нагасаки бугё: сихаи сирабэяку нами 長崎奉行支配調役並

Нагасаки кайгун дэнсю:дзё 長崎海軍傳習所
Нагасаки энрю: дзацуроку" 長崎淹留雑録
Нагура Ината 名倉予何人 (Синдон 信敦)
Найдзё: тансоку року" 内情探索録
Найто: Конан 内藤湖南
Накамуда Кураносукэ 中牟田倉之助
Накамура Рёхэй 中村良平
Накарэ Синкэн 半井春軒
Накаяма Умонта 中山右門太 (Дзёдзи 讓治)
Намамуги 生麦
Нанга 南畫
нимоцу дэиригути 荷物出入口
Ниси Китидзюро 西吉十郎
Нисидая Бумпэй 西田屋文兵衛
Нихон гайси 日本外史
Нихон кёрю: миндан 日本居留民團
Новая Юнъань-роуд 新永安路
Номодзаки 野母崎
Нороси ва Сянхай ни агару 狼火は上海に揚る
Нотоми Кайдзиро 納富介次郎
Нотоми Рокуродзаэмон 納富六郎左衛門
Нояма, тюрьма 野山獄
Нума Морикадзу 沼間守一
Нума Хэйрокуро 沼間平六郎
Нэдати Сукэситиро 根立助七郎
Обаяси Торадзи 大林虎次
Обаяси Юя 大林雄也
Овари (Такасу) 尾張(高須)
Огури Тадамаса 小栗忠順
О:и ни хибо: суру 大ニ誹謗する
Окабэ Нагацунэ 岡部長常
Окати мэцукэ 御徒目付
Окобито мэцукэ 御小人目付
Окума Тэцутаро 大熊鉄太郎
Омото Кодо 尾本公同
Омура 大村
Оранда коцу:дзи 阿蘭陀小通詞
Осима 男島
Осио Какуносукэ 大鹽格之助

Осио Хэйхатиро 大鹽平八郎

Отокити 音吉

Оцубо Ханкити 大坪伴吉

Оцуки Сюнсай 大槻俊齋

Пудун 浦東

Пуцзян фаньдянь 浦江饭店

Пэйвэнь юньфу 佩文韻府

Рай Санъё 賴山陽

Рангаку 蘭學

Ранкан 蘭館

Рё: 兩

Рёкусэй 綠靜

ри 里

ро:нин 浪人

Сава Нобуёси 澤宣嘉

Сага 佐賀

Сай Дзэнтаро 蔡善太郎

Сайгё: хо:си 西行法師

Сайдзо: 才藏

Сакити 左吉

Сакамото Рёма 坂本龍馬

Сакураги Гэндзо 櫻木源藏

Самбуцуката 產物方

Сано Цунэтами 佐野常民

Сацума 薩摩

Се Бин 謝 炳 (Се Цзэхэ 謝介鶴)

Сё:ка сондзюку 松下村塾

«Сёкан» 書簡

сёкуминти (другая форма) 殖民地

сёкуминти 植民地

сёмэн-но моно кадзюцу сюгё:-то ситэ Хонкон-э айкоситаки мунэ ганни
ёри коно сё:сё-о атаэ со:ро: тотю:-но айда идзурэ-но куни-ни тэмо
косё:-наку цу:ко: сэсимэ кикю: ва со:то:-но хого корэ ари 書面之者
火術修業として香港へ相越度旨願に因り此證書を與へ候間途中
何れの國にても無故障通行せしめ危急之節ハ相當之保護有之

сё:хо: 商法

Сё:хэйдзака гакумондзё 昌平坂學問所

Сибукава Сукэдзаэмон 澁川助左衛門 ((Кагэсукэ 景佑)

Сиваку, острова 鹽飽諸島

Сидзуока гакумондзё 靜岡學問所
Симабара 島原
Симадзу Хисамицу 島津久光
симбунсия 新聞紙屋
Синкоку Кампо: ранки 清國咸豐亂記
Синь Хунлумэн 新紅樓夢
Синьдацяо 新大橋
Сиодзава Хикодзиро 鹽澤彦次郎
Сионоя Тоин 鹽谷宕陰
Сирабэяку 調役
Сихай кандзё:支配勘定
Сихай садамэяку 支配定役
Со:кити 惣吉
Со:фукудзи 崇福寺
Суги Магоситиро 杉孫七郎
Сутиура Айдзо 杉浦愛 (Юдзуру 讓)
Сугихара Санъё 杉原杉養
Судзуки Сюнсан 鈴木春山
Сусун даотай 蘇松道臺
Су:сэннин 數千人
Суфу Масаносукэ 周布政之助
Сучжоу Крик 蘇州河
Сэйсуке 清助
сэкисё 關所
Сэкитаро: 碩太郎
Сэндзаймару 千歲丸
сэнсицу 船室
Сю Цунэдзюро 周恆十郎
Сюй Хошэн 許霍生
Сюйцзяхуэй 徐家匯
Сючжоу 秀州
Сюэ Хуан 薛煥
сяку 尺
Сян Юй 項羽
сянминь 鄉民
Сянхай кэнкю:上海研究
Сянхай рекиси тири кэнкю:кай 上海歷史地理研究會
«Сянхай энрю: нитироку» 上海淹留日錄
Сяньфэн 咸豐

Сяохун 小紅

«Тайпин тяньго» 太平天国

Тайрику симпо: 大陸新報

Тайчжоу 泰州

Такасути Синсаку 高杉晋作

Такахаси Гэндзюро 高橋源十郎

Такахаси Иносукэ 高橋怡之助

Такахаси Кадзунуки 高橋和貫 (Мимасака-но ками 美作守)

Такахаси Юити 高橋由一

Такэда Аясабуро 武田斐三郎

Такэути Ясунори 保徳 (Симоцукэ но ками 竹内下野守)

Тамура Дэнкити 田村傳吉

Тан Шаогуан 譚紹光

тан 談

Тао Дэмин 陶德民

Тахара 田原

Тё:дзо: 長藏

тёммагэ 丁髷

Тёсю 長州

Тё:хацудзоку 長髪賊

То: коцу:дзи 唐小通詞

Тоба 鳥羽

То:ё: Нихон 東洋日本

Токива, гостиница 常盤旅館

То:ко: 東行

Токугава Акитакэ 徳川昭武 (Мимбу 民部)

Тории Этидзэн но ками 鳥居越前守 (Тадаёси 忠善)

То:таро: 藤太郎

То:хо: то:ва 東宝東和

туаньлянь 團練

Тунчжи 同治

туншан 通商

Тю:носин 忠之進

Тяньцзин 天京

У Сюй 曉帆 (Сяофань 吳煦)

У Эши 吳峨士

у 武 (яп. бу)

Уити 卯市

укагаи 伺

Усун, река 吳淞江
Утияма Кандзо 内山完造
Уцзюнь 吳郡
уюэ бутуншан 無約不通商
уюэ туншан 無約通商
уюэ туншанго 無約通商國
уюэго 無約國
Фудзита Сюма 藤田主馬 (Гэнъити 元一)
Фукагава Тёэмон 深川長右衛門
Фукумацу 福松
Фукуэ 福江
фунаёи 船酔い
«Футоттё Рин» 太っちょ霖
Фэй-пен 飛鵬
Хайпай 海派
хакама 袴
Хамада Хикодзо 濱田彦藏
Хамамацу 濱松
Хань Ланьгэнь 韓蘭根
ханьцзянь 漢奸
Харада Хикару 原田光
Хата Цугухиса 秦世壽
Хатано Сёгоро 波多野承五郎
Хатидзо: 八藏
Хаяси Сабуро 林三郎
Хё:кити 兵吉
Хибино Тэрухиро 日比野輝寛
Хиномару 日の丸
Хирадо 平戶
Хираи Рэндзи 平井錬次
Хиробаба 廣馬場
хицуго 筆語
хо 或
хобасира 帆柱
хомба 奔馬
Хори Орибэ-но сё: 堀織部正 (Тосихиро 利熙)
Хосино Кадзуюки 星野千之
Хотта Масатомо 堀田正倫 (Сагами-но ками 相模守)
Ху Линьи 胡林翼

Ху Синъи 胡興裔

Ху Синьлин 胡心靈

Хуа Илунь 華翼綸

Хуан Фан 黃芳

Хуан Цзюэцы 黃爵滋

Хуан Шицюань 黄式權

Хуанбо 黃檗 (яп. Обаку)

Хуанпу, река 黃浦江

Хуатин, уезд 華亭縣

Хуачэнтан 化成湯

Хун Сюцюань 洪秀全

Хункоу 虹口

«Хунсэ цзиндянь» 红色经典

Хунцзи янхан 宏記洋行

хэйминсюги 平民主義

Цзиньлин [гуйцзя] чжитань 金陵癸甲摭談

Цзиньлин гуйшэнь чжигэ 金陵癸申摭歌

цзиньши 進士

Цзунли ямэнь 總理衙門

«цзэйфэй» 賊匪

Цзэн Гофань 曾國藩

Цзэн Гоцюань 曾國荃

Цзэсювань 則徐丸

цзюньчжу 君主

Цзян Мин 姜明

Цзян хайгуань цзэли 江海關則例

Цзяцин 嘉慶

цин 輕

Цубои Синдо 坪井信道

Цуда Оми но ками 津田近江守 (Масамити 正路)

Цудзуки Тоёдзи 續豐治

Цукигата Рюносукэ 月形龍之介

Цыси (вдовствующая императрица) 慈禧

Цыси (место битвы) 慈溪

Цянь Шаохао 錢少號

«Чанмаодзэй» 長毛賊

Чансиндао 長興島

«Чанфацзэй» 長髮賊

чань 禪 (яп. дзэн)

Чао Хэн 晁衡
Чжан Гоин 張國英
Чжан Дисян 張棣香
Чжан Дэчэн 張德澄
Чжан Сюйсю 張敘秀
Чжан Сючжи 張秀芝
Чжан Сян 丈祥
Чжан Цзысян 張 子祥 (Сюн 熊)
Чжан Шанькунь 張善琨
Чжан Юнь 張雲
Чжао Цзинсянь 趙景賢
Чжоу Лань 周蘭
Чжоушань 舟山
Чжу Юаньчжан 朱元璋
Чжунхуа дяньин гунси 中華電影公司
чжэнь 鎮
Чунь Лин 春舲
Чуньси 淳熙
Чуньцзян ихэнь 春江遺恨
Чэнь Дэпэй 陳德培 (Цзымао 子茂)
Чэнь Жуцинь 陳汝欽
Чэнь Сювэнь 陳秀文
Чэнь Хуачэн 陳化成
Чэнь Юйчэн 陳玉成
Шанхай синьбао 上海新報
Шаоси 紹熙
Ши Вэйнань 施渭南
Ши Цзинтан 石敬簳
Ши-цзин 詩經
Ши-цзинь 晉石
Шу Иань 舒懌盦
Шуньчжи 順治
Шуэсюэ цимэн 數學啟蒙
Шэнь Ичжоу 沈翼周
Шэнь Чанлин 沈昌齡
Шэньбао 申報
Эбико Сихэй 蛯子砥平
Эбико Суэдзиро 蛯子末次郎 (Сумиёси 純善)
юньпяньгао 雲片糕

Ю:син гороку дзё" 遊清五録序
юэ туншан 有約通商
Юэ Фэн 岳楓
я 屋
Ябэ Кисабуро 八戸喜三郎
Яги Сайдзи 八木財次
Якусю мэкики 藥種目利
Ямагути Ёсико 山口淑子
Ямагути Сэкидзиро 山口錫次郎 (Кётёку 擧直)
Ямадзаки Ухэй 山崎卯兵衛
Ян Сюцин 楊秀清
Ян Цзюнь 嚴俊
янтун 洋銅
Ясэппоти Ё: 痩せっぽち揚
Яхиро Фудзи 八尋不二

Библиография

North-China Herald. «Норт-Чайна херальд»
Lloyd's List

ИСТОЧНИКИ:

На русском языке:

Гончаров 1997 — И.А. Гончаров. Фрегат «Паллада». Очерки путешествия в двух томах // И. А. Гончаров. Полное собрание сочинений и писем в двадцати томах. Том второй. СПб.: Наука, 1997.

На китайском языке:

Chen J. — Chen Jiren [陳吉人]. Fengli chuan riji beicha 豐利船日記備查 (Diary for future reference of a Fengli vessel). Manuscript held in the Central Tokyo Metropolitan Library.

Chen Z. 2002 — Chen Zuen [陈祖恩]. Ashizawa insatsujo 戸沢印刷所 (Ashizawa Printing Company), in series: "Shanhai ni ita Nihonjin" 上海にいた日本人 (Japanese who were in Shanghai) / Translated by Oda Kana [小田可奈] // Shanghai Walker Online. July 2002. www.shwalker.com/database/timei/02japanese07.htm

Chen Z. 2007 — Chen Zuen [陈祖恩]. Xunfang Dongyangren, jindai Shanghai de Riben juliumin (1868–1945) 寻访东洋人,近代上海的日本居留民1868–1945 (Inquiry into the "Japanese," Japanese residents of modern Shanghai, 1868–1945). Shanghai: Shanghai shehui kexueyuan chubanshe, 2007.

Chen Z. — Chen Zuen [陈祖恩]. Cong zhanshi zhengyong dao zhanshi jiaoyu: Zhong-Ri zhanzheng shiqi de Shanghai Ribenren xuexiao 从战时征用到战时教育:中日战争时期的上 海日本人学校 (From warime requisitioning to wartime education: Japanese education in Shanghai during the Sino-Japanese War). www.historyshanghai.com/admin/WebEdit/UploadFile/0406CZE.pdf

Chouban yiwu shimo 1995–1999 — Chouban yiwu shimo 籌辦夷務始末 (Collection of materials on the management of barbarian affairs). Tongzhi chao 同治朝. (Tongzhi era). Shanghai: Shanghai guji chubanshe, 1995–1999.

Feng 1999 — Feng Tianyu [冯天瑜]. Riben mufu shituan suojian 1862 nian zhi Shanghai 1862 (1862 Shanghai as seen by the shogunal embassy from Japan) 日本幕肘使团所见 1862 年之上海 // Jindaishi yanjiu [近代史研究]. 1999. Vol. 3. P. 183–197.

Feng 2001 — Feng Tianyu [冯天瑜]. "Qiansuiwan" Shanghai xing: Ribenren 1862 nian de Zhongguo guancha "千岁丸"上海行:日本人1862年的中国观察 (The *Senzaimaru*'s trip to Shanghai: Japanese views of China in 1862). Beijing: Shangwu yinshuguan, 2001.

Ge 1876 — Ge Yuanxu [葛元煦]. Hu you zaji 滬游雜記 (Notes on Shanghai amusements) (preface dated 1876). Reprints, Taibei: Guangwen shuju, 1968; Yangzhou: Guangling shushe, 2003; Shanghai: Shanghai shudian chubanshe, 2009.

Huang 1989 — Huang Shiquan [黃式權]. Songnan mengying lu 淞南夢影錄 (Account of dream images from Shanghai). Reprinted in: Shanghai tan yu Shanghairen 上海灘與上海人 (The Shanghai Bund and Shanghai people). Shanghai: Shang- hai guji chubanshe, 1989. P. 89–149.

Jing, Zhong 1958 — Jing Wu [靜吾] and Zhong Ding [仲丁], eds. Wu Xu dang'an zhong de Taiping tianguo shiliao xuanji 吳煦檔案中的太平天國史料選輯 (Selected historical materials on the Taiping Rebellion in the Wu Xu archive). Beijing: Sanlian shudian, 1958.

Liang 2009 — Liang Yuansheng [梁元生]. Wan Qing Shanghai, yige chengshi de lishi jiyi: 晚清上海: 一個城市的歷史記憶(Late-Qing Shanghai: Historical memories of a city). Hong Kong: Zhongwen daxue chubanshe, 2009.

Oka 2009 — Oka Senjin [岡チ仍]. Kankō kiyū, kankō xuji, kankō yūcao 观光纪游,观光续纪 (Travel report, further travel accounts, travel notes) / Ed. Zhang Mingjie [张明杰]. 1884; reprint, Beijing: Zhonghua shuju, 2009.

Qinming Zongli geguo shiwu yamen Qingdang, wuyue geguo, Riben (Qing archive of the Imperial Zongli Yamen, states without treaties, Japan), file 01–21–22 (2). Academia Sinica, Taiwan.

Qinming Zongli geguo shiwu yamen Qingdang, wuyue geguo an, Riben (Qing archive of the Imperial Zongli Yamen, cases of states without treaties, Japan), file 01–21–22 (1). Academia Sinica, Taiwan.

Qinming Zongli geguo shiwu yamen Qingdang, wuyue geguo an, Riben.

Qinming Zongli geguo shiwu yamen Qingdang, wuyue geguo jilu, Riben (Qing archive of the Imperial Zongli Yamen, records regarding states without treaties, Japan), file 01–21–22 (3). Academia Sinica, Taiwan.

Rai 1877 — Rai San'yō [賴山陽]. Riben waishi 日本外史 (Unofficial history of Japan) / Ed. Qian Yi [錢懌]. Shanghai: Dushitang, 1877.

Shanghai xian xuzhi 1970 — Shanghai xian xuzhi 上海縣續志 (Shanghai County gazetteer, continuation) / Edited by Yao Wennan [姚文相]. Reprint, Taibei: Chengwen chubanshe, 1970.

Song shi — Song shi [木史] (History of the Song dynasty).

Tian 1998 — Tian Ye [田野]. Lun Gaoshan Jinzuo daomu weixin sixiang de xingcheng yu shijian 论高杉晋作倒幕维新思想的形成与实践 (On the formation and experience of Takasugi Shinsaku's anti-*bakufu* restorationist thinking) // Waiguo wenti yanjiu [外国问题研究]. 1998. Vol. 2. P. 25–29.

Wang L. 2010 — Wang Liqun [王立群]. Cong Wang Tao kan shijiu shiji zhongye Zhongguo wenren de Riben guan 从王韬看十九世纪中叶中国文人的日本观 (Chinese literatie views of Japan in the middle of the nineteenth century, as seen from [the case of] Wang Tao) // Beijing keji daxue xuebao (shehui kexueban) 北京科技大学学报 (社会科学版). 2010, September. Vol. 26.3. P.100–107.

Wang W. 1990 — Wang Wenhe [王文和]. Jiaoxiang le chuohao de yingxing 了绰号的影星 (Film stars known by nicknames). Beijing: Xueyuan chubanshe, 1990.

Wang Xi 1981 — Wang Xi [王璽]. Li Hongzhang yu Zhong-Ri dingyue, 1871 李鴻章與中日訂約 1871 (Li Hongzhang and the conclusion of a Sino-Japanese treaty in 1871). Taibei: Institute of Modern History, Academia Sinica, 1981.

Wang Xiqi 1897 — Wang Xiqi [王錫祺], ed. Xiaofanghu zhai yudi congchao (Collection of documents on world geography). Shanghai: Zhuyitang, 1897.

Xiao — Xiaozhouxuan, Wang Danfeng 小周旋王丹凤 (Socialite Wang Danfeng), Hongse jingdian 红色经典 (Red classics). www.cctv.com/specials/hs/d/sanji /wangdanfeng. html.

Yao 1967 (1897) — Yao Xiguang [姚錫光]. Dong fang bingshi jilüe 東方兵事紀略. (Summary of military events in the east) (Wuchang: n.p., 1897; reprint, Taibei: Wenhai chubanshe, 1967) // Jindai Zhongguo shiliao jilüe 近代中國史料叢刊 (Modern Chinese historical materials reprints) / ed. Shen Yunlong [沈雲龍]. Series 5. Vol. 44.

Zhongguo [dianying chubanshe] 1982 — Zhongguo dianyingjia xiehui dianying shi yanjiubu 中国电影家协会电影史研究部 (Research division, film history of the China Film Association), ed. Zhongguo dianyingjia liezhuan 中国电影家列传 (Biographies of figures in Chinese film). Beijing: Zhongguo dianying chubanshe, 1982.

На японском языке:

Abe 1860 — Abe Yasuta [安倍保太]. Shina kenbunroku 支那見聞錄 (Record of observations in China). Handwritten manuscript, Kyoto University Library, ca. late 1860s.

Aoki 1986 — Aoki Shigeru [青木茂], ed. Meiji Yōga shiryō, kirokuhen 明治洋画史料、記録編 (Historical materials on Western-style painting in the Meiji period, documents section). Tokyo: Chūō kōron bijutsu shuppan, 1986.

Azuma 2012 — Azuma Jūji [吾妻重二]. Bunka kōshō to Nihon no shijuku oyobi Hakuen shoin 文化交渉と日本の私塾および泊園書院(Cultural interactions and private academies in Japan, including the Hakuen Academy) // Kansai daigaku bunka kōshōgaku kyōiku kenkyū kyoten [関西大学文正交渉学教育研究拠点]. 2012, February. Vol. 5. P. 23–38.

Bai 2012 — Bai Chunyan [白春者]. Ri Kōshō no tai-Nichi kan: 'Nis-Shin shūkō jōki' teiketsu made no keii o chūshin ni 李鴻章の対日観:「日清修好条規」締結までの経緯を中心 に (Li Hongzhang's views of Japan: On the circumstances through the conclusion of the "Sino-Japanese Friendship and Trade Treaty") // Soshiosaiensu [ソシオサイエンス]. 2012, March. Vol. 18. P. 113–128.

Bi 2007 — Bi Kewei (毕克伟. Paul Pickowicz). *Chunjiang yihen* de shishi feifei yu lunzhan shiqi de Zhongguo dianying 《暮江遗恨》的是是非非与沦陷时蔺的中国电影. (The controversies over *Remorse in Shanghai* and Chinese filmmaking during the occupation period) // Wenyi yanjiu [文艺研究]. 2007. Vol. 1. P. 105–113.

Emori 1988 — Emori Susumu [擾森進]. Bakufu no Ezo chi chikkatsu to Matsumae bugyō 幕府の蝦夷地直轄と松前奉行 (The shogunate's direct control over Ezo and the Matsumae Magistrate) // Rekishi to chiri 歴史と地理. 1988. Vol. 391. P. 1–33.

Emori 1995 — Emori Susumu [擾森進]. Hakodate bugyō (Hakodate Magistrate) // Nihon shi dai jiten 日本史大事典 (Great encyclopedia of Japanese history). Vol. 5. Tokyo: Tōkyō inshokan, 1995. P. 776–777.

Etō 1970 — Etō Shinkichi [倒藤藩吉]. Nihonjin no Chūgokukan: Takasugi Shinsaku ra no baai 日本人の中国観:高杉晋作らのばあい. (Japanese views of China: The case of Takasugi Shinsaku and others) // Niida Noboru hakase tsuitō ronbunshū, daisankan: Nihon hō to Ajia 仁井田陞博士追悼論文集、第三巻:日本法とアジア (Essays in Memory of Professor Niida Noboru, vol. 3: Japanese Law and Asia) / ed. Fukushima Masao [幅島正夫]. Tokyo: Keisō shobō, 1970. P. 53–71.

Fujii 1954 — Fujii Sadafumi [藤井貞文]. Tokugawa bakufu no Shanhai bōeki to Takasugi Shinsaku 徳川幕府の上海貿易と高杉晋作 (Takasugi Shinsaku and the Tokugawa shogunate's Shanghai trade) // Rekishi kyōiku 歴史教育. 1954. Vol. 2.12. P. 56–62.

Fujita 1938 — Fujita Motoharu [藤田元春]. Nis-Shi kōtsū no kenkyū, chū-kinsei hen 日支交通の研究中近史篇 (Studies in Sino-Japanese interactions, medieval and early modern section). Tokyo: Fuzanbō, 1938.

Furukawa 1996 — Furukawa Kaoru [古川薫]. Bakumatsu Chōshū han no jōi sensō 幕末長州藩の攘夷戦争 (The anti-foreign war of Chōshū domain in the late Edo period). Tokyo: Chūō kōronsha, 1996.

Haga 1963 — Haga Tōru [芳賀徹]. Bakumatsu no aru Yōgaka: Takahashi Yuichi no bunkateki ichi 幕末のある洋画家: 高橋由一の文化的位置 (A Western-style painter in the late Edo period: Takahashi Yuichi's cultural position) // Jiyū [自由]. 1963, December, Vol. 5. P. 136–144.

Haga 1984 — Haga Noboru [芳賀登]. Ahen sensō, Taihei tengoku, Nihon 阿片戦争・太平天国・日本 (The Opium War, the Taiping Rebellion, Japan) // Chūgoku kin-gen-dai shi no sho mondai: Tanaka Masayoshi sensei taikan kinen ronshū 中国近現代史の諸問題:田中正美先生退官記念論集 (Problems in modern and contemporary Chinese history, essays commemorating the retirement of Professor Tanaka Masayoshi). Tokyo: Kokusho kankōkai, 1984. P. 87–123.

Hakodate Kamedamaru Roryō Anmurugawa e hakkō ikken 1987 — Hakodate Kamedamaru Roryō Anmurugawa e hakkō ikken 箱館亀田魯領アンムル河へ發航一 (Sailing of the *Kamedamaru* of Hakodate to the Amur River of Russia) // Bakumatsu bōeki shiryō 幕末貿易史料 (Documents on late Edo-period trade) / ed. Honjō Eijirō. Tokyo: Keizaishi kenkyūkai, 1970. P. 3–11. Reprinted in: Gaimushō 外務省, ed. Zoku tsūshin zenran, ruishū no bu 杭通信王覽、類頼の部 (Comprehensive overview of relations, continued, documents sections). Vol. 29. Tokyo: Yūshōdō shuppan, 1987. P. 705–735.

Hamashita, Kawakatsu 1991 — Hamashita Takeshi [浜下武志] and Kawakatsu Heita [川勝平太]. Ajia kōekiken to Nihon kōgyōka, 1500–1900 アジア交易圏と日本工業化 1500–1900 (The Asian sphere of trade and Japanese industrialization, 1500–1900). Tokyo: Riburo pōto, 1991.

Hanazono 1938 — Hanazono Kentei [花園兼定]. Kishida Ginkō to Nihon insatsu bunka 岸田吟香と日本印刷文化 (Kishida Ginkō and Japanese print culture) // Kinsei insatsu bunka shikō 近世印刷文化史考 (Studies in the history of print culture in the early modern era) / ed. Shimaya Masaichi 島屋政一. Osaka: Ōsaka shuppansha, 1938. P. 1–10.

Haneda 1978 — Haneda Ichiji [羽根田市治]. Shanhai no kenjō shi 上海県城志. (Account of the walled [Chinese] city of Shanghai). Tokyo: Ryūkei shosha, 1978.

Haraguchi 1989 — Haraguchi Takaaki [原口敬明]. no Bishū hanshi Hibino Teruhiro no kenbun 文久二年幕府遣清使節団随行 の尾州藩士日比野輝寛の見聞 (Observations of Hibino Teruhiro, samurai of Bishū domain, who traveled accompanying the shogunal embassy to China in 1862) // Nihon shigaku shūroku 日本史学集録. 1989, March. Vol. 8. P. 1–10.

Haruna 1979 — Haruna Akira [春名徹]. Nippon Otokichi hyōryūki 日本首吉漂流記 (An account of the castaway Otokichi of Japan). Tokyo: Shōbunsha, 1979.

Haruna 1987 — Haruna Akira [春名徹]. Sen happyaku rokujū ninen bakufu Senzaimaru no Shanhai haken 1862 年幕府千戚丸の上海派遣 (The shogunate's sending of the *Senzaimaru* to Shanghai in 1862) // Nihon zenkindai no kokka to taigai kankei 日本前近代の国家と対外関係 (The premodern state and foreign relations in Japan) / ed. Tanaka Takeo [田中健夫]. Tokyo: Yoshikawa kōbunkan, 1987. P. 555–601.

Haruna 1988 — Haruna Akira [春名徹]. Sekai o mite shimatta otokotachi: Edo no ikyō taiken 世界を見てしまった男 たち：江戸の異郷体験 (The men who saw the entire world: Experiences in a foreign land). Tokyo: Chikuma shobō, 1988.

Haruna 1997 — Haruna Akira [春名徹]. Nakamuda Kuranosuke no Shanhai taiken: *Bunkyū ninen Shanhai kō nikki* o chūshin ni 中牟田倉之助の上海体験：「文久二年上海行日記」を中心に (Nakamuda Kuranosuke's experiences in Shanghai: On the "Diary of a trip to Shanghai in 1862") // Kokugakuin daigaku kiyo 國學院大學紀. 1997, March. Vol. 35. P. 57–96.

Haruna 1998 — Haruna Akira [春名徹]. Mine Kiyoshi no Shanhai keiken: 'Senchū nichiroku' to 'Shinkoku Shanhai kenbunroku' 峯潔の上海経験：「船中日録」と「清国上海見聞録 (Mine Kiyoshi's experiences in Shanghai: The "Daily account on board" and the "Travel account of Shanghai in China") // Chōfu Nihon bunka 調布日本文化. 1998. Vol. 8. P. 27–100.

Haruna 2001a — Haruna Akira [春名徹]. Katoki no ichi chishikijin ni okeru ibunka sesshoku no imi: Nagura Inata no baai 過渡期の一知識人における異文化接触の意味─名倉予何人の場合 (The import of contact with an alien culture for an intellectual in a transitional era: The case of Nagura Inata) // Chōfu Nihon bunka 調布日本文化. 2001, March. Vol. 11. P. 35–61.

Haruna 2001b — Haruna Akira [春名徹]. Nakamuda Kuranosuke no Shanhai keiken saikō: 'Kōgi onyakuyaku Karakuni Shanhai omote ni te dōtai sono hoka to ōsetsusho' o chūshin ni 中牛 田倉之助の上海経験再考:

「公儀御役 唐国上海表にて道台其外と応接 書」を中心に (A reconsideration of Nakamuda Kuranosuke's experiences in Shanghai: On the "Note concerning a meeting with the circuit intendant and other matters involving public business in Shanghai, China") // Kokugakuin daigaku kiyō 國學院大學紀要. 2001, March. Vol. 39. P. 77–109.

Hayashi 2000 — Hayashi Rokurō [林陸朗]. Nagasaki Tō tsūji, dai tsūji Hayashi Dōei to sono shūhen 長崎唐通事:大通事林道栄とその周辺 (Chinese interpreters at Nagasaki: Hayashi Dōei, senior interpreter, and his environs). Tokyo: Yoshikawa kōbunkan, 2000.

Hibino 1946a — Hibino Teruhiro [日比野輝寛]. Botsubi hitsugo 沒鼻筆語 (Brush conversations of a submerged nose) // Bunkyū ninen Shanhai nikki 文久二年上海日記 (Shanghai diaries from Bunkyū 2 [1862]). Osaka: Zenkoku shobō, 1946. P. 127–165.

Hibino 1946b — Hibino Teruhiro [日比野輝寛]. Zeiyūroku 贅肬錄 (A record of warts and lumps) // Bunkyū ninen Shanhai nikki 文久二年上海日記 (Shanghai diaries from Bunkyū 2 [1862]). Osaka: Zenkoku shobō, 1946. P. 39–125.

Honjō 1938 — Honjō Eijirō [本庄榮治郎]. Bakumatsu no Shanhai bōeki 幕末の上海貿易. (Shanghai trade in the late Edo period) // Keizai ronsō 經濟論叢. 1938, May. Vol. 46.5. P. 130–139.

Honjō 1970 — Honjō Eijirō [本庄榮治郎], ed. Bakumatsu bōeki shiryō 幕末貿易史料 (Documents on late Edo-period trade). Tokyo: Keizaishi kenkyūkai, 1970.

Huang 1937 — Huang Zunxian [黄遵憲]. Renjinglu shicao 人境廬詩早 (Poetic drafts from the Hut within the Human Realm). Shanghai: Shangwu yinshuguan, 1937.

Huang 2003 — Huang Rongguang [貝栄光]. Bakumatsu Senzaimaru Kenjunmaru no Shanhai haken ra ni kansuru Shinkoku gaikō monjo ni tsuite: Taiwan Chūō kenkyūin Kindaishi kenkyūjo shozō 'Sōri kakkoku jimu gamon Shintō' (1862–68 nen) 幕末千歳丸・健順丸の上海派遣等に関する清国外交文書について:台湾中 央研究院近代史研究所所蔵「総理各国事務衙門清档」(一八六二〜六八 年) (Qing diplomatic documents concerning the dispatch to Shanghai of the Senzaimaru and the Kenjunmaru in the late Edo period: "Qing archival docu- ments of the Zongli Yamen" [1862–68] held in the Institute of Modern History, Academia Sinica, Taiwan) // Tōkyō daigaku Shiryō hensanjo kenkyū kiyō 東京大学史料編纂所研究寄与. 2003, March. Vol. 13. P. 176–200.

Ichiko 1952 — Ichiko Chūzō [市古宙三]. Bakumatsu Nihonjin no Taihei Tengoku ni kansuru chishiki 幕末日本人の太平天国に関する知識.

(Japanese knowledge of the Taipings in the bakumatsu period) // Kaikoku hyakunen kinen Meiji bunkashi ronshū 開国百年記念明治文化史論集. (Essays on Meiji cultural history, commemorating the centenary of the opening of the country). Tokyo: Kengensha, 1952. P. 453–495.

Ikeda 1966 — Ikeda Satoshi [池田諭]. Takasugi Shinsaku to Kusaka Genzui, henkakki no shōnenzō [高杉晋作と久坂玄瑞、変革期の少年像] (Images of youth in an era of transformation: Takasugi Shinsaku and Kusaka Genzui). Tokyo: Daiwa shobō, 1966.

Ikemiya 1994 — Ikemiya Shōichirō [池宮彰一郎]. Takasugi Shinsaku [高杉晋作]. Tokyo: Kōdansha, 1994.

Inagaki 1978 — Inagaki Hiroshi [稲垣浩]. Nihon eiga no wakaki hibi 日本映画の若き日々 (The early days of Japanese cinema). Tokyo: Mainichi shinbunsha, 1978.

Ishii 1973 — Ishii Takashi [石井孝]. Zōtei Meiji ishin no kokusaiteki kankyō bunsatsu ni 増訂明治維新の国際的環境分冊二. (The international environment of the Meiji Restoration, vol. 2, revised edition). Tokyo: Yoshikawa kōbunkan, 1973.

Ishihara 1960 — Ishihara Michihiro [石原道博]. Nihon tō shichishu: Chūgoku ni okeru Nihonkan no ichimen 日本刀七種: 中国における日本観の一面. (Seven poems on Japanese swords: On Chinese view of Japan) // Ibaraki daigaku bunrigakubu kiyō, jinbun kagaku [茨城大学文理学部紀要、人文科学]. 1960, December 1960. Vol. 11. P. 17–26.

Ishihara 1975 — Ishihara Michihiro [石原道博], trans. and annot. Yakuchū Chūgoku seishi Nihon den 訳注中国正史日本伝 (Treatises on Japan in the standard Chinese dynastic histories, translated and annotated). Tokyo: Kokushi kankōkai, 1975.

Itō 2004 — Itō Setsuko [伊藤節子]. Bakufu tenmonkata Shibukawa Kagesuke to Ōmura han tenmon gakusha Mine Gensuke no gakumonteki kōryū 幕肘天文方渋川景佑と大村藩天文学者峰源助の学問的交流 (Scholarly exchanges between shogunal astronomer Shibukawa Kagesuke and astronomer Mine Gensuke of Ōmura domain) // Kokuritsu tenmondai hō [国立天文台報]. 2004. Vol. 7.1–2. P. 15–28.

Itoya 1971 — Itoya Toshio [絲屋寿雄]. Ōmura Masujirō: Bakumatsu Ishin no heisei kaikaku 大村益次郎: 幕末維新の兵制改 (Ōmura Masujirō: Reform of the military sys- tem in the late Edo and Restoration periods). Tokyo: Chūō kōronsha, 1971.

Kawakita 1969 — Kawakita Michiaki [河北倫明]. Kindai Nihon bijutsu no kenkyū [近代日本美術の研究] (Studies in modern Japanese art). Tokyo: Shakai shisōsha, 1969.

Kawashima 1922 — Kawashima Motojirō [川島元次]. Kaikoku igo saigo no Shanhai bōeki 開國以後 最初の上海貿芝. (The earliest Shanghai trade after the opening of the country) // Shōgyō to keizai [商業と經濟]. 1922. Vol. 2. P. 31–64.

Kawashima 1926 — Kawashima Motojirō [川島元次]. Nankoku shiwa 南 國史話. (Historical tales from southern lands). Tokyo: Heibonsha, 1926.

Kawashima 1999 — Kawashima Shin [川島真]. Jūkyū seiki chūki Higashi Ajia ni okeru kokusaihō juyō o meguru enshin-ryoku to kyūshinryoku, Shinchō gaikō monjo kara mita "Shanhai", "Nagasaki", "Pekin", "Edo" no shisha kankei 十九世紀中期東アジアにおける国際法受容をめぐる遠心力と求心 力、清朝外交文書からみた上海」「長崎」「北京」「江戸」の四者 関係. (Centrifugal and centripetal forces surrounding the reception of international law in East Asia in the mid-nineteenth century, the relations among Shanghai, Nagasaki, Beijing, and Edo as seen in Qing diplomatic documents) // Hokudai hōgaku ronshū [北大法字淪集]. 1999. Vol. 50.1. P. 187–191.

Kawashima 2004 — Kawashima Shin [川島真]. Chūgoku kindai gaikō no keisei 中国近代外交の形成. (The formation of modern Chinese diplomacy). Nagoya: Nagoya University Press, 2004.

Kaikō to Hakodate no sangyō keizai 1990 — Kaikō to Hakodate no sangyō keizai 開港と箱館の産業・経済. (Opening the port and Hakodate industry and economy) // Hakodate shi shi tsūsetsu hen dainikan 函館市史通説編 第二巻. (History of the city of Hakodate, prevailing views, vol. 2). Hakodate: Hakodate shi shi hensanshitsu, 1990. P. 139–142.

Kattendyke 1975 — Kattendyke, Willem J. C. R. Huyssen van. Nagasaki kaigun denshūjo no hibi 長崎海軍伝習所の日々 (Days spent at the Naval Training Institute in Nagasaki) / Translated by Mizuta Nobutoshi [水田信 利]. Tokyo: Heibonsha, 1964; reprint, 1975.

Katsu 1967 — Katsu Kaishū [勝海舟]. Kaigun rekishi [海軍歷史] (History of the navy). 1889; reprint, Tokyo: Hara shobō, 1967.

Kimiya 1927 — Kimiya Yasuhiko [木宮泰彦]. Nis-Shi kōtsū shi 日支交 通史. (History of Sino-Japanese interactions). Tokyo: Kinshi hōryūdō, 1927.

Kimoto 1976 — Kimoto Itaru [木本至]. Ōmura Masujirō no shōgai: Ishin no gunzō 大村益次郎の生涯: 維新の群像. (The career of Ōmura Masujirō: Group portrait of the [Meiji] Restoration). Tokyo: Nihon bunkasha, 1976.

Kimura 2010 — Kimura Kihachirō [木村紀八郎]. Ōmura Masujirō den 大村益次郎伝 (Biography of Ōmura Masujirō). Tokyo: Chōeisha, 2010.

Kinouchi 1999 — Kinouchi Makoto [木之内誠], Shanhai rekishi gaido mappu [上海歴史ガイドマップ] (Historical guide maps to Shanghai). Tokyo: Tashūkan shoten, 1999.

Kobayashi 1994 — Kobayashi Yoshiaki [小林良彩]. Shimin kakumei no senkusha: Takasugi Shinsaku 市民革命の先駆者: 高杉晋作. (Pioneer of bourgeois revolution: Takasugi Shinsaku). Tokyo: San'ichi shobō, 1994.

Koga 1923 — Koga Jūjirō [賀十二郎]. Rokujūichi nen mae ni okeru Shanhai e no shutsubōeki [六十一年前に於ける上海への出貿易] (Export trade to Shanghai sixty-one years ago) // Nagasaki shinbun [長崎新聞]. May 10, 1923.

Koga 1995 (1969) — Koga Jūjirō [賀十二郎]. Maruyama yūjo to Tō kōmōjin [丸山遊女と唐紅毛人] (Prostitutes in the Maruyama district and "red-haired" Chinese). 2 vols., 1969; reprint, Nagasaki: Nagasaki bunkensha, 1995.

Kojima 1978 — Kojima Shinji [小島晋治]. Bakumatsu Nihon to Taihei tengoku: Mito han no aru shōya no 'Kenbunroku' no kiji ni furete 幕末日本と太平天国: 水戸藩のある庄屋の「見聞録」の記事にふれて (Late Edo Japan and the Taiping Rebellion: On the account given in the travel narrative of village headman from Mito domain) // Kojima Shinji [小島晋治]. Taihei tengoku kakumei no rekishi to shisō 太平天国革命の歴史と思想 (The history and thought of the Taiping revolution). Tokyo: Kenbun shuppan, 1978. P. 288–303.

Kojima 1999 — Kojima Masaru [小島勝]. Shanhai no Nihonjin gakkō no seikaku 上海の日本人 芋枚の性格. (The nature of the Japanese schools of Shanghai) // Shanhai no Nihonjin shakai, senzen no bunka, shūkyō, kyōiku 上海の日本人社会、戦前の文化、示教、教育. (Japanese society in Shanghai, prewar culture, religion, and education) / ed. Kojima Masaru and Ma Honglin [馬洪林]. Kyoto: Ryūkoku daigaku Bukkyō bunka kenkyūjo, 1999. P. 135–197.

Kōho shi 1935 — Kōho shi 黄浦志. (Chronicle of the Huangpu River). Appended to: Shinmura Izuru [新村出], ed. Genji gannen ni okeru bakuri no Shanhai shisatsu ki 元治元年に於ける幕吏の上海視察記 (Account of an investigation of Shanghai by shogunal officials in the first year of the Genji period [1984]). Reprinted in: Ensei sōkō 遮西叢考 (Studies of the Far West). Tokyo: Rakurō shoin, 1935. P. 344–375.

Kurokawa 1995 — Kurokawa Kōsaburō [黒川貝二郎]. Kishida Ginkō ron, shominha jaanarisuto no kiseki 岸田銀香論、庶民派ジャーナリストの軌跡 (On Kishida Ginkō, the career of a journalist of the common man) // Seikei kenkyū [政経研究]. 1995, July. Vol. 32.1. P. 31–56.

Kuroki 2005 — Kuroki Morifumi [黒木彬文]. Kō-A kai no Ajiashugi 興亜会のアジア主義. (Pan- Asianism in the Rise Asia society) // Hōsei kenkyū [法政研究]. 2005. Vol. 71.4. P. 615–655.

Kusaka 1973 — Kusaka Genzui [久坂玄瑞]. Kaiwan chigen 解腕痴言 (Foolish words on severing the arm) // Yashitai: Ishin shiryō sōsho, 2, ronsaku, 2, 野史臺: 維新史料叢書, 2, 論策. (Platform for unofficial history: Collection of documents on the Restoration, vol. 2: Essays on current events) / ed. Nihon shiseki kyōkai sōsho 日本史籍協會 叢書. (Collection of the association of Japanese historical documents). Tokyo: Tokyo University Press, 1973. P. 177–187.

Masuda 1979 — Masuda Wataru [増田渉]. Seigaku tōzen to Chūgoku jijō: "zassho" sakki 西学東漸と中国事情: 「雑書」雑記 (The eastern movement of western learning and conditions in China: Notes on "Various Books"). Tokyo: Iwanami shoten, 1979.

Matsudaya 1997 (1942) — Matsudaya Hankichi [松田屋伴吉]. Tōkoku tokai nikki 唐國渡海日記 (Diary of aseavoyagetoChina) // Shanhai kenkyū [上海研究]. 1942. Vol. 1. P. 115–162. Reprinted in: Bakumatsu Meiji Chūgoku kenbunroku shūsei 幕末明治中国見聞録集成 (Collection of travel accounts of China from the late Edo and Meiji periods). Vol. 11. Tokyo: Yumani shobō, 1997. P. 39–86.

Matsumoto 1939 — Matsumoto Tadao [松本忠雄]. Shanhai ni okeru Nihonjin hatten no shoki 上海に於ける日本人發展の初期 (The early years of Japanese development in Shanghai) // Tōyō [東洋]. 1939, October. Vol. 42. P. 37–48.

Matsuzawa 1992 — Matsuzawa Hiroaki [松沢弘揚]. Bakumatsu Seiyō kō to Chūgoku kenbun 幕末西洋航と中国見聞 (Trips to the West in the late Edo period and observations of China), part 2 // Hokudai hōgaku ronsō [北大・法学論叢]. 1992, October. Vol. 43.2. P. 181–239.

Mine 1997a — Mine Kiyoshi [峰潔]. Senchū nichiroku 船中日 (Daily account on board). Reprinted in: Bakumatsu Meiji Chūgoku kenbunroku shūsei 幕末明治中国見聞録集成. (Collection of travel accounts of China from the late Edo and Meiji periods). Vol. 11. Tokyo: Yumani shobō, 1997. P. 11–23.

Mine 1997b — Mine Kiyoshi [峰潔]. Shinkoku Shanhai kenbunroku 清国上海見聞躁 (Travel account of Shanghai in China). Reprinted in: Bakumatsu Meiji Chūgoku kenbunroku shūsei 幕末明治中国見聞録集成 (Collection of travel accounts of China from the late Edo and Meiji periods). Vol. 11. Tokyo: Yumani shobō, 1997. P. 24–35.

Miyamoto 1981 — Miyamoto Mataji [宮本又次]. Godai Tomoatsu den 五代友厚伝 (Biography of Godai Tomoatsu). Tokyo: Yūhikaku, 1981.

Miyanaga 2000 — Miyanaga Takashi [宮永孝]. Purinsu Akitake no Ōshū kikō, Keiō 3 nen Pari banpaku shisetsu プリンス昭武の欧州紀行、慶応3年パリ万博使節 (The European travelogue of Prince Akitake, mission to the Paris Exposition in 1867). Tokyo: Yamakawa shuppansha, 2000.

Miyanaga 1995 — Miyanaga Takashi [宮永孝]. Takasugi Shinsaku no Shanhai repotto 高杉晋作の上海報告 (Takasugi Shinsaku's report on Shanghai). Tokyo: Shin jinbutsu ōraisha, 1995.

Miyata 1974 — Miyata Yasushi [宮田安]. Tō tsūji kakei ronkō 唐通事家系論放 (Studies of the family lines of the Chinese interpreters). Nagasaki: Nagasaki bunkensha, 1974.

Morita 2001 — Morita Yoshihiko [森田吉菖]. Nagura Shindon to Nis-Shin 'shin kankei' no mosaku, bakumatsu ishin ki no ka-i shisōteki Nit-Chū teikei ron 名倉信敦と日清「新関係」の模索、幕末維新期の華夷思想的日中提携論 (Nagura Shindon and groping toward a "new relationship" between Japan and China, on civilized-vs.-barbarian ideological Sino-Japanese partnership in the late Edo and Restoration era) // Higashi Ajia kindai shi [東アジア近代史]. 2001, March. Vol. 4. P. 63–81.

Morita 2009 — Morita Yoshihiko [森田吉菖]. Heigakusha Nagura Shindon no bakumatsu kaigai kenbun 兵学者名倉信敦の幕末海外見聞 (The overseas observations in the late Edo period of Nagura Shindon, scholar of military science) // Teikyō daigaku bungakubu kiyō, Nihon bunkagaku [帝京大学文学部紀要, 日本文化学]. 2009. Vol. 40. P. 45–81.

Murakami 1984 — Murakami Genzō [村上元二]. Takasugi Shinsaku [高杉晋作]. Tokyo: Kōfūsha shuppan, 1984.

Muramatsu 1970 — Muramatsu Yūji [村松祐次]. Kindai Kōnan no soen: Chūgoku jinushi seido no kenkyū 近代江南の租棧 (Landlord bursaries of the lower Yangzi delta region in the modern era: Studies of the Chinese landlord system). Tokyo: Kindai Chūgoku kenkyū iinkai, 1970.

Mutō 1925 — Mutō Chōzō [武藤長臧]. Bunkyū ninen no kansen dai-ichiji Shanhai haken to Bunkyū sannen-Genji gannen no dainiji Shanhai haken ni kansuru shiryō ni tsuite 文久二年の官船第一次上海派遣と文久三年・元治元年の第二次上 海派遣に關する史料に就て. (Materials concerning the first government ship sent to Shanghai in 1862 and the second one sent to Shanghai in 1863–64) // Shōgyō to keizai [商業と經濟]. 1925, February. Vol. 5.2. P. 164–169.

Mutō 1927 — Mutō Chōzō [武藤長臧]. Genji gannen Shanhai haken kansen Kenjunmaru ni kanshi Ishiwata hakase teikyō no shiryō 元治元年上海派遣官船「健順丸」に關し石渡博士 提供の史料(Historical material offered by Dr. Ishiwata concerning the Kenjunmaru, a government ship sent to Shanghai in 1964) // Shōgyō to keizai [商業と經濟]. 1927, November. Vol. 8.1. P. 131–138.

Nagasaki Senzaimaru Shanhai e hakkō ikken 1970 — Nagasaki Senzaimaru Shanhai e hakkō ikken 長崎千歳丸上海へ発航一件 (Matter of the sending of the Senzaimaru of Nagasaki to Shanghai) // In Bakumatsu bōeki shiryō 幕末貿易史料 (Documents on late Edo-period trade) / ed. Honjō Eijirō. Osaka: Seibundō shuppan, 1970. P. 12–16.

Nagayo 2004 — Nagayo Takeo [長与健夫]. Ishi shiryō: Mikawa shusshin no Ranpōi Omoto Kōdō no bakumatsu [医史資料：三河出身の蘭方医・尾本公同の幕末] (Materials on the history of medicine: The late Edo period in the life of Dutch medicine doctor Omoto Kōdō from Mikawa) // Gendai igaku [現代医孚]. 2004, November. Vol. 52.2. P. 339–342.

Nagura 1997a — Nagura Inata [名倉予何人]. Kaigai nichiroku 海外日録 (Daily account overseas). Rpt. in: Tazaki Tetsurō [田崎哲郎]. Shiryō shōkai: Nagura Inata 'Kaigai nichi- roku,' Bunkyū ninen Senzaimaru kankei shiryō 資料紹介:名倉予何人「海外日録」文久二年千才丸関係資料. (Introduction of sources: Nagura Inata's "Daily account overseas," a document concerning the Senzaimaru of 1862) // Aichi daigaku kokusai mondai kenkyūjo kiyō [知大学国際問題研究所紀要]. 1986, December, Vol. 83. P. 91–118. Reprinted in: Bakumatsu Meiji Chūgoku kenbunroku shūsei 幕末明治中国見聞録集成 (Collection of travel accounts of China from the late Edo and Meiji periods). Vol. 11. Tokyo: Yumani shobō, 1997. P. 87–162.

Nagura 1997b — Nagura Inata [名倉予何人]. Shina kenbun roku 支那見聞錄 (Travel observations of China). Reprinted in: Bakumatsu Meiji Chūgoku kenbunroku shūsei 幕末明治中国見聞録集成 (Collection of travel accounts of China from the late Edo and Meiji periods). Vol. 11. Tokyo: Yumani shobō, 1997. P. 165–217.

Nagura, Ōbayashi — Nagura Don [名倉敦] and Ōbayashi Sen [大林闌]. Sanji jōyū roku kan no san hitsugo 二次壯遊錄卷ヒ二筆語 (Record of the third courageous voyage, fascicle 3, brush conversations). Manuscript held in Kyoto University Library, n.d.

Naitō 1972 — Naitō Konan [内藤湖南]. Shinchō suibō ron 清朝衰亡論 (On the decline and fall of the Qing dynasty, 1911) // Naitō Konan zenshū 内藤湖南全集 (Collected works of Naitō Konan), vol. 5. Tokyo: Chikuma shobō, 1972.

Nakamura 1919 — Nakamura Kōya [中村孝也]. Nakamuda Kuranosuke den 中牟田倉之助 (Biography of Nakamuda Kuranosuke). Tokyo: Nakamuda Takenobu, 1919.

Naramoto 1965 — Naramoto Tatsuya [奈良本達也]. Takasugi Shinsaku, ishin zenya no gunzō 高杉晋作、維新前夜の群像 (Takasugi Shinsaku, a portrait on the eve of the Meiji Restoration). Tokyo: Chūō shinsho, 1965.

Nihon kokugo daijiten 2006 — Nihon kokugo daijiten 日本国語大辞典 (Great dictionary of the Japanese language). 14 vols. Tokyo: Shōgakukan, 2006.

Nishimura 1976 — Nishimura Genshō [西村元照]. Shinsho no hōran, shichō taisei no kakuritsu, kaikin kara ukeoi chōzeisei e [清初の包攬：私徴體制の

確立、解禁から清負徴 税制へ] (Engrossment in the early Qing: The formation of a private taxation structure, from the lifting of the ban to a contract taxation system) // Tōyōshi kenkyū. 1976, December. Vol. 33.3. P. 114–174.

Nōshōmushō kōkōkyoku 1915 — Nōshōmushō kōkōkyoku [農商務省商工局]. Shanhai kaisanbutsu jijō 上海海産物事情 (Circumstances surrounding marine produce in Shanghai). Tokyo: Nōshōmushō kōkōkyoku, 1915.

Nōtomi 1946 — Nōtomi Kaijirō [納富介次郎]. Shanhai zakki 上海雜記 (Notes on Shanghai) // Bunkyū ninen Shanhai nikki 文久二年上海日記 (Shanghai diaries from Bunkyū 2 [1862]). Osaka: Zenkoku shobō, 1946. P. 1–37.

Nozawa 1991 — Nozawa Yutaka [野澤豊]. Senzen Nihon no Shanhai kenkyū, gengogakusha Shinmura Izuru o tegakari to shite 戦前日本の上海研究:言語学者新村出を手掛かりとして (Prewar Japanese studies of Shanghai, a look at the linguist Shinmura Izuru) // Chikaki ni arite [近さに在りて]. 1991, November. Vol. 20. P. 42–47.

Ōba 2003 — Ōba Osamu [大庭脩], ed. Nagasaki Tōkan zu shūsei, kinsei Nit-Chū kōshō shiryōshū 6 長崎唐館図集成:近世日中交渉史料集6 (Collection of drawings of the Chinese Compound in Nagasaki, collection of historical materials on Sino-Japanese relations in the early modern period, vol. 6). Suita: Tōzai gakujutsu kenkyūjo, Kansai University, 2003.

Okazaki 1999 — Okazaki Kōzō [岡崎宏三]. Himawari to kyamera: Satsuei kantoku Okazaki Kōzō ichidaiki [ひまわりとキャメラ:撮影監督・岡崎宏三一代記] (Sunflower and camera: Autobiography of director Okazaki Kōzō). Tokyo: San'ichi shobō, 1999.

Okita 1941 — Okita Hajime [中田一]. Shanhai chimei shi 上海地名誌 (Account of Shanghai toponyms). Shanghai: Shanhai rekishi chiri kenkyūkai, 1941.

Okita 1942a — Okita Hajime [中田一]. Kojō shi dan: Shanhai ni kansuru shiteki zuihitsu 滬上史談:上海に關する史的隨筆 (Tales from the history of Shanghai: Historical notes about Shanghai). Shanghai: Tairiku shinpōsha, 1942.

Okita 1942b — Okita Hajime [中田一]. Shanhai hōjin shi kenkyū 上海邦人史研究 (Studies of the history of Japanese in Shanghai). Handwritten manuscript dated May 1942, copy in Kyoto University Library.

Okita 1942c — Okita Hajime [中田一]. Shanhai shiwa 上海史話 (Historical tales of Shanghai) // Shanhai kenkyū [上海研究]. 1942, February. Vol. 1. P. 37–68.

Okita 1943 — Okita Hajime [中田一]. Nihon to Shanhai 日本と上海 (Japan and Shanghai). Shanghai: Tairiku shinpōsha, 1943.

Okita 1948 — Okita Hajime [中田一]. Bakumatsu daiichiji Shanhai haken kansen Senzaimaru no shiryō 幕末第一次上海派遣官船千歳丸の史料 (Historical materials on the Senzaimaru, the first ship officially dispatched to Shanghai in the bakumatsu period) // Tōyōshi kenkyū [東洋史研究]. 1947, December. Vol. 10.1. P. 49–58. 1948, July. Vol. 10.3. P. 198–212.

Okita 1955 — Okita Hajime [中田一]. Henri Jeimusu kenkyū, shu to shite gikō ni tsuite ヘンリ・ンエイムズ 研究: 主として技巧について (A study of Henry James and his craft). Kyoto: Kinki sakkakai, 1955.

Okita 1956 — Okita Hajime [中田一], trans. Yondo no deai, shorō 四度の出会い・初老 (Four Meetings, "The Middle Years"). Tokyo: Eihōsha, 1956.

Okita 1965 — Okita Hajime [中田一]. Nihon ni okeru Henrii Jeimuzu shoshi 日本におけるヘンリー・ジエイムズ書誌 (Bibliography of Henry James in Japan). Kyoto: Aborunsha, 1965.

Okita 1980 — Okita Hajime [中田一] Nōsuchaina Herarudo no bakumatsuji no Nihon kankei kiji ノースチャイナ・ヘラルドの幕末時の日本関係記事 (Articles concerning Japan in the late Edo period in the North-China Herald) // Ryūkoku daigaku ronshū [龍谷大学論集]. 1980, October. Vol. 417. P. 1–48.

Sakai 1994 — Sakai Tetsuo [酒井哲朗]. Shin (Shin) wa saibu ni yadoritamau: Takahashi Yuichi no hito to geijutsu 神(真)は細部に宿り給う: 高橋由一の人と芸術 (God [Truth] is lodged in the details: Takahashi Yuichi, the man and his artwork) // Takahashi Yuichi ten, kindai Yōga no reimei, botsugo 100 nen 髙橋由一・展: 近代洋画の黎明、没後100年 (An exhibition of Takahashi Yuichi, the dawn of modern Western-style painting, on the centenary of his death). Tokyo: Kanagawa ken bunka kaikan and Asahi shinbunsha, 1994. P. 7–11.

Sakuma 1992 — Sakuma Shigeo [佐久間重男]. Nichi-Min kankei shi no kenkyū 日明関係史の研究 (Studies in the history of Japan-Ming relations). Tokyo: Yoshikawa kōbunkan, 1992.

Satō 1984 — Satō Saburō [佐藤二郎]. Bunkyū ninen ni okeru bakufu bōekisen Senzaimaru no Shanhai haken ni tsuite 文久二年における幕府貿易船千歳丸の上海派遣について (On the sending to Shanghai in 1862 of the shogunal trading vessel, the Senzaimaru) // Kindai Nit-Chū kōshō shi no kenkyū 近代日中交渉史の研究 (Studies in the history of modern Sino-Japanese relations). Tokyo: Yoshikawa kōbunkan, 1984. P. 67–96.

Shanhai kyoryū mindan sanjūgo shūnen kinen shi 1942 — Shanhai kyoryū mindan sanjūgo shūnen kinen shi 日本居留民團三十五周年紀念 丘芯 (Commemorative volume on the thirty-fifth anniversary of the Shanghai Residents Association). Shanghai: Shanhai kyoryū mindan, 1942.

Shiba 1971 — Shiba Ryōtarō 司馬遼太郎. Yo ni sumu hibi 世に棲む日日 (Alive in the world). Tokyo: Bungei shunjū, 1971.

Shiba 1972 — Shiba Ryōtarō 司馬遼太郎. Kashin 花神 (God of blooming flowers). Tokyo: Shinchōsha, 1972.

Shimizu 1995 — Shimizu Akira [清水晶]. Shanhai sokai eiga watakushi shi 上海租界映画私史 (A personal history of films in the Shanghai Concessions). Tokyo: Shinchōsha, 1995.

Shina to gojoyaku otorimusubi kata tetsuzuki ukeritamawari Tadashi soro shimatsu oboegaki 1978 — Shina to gojōyakuotorimusubi kata tetsuzuki ukeritamawari Tadashi sōrō shimatsu oboegaki 支那与御条約御取結方手続承り糺候始末覚書 (Notes on the circumstances surrounding corrections of the agreed-upon procedure for concluding a treaty with China) // Sugiura Yuzuru zenshū 杉浦譲全集 (Collected works of Sugiura Yuzuru). Vol. 1. Tokyo: Sugiura Yuzuru zenshū kankōkai, 1978. P. 196–197.

Shinmura 1935a — Shinmura Izuru [新村出]. Ensei sōkō 遮西叢考 (Studies of the Far West). Tokyo: Rakurō shoin, 1935.

Shinmura 1935b — Shinmura Izuru [新村出], ed. Genji gannen ni okeru bakuri no Shanhai shisatsu ki 元治元年に於ける幕吏の上海視祭記 (Account of an investigation of Shanghai by shogunal officials in the first year of the Genji period [1984]). Reprinted in: Ensei sōkō 遮西叢考 (Studies of the Far West). Tokyo: Rakurō shoin, 1935. P. 335–384.

Shirayanagi 1931 — Shirayanagi Shūko [白柳秀湖]. Nihon fugō hasseigaku, batsuzoku zaiken sōdatsu no maki 日本富豪發生學, 閥族財權爭奪の巻 (The genesis of men of great wealth in Japan, volume on the scramble for wealth among the cliques). Tokyo: Chikura shobō, 1931.

Shirayanagi 1934 — Shirayanagi Shūko [白柳秀湖]. Sōsō Nagura Inata den (ge) (Biography of Nagura Inata, Sōsō, final part) // Shomotsu tenbō. 1934, December. Vol. 12.4. P. 22–31.

Sugita 1928 — Sugita Teiichi [杉田定一]. Yū-Shin yokan 遊清餘感 (Impressions from a trip to China) // Sugita Junzan ō 杉田鶉山翁 (Venerable Sugita Junzan) / ed. Saiga Hakuai [雜賀博愛]. Tokyo: Junzankai, 1928. P. 582–585.

Sugiura 1978 — Sugiura Yuzuru. Genji ninen shigatsu tsuitachi, Seiyō sen happyaku rokujūgo nen daishigatsu nijūgonichi Shina Shanhai Amerika gasshūkoku konshuru zeneraaru kan ni okite, Oranda Hiise konshurute Kurūsu tsūben Ishikawa Iwaji, Nishi Kichijūrō, Sugiura Aizō, Akoku konshuru zeneraaru Shiwaruto to taiwa no oboe 元治二年四月朔日、西洋千八百六十五年第四月廿五日於支那上海亜米理加合衆国コンシュルゼネラール館、荷蘭ヒイセコンシュルテクルース通弁石川岩司、西吉十

郎、杉浦愛藏、亜国コンシュルゼネラールシワルトと対話之覚 (Notes of a discussion between Ishikawa Iwaji, Nishi Kichijūrō, and Sugiura Aizō with American Consul-General Seward at the American Consulate-General in Shanghai, China, Genji 2/4/1, Western [calendar] April 25, 1865, with Dutch Vice-Consul Kroes interpreting) // Sugiura Yuzuru zenshū 杉浦譲全集 (Collected works of Sugiura Yuzuru). Vol. 1. Tokyo: Sugiura Yuzuru zenshū kankōkai, 1978. P. 189–191.

Sugiura 1996 — Sugiura Tadashi [杉浦正]. Kishida Ginkō, shiryō kara mita sono isshō 岸田吟香、資料から見たその一生 (Kishida Ginkō: A life seen through documents). Tokyo: Kyūko shoin, 1996.

Suzuki 1981 — Suzuki Shūji [鈴木修次]. 'Shūkyō' to 'jiyū' 「宗教」と「自由」 ("Religion" and "freedom") // Suzuki Shūji. Nihon Kango to Chūgoku: Kanji bunkaken no kindaika 日本漢語と中国：漢字文化圏の近代 (Japanese terms in Chinese and China: The modernization of the cultural arena of Chinese characters). Tokyo: Chūkō shinsho, 1981. P. 124–167.

Segawa 1977 — Segawa Ken'ichirō [瀬川健一郎]. Bandō Tsumasaburō [坂東妻三郎]. Tokyo: Mainichi shinbunsha, 1977.

Takahashi 1975 — Takahashi Yuichi rireki 高橋由一履歴 (The career of Takahashi Yuichi) // Meiji geijutsu bungaku ronshū 明治芸術・文学論集 (Essays on Meiji-era art and literature) // Meiji bungaku zenshū 明治文学全集 (Collected writings on Meiji literature), ed. Hijikata Teiichi [土方定一]. Vol. 79. Tokyo: Chikuma shobō, 1975. P. 250–257.

Takahashi 1994 — Takahashi Yuichi ten, kindai Yōga no reimei, botsugo 100 nen 高橋由一展：近代洋 画の黎明没後100年 (An exhibition of Takahashi Yuichi, the dawn of modern Western-style painting, on the centenary of his death). Tokyo: Kanagawa ken bunka kaikan and Asahi shinbunsha, 1994.

Takasugi 1916 — Takasugi Shinsaku [高杉晋作]. Tōkō sensei ibun 東行先生遺文. (Posthumous writings of Takasugi Shin- saku). Tokyo: Min'yūsha, 1916.

Takasugi 1974 — Takasugi Shinsaku [高杉晋作]. Yū-Shin goroku 遊清五録 (Five records of a trip to China) // Takasugi Shinsaku zenshū 高杉晋作全集 (Collected works of Takasugi Shinsaku) / ed. Hori Tetsusaburō [堀哲二郎]. Vol. 2. Tokyo: Shin jinbutsu ōraisha, 1974. P. 142–216.

Takasugi 1999 — Takasugi Shinsaku [高杉晋作]. Takasugi Shinsaku no 29 nen 高杉晋作の29年 (Takasugi Shinsaku's 29 years). Tokyo: Shinjinbutsu ōraisha, 1999.

Takase 2000 — Takase Masahiro [高瀬昌弘]. Wagagokoro no Inagaki Hiroshi 我が心の稲坦浩 (Inagaku Hiroshi in our minds). Tokyo: Waizu shuppan, 2000.

Takatsuna 1995 — Takatsuna Hirofumi [髙綱博文]. Nihon ni okeru Shanhai shi kenkyū no senkusha: Okita Hajime 日本における上海史研究の先駆者:沖田一 (Japanese pioneer in Shanghai historical research: Okita Hajime) // Kindai Chūgoku kenkyū ihō 近代中国研究彙報. 1995. Vol. 17. P. 25–40.

Tan 1944 — Tan Kiyoshi. [丹潔]. Ōmura Masujirō [夫村益次郎]. Tokyo: Hajime shobō, 1944.

Tang 2005 — Tang Quan [唐権. Umi o koeta tsuyagoto: Nit-Chū bunka kōryū hishi 海を越えた艶ごと:日中文化父流秘史 (Love affairs across the sea, the secret history of Sino- Japanese cultural intercourse). Tokyo: Shin'yōsha, 2005.

Tanaka 1921 — Tanaka Toyojirō [田中豊治郎]. Kindai no ijin: Ko Godai Tomoatsu den 近代之偉人:故五代友厚傳 (A great modern man: Biography of the late Godai Tomoatsu). Ōsaka: Tomoatsukai, 1921.

Tanaka 1938 — Tanaka Sōgorō [田中惣五郎]. Kindai gunsei no sōshisha, Ōmura Masujirō 近代軍制の創始者、大村益次郎 (Founder of the modern military system, Ōmura Masujirō). Tokyo: Chikura shobō, 1938.

Tanaka 1961 — Tanaka Takeo [田中健夫]. Wakō to kangō bōeki 倭寇と勘合貿易 (The "Japanese" pirates and the tally trade). Tokyo: Shibundō, 1961.

Tanaka 1975 — Tanaka Takeo [田中健夫]. Chūsei taigai kankei shi 中世対外関係史 (History of foreign relations in the medieval period). Tokyo: Tokyo University Press, 1975.

Tanaka 1972 — Tanaka Masatoshi [田中正俊]. Nagura Inata '(Bunkyū ninen) Shina kenbun roku' ni tsuite 名倉予何人「（文久二年）支那見聞感」について (On Nagura Ina- ta's [1862] travel observations of China) // Yamamoto hakase kanreki kinen Tōyō shi ronsō 山本博士還暦記念東洋史論叢 (Essays in Asian History, Commemorating the 61st Birthday of Professor Yamamoto [Tatsurō]) / ed. Yamamoto hakase kanreki kinen Tōyō shi ronsō hensan iinkai 山本博士還暦記念東洋史論叢編纂委貝会. Tokyo: Yamakawa shuppansha, 1972. P. 291–304.

Tanaka 1991 — Tanaka Akira [田中彰], ed. Kaikoku 開國 (Opening the country). Tokyo: Iwanami shoten, 1991.

Tanaka 1994 — Tanaka Akira [田中彰]. Nihon no kinsei, vol. 18: Kindai kokka e no shikō 日本の近世、18 ：近代国家への志向 (Japan's early modernity, vol. 18: Toward the formation of a modern state). Tokyo: Chūō kōronsha, 1994.

Tanaka 2009 — Tanaka Masahiro [中田雅博]. Ugata Kōan, bakumatsu no i to oshie 緒方洪庵:幕末の医と教え (Ugata Kōan, medicine and teaching in the late Edo period). Kyoto: Shibunkaku shuppan, 2009.

Tō-A 1982 — Tō-A dōbun shoin daigaku shi: Sōritsu hachijū shūnen kinenshi 東亜同文書院大学史:創立周年記念誌 (A history of the East Asian Common Cultural Academy University, a commemorative volume on the eightieth anniversary of its founding). Tokyo: Kōgakusha, 1982.

Tominari 2005 — Tominari Hiroshi [畠成博]. Takasugi Shinsaku [呙杉晋作]. Tokyo: Yudachisha, 2005.

Toyama 1988 — Toyama Mikio [外山幹夫]. Nagasaki bugyō, Edo bakufu no mimi to me 長崎奉行、 江尸幕府の耳と目(The Nagasaki Magistrate, eyes and ears of the Edo shogunate). Tokyo: Chūō kōronsha, 1988.

Tsuji 1987 — Tsuji Hisakazu [辻久一]. Chūka den'ei shiwa, ichi heisotsu no Nit-Chū eiga kaisōki 1939–1945 中華電影史話: 一兵卒の日中映画回想記 1939–1945 (Tales from the history of Chinese cinema, one soldier's memoirs of Sino-Japanese movies, 1939–1945). Tokyo: Gaifūsha, 1987.

Tsuji 2000 — Tsuji Shōjirō [辻昭二郎]. 'Tōwa shōji' to Kawakita fusai no gyōseki 「東和商事」と川号多夫妻の業績 (The Tōwa shoji [company] and the achievements of Mr. and Mrs. Kawakita) // Kumamoto daigaku sōgō kamoku kenkyū hōkoku 熊本大学総合科目研究報告3 (2000): 78–86.

Uchida 1977 — Uchida Shin [内田伸], ed. Ōmura Masujirō monjo 村益次郎文書 (Ōmura Masujirō documents). Tokuyama: Matsuno shoten, 1977.

Umetani 2002 — Umetani Noboru [梅溪昇]. Takasugi Shinsaku [呙杉晋作]. Tokyo: Yoshikawa kōbunkan, 2002.

Xu 2012 — Xu Haihua [許海華]. Bakumatsu ni okeru Nagasaki Tōtsūhi no taisei 幕末における長崎唐通事の体制 (The system of Chinese interpreters in Nakasaki in the late Edo period) // Higashi Ajia bunka kōshō kenkyū 東アジア文化交渉研究. 2012, February. Vol. 5. P. 267–280.

Yamaguchi 1901 — Yamaguchi Kyochoku [山口擧直]. Meiji izen no Shina bōeki 明治以前の支那貿劫 (Trade with China before the Meiji period) // Kyū bakufu [售畚府]. 1901, April. Vol. 5.3. P. 20–28.

Yamaguchi 1985 — Yamaguchi Sekijirō [山口錫次郎]. Tōkoku Shanhai e makarikoshi sōrō gi mōshiage sōrō kakitsuke 唐国上海江罷越候儀申上候書付 (Note concerning the matter of the voyage to Shanghai, China) // Bakumatsu bōeki shiryō 幕末貿易史料 (Documents on late Edo-period trade). Tokyo: Keizaishi kenkyūkai, 1970. P. 17–31; Zoku tsūshin zenran, ruijū no bu 続通信全覧，類輯之部 (Collected diplomatic communications, collected by categories). Vol. 29. Tokyo: Gaimushō, 1985. P. 721–735.

Yamazaki 2003 — Yamazaki Tatsubun [山崎達文]. Nōtomi Kaijirō no mezashita mono 納富介次郎の目指したもの (What Nōtomi Kaijirō aimed at) // Kanazawa gakuin daigaku kiyō, bungaku bijutsu hen 金沢学院大学、文学・美術編. 2003. Vol. 1. P. 73–82.

Yamane 2001 — Yamane Sadao [山根貞男]. Yamane Sadao no otanoshimi zeminaaru 山根貞男のお楽しウセミナノート (Yamane Sadao's marvelous seminar). Liner notes to the video of Noroshi wa Shanhai ni agaru. Distributed by Kinema Club, 2001.

Yamaoka 1966 — Yamaoka Sōhachi [山岡荘八]. Takasugi Shinsaku 高松晋作. Tokyo: Kōdansha, 1966.

Yahiro 1974 — Yahiro Fuji [八尋不二]. Jidai eiga to gojūnen 時代映画と五十年 (Period movies and fifty years). Tokyo: Gakugei shorin, 1974.

Yōga no senkaku Takahashi Yuichi shi den (yon) 1905 — Yōga no senkaku Takahashi Yuichi shi den (yon) [洋畫の先覺高橋由一氏傳（四)] (Biography of Mr. Takahashi Yuichi, pioneer of Western-style art, part 4) // Bijutsu shinpō [美學新報]. 1905, July 12. Vol. 4.9. P. 68.

Yokoyama 1916 — Yokoyama Kendō [横山健堂]. Takasugi Shinsaku [高杉晋作]. Tokyo: Bukyō sekai-sha, 1916.

Yokoyama 2002 — Yokoyama Hiroaki [横山宏章]. Bunkyū ninen bakufu haken Senzaimaru zuiin no Chūgoku kan 文久二年幕府派遣千歳丸随員の中国観 (Views of China of those aboard the Senzaimaru sent by the shogunate [to China] in 1862) // Kenritsu Nagasaki Shiiboruto daigaku kokusai jōhō gakubu kiyō [県立長崎シーボルト大学国際情報学部紀要]. 2002. Vol. 3. P. 197–206.

Yonezawa 1942 — Yonezawa Hideo [米澤秀夫]. Shanhai shiwa 上海史話. (Stories from Shanghai history). Tokyo: Bōbō shobō, 1942.

Yoshida 1976 — Yoshida Shōin [吉田松陰]. Yoshida Shōin zenshū 吉田松陰全集. (Collected writings of Yoshida Shōin) / Edited by Yamaguchi ken kyōikukai [山口県教育会].Tokyo: Daiwa shobō, 1976.

На других языках:

American Lloyd's Register — American Lloyd's Register of American and Foreign Shipping for 1861, 1862, 1863, 1863, 1864, 1865, 1866. New York: E. & G. W. Blunt.

Auslin 2004 — Auslin, Michael. Negotiating with Imperialism: The Unequal Treaties and the Culture of Japanese Diplomacy. Cambridge, MA: Harvard University Press, 2004.

Banno 1964 — Banno Masataka [坂野正高]. China and the West, 1858–1861: The Origins of the Tsungli Yamen. Cambridge, MA: Harvard University Press, 1964.

Baskett 2008 — Baskett, Michael. The Attractive Empire: Transnational Film Culture in Imperial Japan. Honolulu: University of Hawai'i Press, 2008.

Beasley 1989 — Beasley, W. G. The Foreign Threat and the Opening of the Ports // The Cambridge History of Japan. Volume 5: The Nineteenth century / ed. Marius B. Jansen. Cambridge: Cambridge University Press, 1989. P. 259–307.

Beasley 1991 — Beasley, W. G. Japanese Castaways and British Interpreters // Monumenta Nipponica. 1991, Spring. Vol. 46.1. P. 91–103.

B.-Maybon, Fredet 1929 — B.-Maybon, Ch. and Jean Fredet. Histoire de la Concession Française de Changhai. Paris: Librairie Plon, 1929.

Brandon 2009 — Brandon, James R. Kabuki's Forgotten War, 1931–1945. Honolulu: University of Hawai i Press, 2009. "Brontekst bekijken van Mulder. http://genwiki.nl/limburg/index.php?title = Mulder&action = edit.

Brook 2002 — Brook, Timothy. Japan in the Late Ming: The View from Shanghai // Sagacious Monks and Bloodthirsty Warriors: Chinese Views of Japan in the Ming-Qing Period / ed. Joshua A. Fogel. Norwalk: EastBridge, 2002. P. 42–62.

Cable 1937 — Cable, Boyd. A Hundred Year History of the P & O, Peninsular and Oriental Steam Navigation Company. London: I. Nicholson and Watson, 1937.

Cassell 2012 — Cassell, Par Kristoffer. Grounds of Judgment: Extraterritoriality and Imperial Power in Nineteenth-Century China and Japan. New York: Oxford University Press, 2012.

China 1862 — The China Directory for 1862. Hongkong: A. Shortrede, 1862.

Chow 1975 — Chow Jen Hwa. China and Japan: The History of Chinese Diplomatic Missions in Japan, 1877–1911. Singapore: Chopmen Enterprises, 1975.

Delhougne 1959 — Delhougne, E. M. A. H. Genealogieen III. Nijmegen, Neth.: Drukkerij gebr. Janssen N. V., 1959 // Dejima Biographies. Compiled by Nagasaki Foreign Settlement Research Group. www.nfs.nias.ac.jp/page042.html#NCS.

Dowd 2013 — Dowd, Maureen. The Oscar for Best Fabrication. New York Times, February 16, 2013. URL: www.nytimes.com/2013/02/17/opinion/sunday/dowd-the-oscar-for-best- fabrication.html?_r = 0.

Earns 1995 — Earns, Lane. The Foreign Settlement in Nagasaki, 1859–1869 // The Historian. 1995, Summer. Vol. 57.4. P. 483–500.

Earns 1997 — Earns, Lane. A Miner in the Deep and Dark Places: Guido Verbeck in Nagasaki, 1859–1869 // Crossroads. 1997, Autumn. Vol. 5. P. 87–112.

Enrollments 1841–1939 — Enrollments of New Bedford, Massachusetts 1841–1939, Supplementary to Ship Registers of New Bedford, Massachusetts, 1841–1939. Compiled by The Survey of Federal Archives, W.P.A. New Bedford, MA: n.d.

Fogel 1996 — Fogel, Joshua A. The Literature of Travel in the Japanese Rediscovery of China, 1862–1945. Stanford, CA: Stanford University Press, 1996.

Fogel 2000 — Fogel, Joshua A. Shanghai-Japan: The Japanese Residents' Association of Shanghai // Journal of Asian Studies. 2000, November. Vol. 59.4. P. 927–950.

Fogel 2002 — Fogel, Joshua A. Japanese Travelers to Shanghai in the 1860s // Historiography and Japanese Consciousness of Values and Norms / ed. Joshua A. Fogel and James C. Baxter. Kyoto: International Research Center for Japanese Studies, 2002. P. 79–99.

Fogel 2004 — Fogel, Joshua A. A Wartime Cinematic Recreation of the Journey Linking China and Japan in the Modern Era // Journeys: International Journal of Travel and Travel Writing. 2004, May. Vol. 5.1. P. 100–118. Reprinted in: Traditions of East Asian Travel / ed. Joshua A. Fogel. New York: Berghahn Books, 2006. P. 125–143.

Fogel 2005a — Fogel, Joshua A. Introduction: The Teleology of the Nation-State // The Teleology of the Modern Nation-State: Japan and China / ed. Joshua A. Fogel. Philadelphia: University of Pennsylvania Press, 2005. P. 1–7.

Fogel 2005b — Fogel, Joshua A. The Senzaimaru Voyage to Shanghai in 1862 // Kokusai bunka hyogen kenkyu国際文化表現研究. 2005. Vol. 1. P. 191–204.

Fogel 2008 — Fogel, Joshua A. A Decisive Turning Point in Sino-Japanese Relations: The Senzaimaru Voyage to Shanghai of 1862 // Late Imperial China. 2008, June. Vol. 29.1. Supplement. P. 104–124.

Fogel 2009 — Fogel, Joshua A. Articulating the Sinosphere: Sino-Japanese Relations in Space and Time. Cambridge, MA: Harvard University Press, 2009.

Fogel 2010 — Fogel, Joshua A. The Recent Boom in Shanghai Studies // Journal of the History of Ideas. 2010, April. Vol. 71.2. P. 313–333.

Fonoroff n.d. — Fonoroff Paul. Han Langen. URL: www.gstage.com/cgi-bin/f_article.cgiParticle = 2721 (no longer available).

French 2009 — French, Paul. Through the Looking Glass: Chinas Foreign Journalists from Opium Wars to Mao. Hong Kong: Hong Kong University Press, 2009.

Fu 1997 — Fu, Poshek. The Ambiguity of Entertainment: Chinese Cinema in Japanese-Occupied Shanghai, 1941 to 45 // Cinema Journal. 1997, Fall. Vol. 37.1. P. 66–84.

Fu 1998 — Fu, Poshek. Projecting Ambivalence: Chinese Cinema in Semi-Occupied Shanghai, 1937–41 // Wartime Shanghai / ed. Wen-hsin Yeh. London and New York: Routledge, 1998. P. 86–109.

Fu 2003 — Fu, Poshek. Between Shanghai and Hong Kong: The Politics of Chinese Cinemas. Stanford, CA: Stanford University Press, 2003.

Fujita 2001 — Fujita Haruhiko. Notomi Kaijiro: An Industrial Art Pioneer and the First Design Educator of Modern Japan // Design Issues. 2001, Spring. Vol. 17.2. P. 17–31.

Furrer-Kroes, Kroes n.d. — Furrer-Kroes, Wil, and Henk Kroes. Uit welke beker? (From which cup?). Huizen, n.d.

Galan 1998 — Galan, Christian. Le paysage scolaire a la veille de la restauration de Meiji: Ecoles and manuels // Ebisu. 1998. Vol. 17. P. 5–47. "Genealogieonline. www.genealogieonline.nl/en/database-van-broekhoven / I103129.php.

Gordon 1863 — Gordon, Charles Alexander. China from a Medical Point of View in 1860 and 1861, to Which Is Added a Chapter on Nagasaki as a Sanitarium. London: John Churchill, 1863.

Graham 1956 — Graham, Gerald S. The Ascendancy of the Sailing Ship, 1850–85 // Economic History Review. 1956, n.s. Vol. 9.1. P. 74–88.

Gratama 1987 — Gratama, Koenraad Wolter. Leraar onder de Japanners: Brieven van der dr. K. W Gratama betreffende zijn verblijf in Japan, 1866–1871 (Teacher among the Japanese, letters of Dr. K.W. Gratama concerning his stay in Japan, 1866–1871) / Edited by H. Beukers, Leonard Blusse, and R. Eggink. Amsterdam: Bataafsche Leeuw, 1987.

Griffis 1900 — Griffis, William Elliot. Verbeck of Japan: A Citizen of No Country New York: Fleming H. Revell, 1900.

Guluk 1939–1940 — Gulik, R. H. van. Kakkaron: A Japanese Echo of the Opium War // Monumenta Serica. 1939–1940. Vol. 4. P. 478–545.

Gutzlaff 1834 — Gutzlaff Charles. Journal of Three Voyages along the Coast of China in 1831, 1832 & 1833. London: Frederick Westley and A. H. Davis, 1834.

Hake 1891 — Hake, A. Egmont. Events in the TaepingRebellion. London: W. H. Allen, 1891.

Harley 1971 — Harley, Charles K. The Shift from Sailing Ships to Steamships, 1850–1890: A Study in Technological Change and Its Diffusion // Essays on a Mature Economy: Britain after 1840 / ed. Donald N. McCloskey. Princeton, NJ: Princeton University Press, 1971. P. 215–231.

Harley 1988 — Harley, C. Knick. Ocean Freight Rates and Productivity, 1740–1913: The Primacy of Mechanical Invention Reaffirmed // Journal of Economic History. 1988, December. Vol. 48.4. P. 851–876.

Heco 1950 (1894) — Heco, Joseph. The Narrative of a Japanese; What he has seen and the people he has met in the course of the last forty years. 2 vols. Yokohama: Yokohama Printing and Publishing, 1894; reprint, San Francisco: American-Japanese Publishing, 1950.

High 2003 — High, Peter B. The Imperial Screen: Japanese Film Culture in the Fifteen Years' War, 1931–1945. Madison: University of Wisconsin Press, 2003.

Holdcamper 1968 — Holdcamper, Forrest R., comp. List of American-Flag Merchant Vessels That Received Certificates of Enrollment or Registry at the Port of New York, 1789–1867, vol. 1. Washington, DC: National Archives, 1968.

Honjo 1936 — Honjo Eijiro. The Views of Various Hans on the Opening of the Country // Kyoto University Economic Review. 1936. Vol. 11.1. P. 16–31.

Honjo 1939 — Honjo Eijiro. Japan's Overseas Trade in the Closing Days of the Tokugawa Shogunate // Kyoto University Economic Review. 1939, April. Vol. 14.2. P. 1–23.

Jannetta 2007 — Jannetta, Ann. The Vaccinators: Smallpox, Medical Knowledge, and the "Opening" of Japan. Stanford, CA: Stanford University Press, 2007.

Jansen 1992 — Jansen, Marius B. China in the Tokugawa World. Cambridge, MA: Harvard University Press, 1992.

Jen 1973 — Jen Yu-wen [簡又文 (Jian Youwen)]. The Taiping Revolutionary Movement. New Haven, CT: Yale University Press, 1973.

Johnson 1995 — Johnson, Linda C. Shanghai: From Market Town to Treaty Port, 1074–1858. Stanford, CA: Stanford University Press, 1995.

Kogel 2010 — Kogel, Paula. The House at Ampasiet: Because We Must Never Forget / Translated by Rob Swain-Halberstadt. Leicester: Matador, 2010.

Kuhn 1970 — Kuhn, Philip A. Rebellion and Its Enemies in Late Imperial China: Militarization and Social Structure, 1796–1864. Cambridge, MA: Harvard University Press, 1970.

Kuhn 1975 — Kuhn, Philip A. Local Self-Government under the Republic: Problems of Control, Autonomy, and Mobilization. In Conflict and Control in Late Imperial China, ed. Frederic Wakeman, Jr. and Carolyn Grant. Berkeley: University of California Press, 1975. P. 257–298.

Lai 2013 — Lai Yu-chih [賴毓芝]. Tea and the Art Market in Sino-Japanese Exchanges of the Late Nineteenth Century: Sencha and the Seiwan meien zushi // The Role of Japan in Modern Chinese Art / ed. Joshua A. Fogel. Berkeley: University of California Press, 2013. P. 42–68.

Lane-Poole 1894 — Lane-Poole, Stanley. The Life of Sir Harry Parkes, K.C.B., G.C.M.G., sometime Her Majesty's minister to China & Japan. London: Macmillan, 1894.

Leung 1990 — Leung Yuen-sang. The Shanghai Daotai: Linkage Man in a Changing Society, 1843–1890. Honolulu: University of Hawaii Press, 1990.

Lindley 1866 — Lindley, Augustus F. Ti-ping tien-kwoh: The History of the Ti-ping Revolution, including a narrative of the author's personal adventures. London: Day & Son, 1866.

Liu 1978 — Liu, Kwang-ching. The Ching Restoration // The Cambridge History of China. Vol. 10: Late Ching, 1800–1911. Part 1 / ed. John K. Fairbank. Cambridge: Cambridge University Press, 1978. P. 409–490.

Liu 2012 — Liu Jianhui [劉建輝]. Demon Capital Shanghai: The Modern Experience of Japanese Intellectuals / Translated by Joshua A. Fogel. Portland, MN: Merwin Asia, 2012.

Lloyd 1856 — Lloyd's Registry of British and Foreign Shipping (1856). London: Cox and Wyman, 1856.

Lloyd 1859 — Lloyd's Registry (1859). London: Cox and Wyman, 1859.

Lloyd 1862–1863 — Lloyd's Registry (1862–63). London: Cox and Wyman, 1863.

Lloyd 1864–1865 — Lloyd's Registry (1864–65). London: Cox and Wyman, 1865.

Lynn 2012 — Lynn, Richard John. Straddling the Tradition-Modernity Divide: Huang Zunxian (1848–1905) and His Poems on Miscellaneous Subjects from Japan // Sino-Japanese Transculturation: From the Late Nineteenth Century to the End of the Pacific War / ed. Richard King, Cody Poulton, and Katsuhiko Endo. Lanham, MD: Lexington Books, 2012. P. 19–32.

Masuda 2000 — Masuda Wataru [増田渉]. Japan and China: Mutual Representations in the Modern Era / Translated by Joshua A. Fogel. Richmond, UK: Curzon, 2000.

McAleavy 1954 — McAleavy, H. A Japanese View of Shanghai in 1862 // Bulletin of the Japan Society of London. 1954, February. Vol. 12. P. 12–19.

Meng 2006 — Meng Yue [孟悅]. Shanghai and the Edges of Empire. Minneapolis: University of Minnesota Press, 2006.

Merchants 1867 — Merchants Vessels Sold from the Opening of the Three Ports of Yokohama, Nagasaki, and Hakodadi, 1st July, 1859 // North-China Herald and Market Report. April 27, 1867.

Meskill 1994 — Meskill, John. Gentlemanly Interests and Wealth along the Yangtze River. Ann Arbor, MI: Association for Asian Studies, 1994.

Minor 1959 — Minor, Maria. Channing Moore Williams: Pioneer Missionary in Japan. New York: National Council, 1959.

Miyoshi 1979 — Miyoshi, Masao. As We Saw Them: The First Japanese Embassy to the United States (1860). Berkeley: University of California Press, 1979.

Mizuno 2003 — Mizuno Norihito [水野智仁]. China in Tokugawa Foreign Relations: The Tokugawa Bakufu's Reception of and Attitudes toward Ming-Qing China // Sino-Japanese Studies. 2003, April. Vol. 15. P. 108–144.

Mossman 1873 — Mossman, Samuel. New Japan, the Land of the Rising Sun: Its Annals during the Past Twenty Years, Recording the Remarkable Progress of the Japanese in Western Civilization. London: John Murray, 1873.

Mulder, Christiaans 1999 — Mulder, C. P. and P. A. Christiaans. Onderscheidingen van de Koning-Groothertog. De orde van de Eikenkroon 1841–1891 (Awards of the royal grand duke: The order of the oak crown, 1851–1891). 's-Gravenhage: Kanselarij der Nederlandse Orden, 1999.

Muller 1918 — Muller, Hendrik P. N. Azie gespiegeld, Malakka en China: Studien en Ervaringen (Mirror of Asia, Malacca and China, studies and experiences). Leiden: A.W. Sijthoff's Uitgevers-Maatschappij, 1918.

Naiman 2013 — Naiman, Eric. Their Mutual Friend: On the Trail of the Woman Who Introduced Dickens to Dostoevsky // Times Literary Supplement 5741. April 12, 2013. P. 16–21.

Newsinger 2001 — Newsinger, John. Taiping Revolutionary, Augustus Lindley in China // Race and Class. 2001, April. Vol. 42. P. 57–72.

North 1958 — North, Douglass. Ocean Freight Rates and Economic Development, 1750–1913 // Journal of Economic History. 1958, December. Vol. 18.4. P. 537–555.

Ōba 2012 — Oba Osamu [大庭脩]. Books and Boats: Sino-Japanese Relations in the Seventeenth and Eighteenth Centuries / Translated by Joshua A. Fogel. Portland, MN: Merwin-Asia, 2012.

Oliver 1982 — Oliver, J. T. River Wear Shipyards Output, 1830–1866. N.p., 1982.

Oliphant 1969 — Oliphant, Laurence. Narrative of the Earl of Elgin's Mission to China and Japan, 1857–1859. 2 vols. Edinburgh & London: William Blackwood and Sons, 1859; reprint, New York: Augustus M. Kelley, 1969.

Paske-Smith 1968 — Paske-Smith, M. Western Barbarians in Japan and Formosa in Tokugawa Days, 1603–1868. Kobe, 1930; reprint, New York: Paragon Book Reprint, 1968.

Pickowicz 2012 — Pickowicz, Paul. China on Film: A Century of Exploration, Confrontation, and Controversy. Lanham, MD: Rowman & Littlefield, 2012.

Rennie 1864 — Rennie, D. F. The British Arms in North China and Japan: Peking 1860; Kagosima 1862. London: J. Murray, 1864.

Römer 1921 — Römer, L. S. A. M. von. Historical Sketches: An Introduction to the Fourth Congress of the Far Eastern Association of Tropical Medicine to be held in Batavia from 6th to 13th August 1921 / Translated by Duncan MacColl et al. Batavia: Javasche Boekhandel en Drukkerij, 1921.

Satow 2006 (1921) — Satow, Ernest. A Diplomat in Japan. 1921; reprint, Berkeley: Stone Bridge Press, 2006. The Ships List. www.theshipslist.com/ships/lines/pando.html.

Spence 1996 — Spence, Jonathan D. God's Chinese Son: The Taiping Heavenly Kingdom of Hong Xiuquan. New York: W. W. Norton, 1996.

Staatsalmanak 1876 — Staatsalmanak voor het Koningrijk der Nederlanden. ,s-Gravenhage: Sdu Uitgeverij Plantijnstraat, 1876.

Toby 1984 — Toby, Ronald P. State and Diplomacy in Early Modern Japan: Asia in the Development of the Tokugawa Bakufu. Princeton, NJ: Princeton University Press, 1984.

Totman 1980 — Totman, Conrad. From Sakoku to Kaikoku: The Transformation of Foreign Policy Attitudes, 1853–1868 // MonumentaNipponica. 1980, Spring. Vol. 35.1. P. 1–19.

Tsunoda, Goodrich 1951 — Tsunoda Ryusaku and L. Carrington Goodrich, trans. and annot. Japan in the Chinese Dynastic Histories. South Pasadena, CA: P. D. and Iona Perkins, 1951.

Verschuer 2006 — Verschuer, Charlotte von. Across the Perilous Sea: Japanese Trade with China and Korea from the Seventh to the Sixteenth Centuries (Commerce extérieur du Japon des origines au XVIe siècle) / Translated by Kristen Lee Hunter. Ithaca, NY: East Asia Program, Cornell University, 2006.

Wagner 1982 — Wagner, Rudolf G. Reenacting the Heavenly Vision: The Role of Religion in the Taiping Rebellion. Berkeley: Center for Chinese Studies, University of California, 1982.

Wang 2002 — Wang Yong [王勇]. Realistic and Fantastic Images of Dwarf Pirates: The Evolution of Ming Dynasty Perceptions of the Japanese / Translated by Laura E. Hess // Sagacious Monks and Bloodthirsty Warriors: Chinese Views of Japan in the Ming-Qing Period / ed. Joshua A. Fogel. Norwalk: East Bridge, 2002. P. 17–41.

Wetmore 1894 — Wetmore, W. C. Recollections of Life in the Far East. Shanghai: North-China Herald, 1894.

Will, Wong 1991 — Will, Pierre-Etienne and R. Bin Wong (with James Lee). Nourish the People: The State Civilian Granary System in China, 1650–1850. Ann Arbor: Center for Chinese Studies, University of Michigan, 1991.

Wittermans, Bowers 1970 — Doctor on Desima: Selected Chapters from Jhr J. L. C. Pompe van Meerdervoort's Vijf Jaren in Japan [Five Years in Japan] (1857–1863) / Translated and annotated by Elizabeth P. Wittermans and John Z. Bowers. Tokyo: Sophia University, 1970.

Wright 1966 — Wright, Mary C. The Last Stand of Chinese Conservatism: The Ting-chih Restoration, 1862–1874. New York: Atheneum, 1966.

Zhou 2002 — Zhou Qiqian [周啓乾]. Chinese Intellectuals View of Japan in the Late Qing / Translated by Shao Dan and Joshua A. Fogel // Sagacious Monks and Blood-thirsty Warriors: Chinese Views of Japan in the Ming-Qing Period / ed. Joshua A. Fogel. Norwalk, CT: East Bridge, 2002. P. 249–266.

Предметно-именной указатель

Оглавление

Научное издание

Джошуа Фогель
ПЕРВОЕ ПЛАВАНИЕ
Путешествие «Сэндзаймару» и возникновение
современных китайско-японских отношений

Директор издательства *И. В. Немировский*
Ответственный редактор *И. Белецкий*
Куратор серии *Е. Яндуганова*
Заведующая редакцией *Н. Ломтева*

Дизайн *И. Граве*
Редактор *В. Ворошилова*
Корректоры *И. Манлыбаева, А. Филимонова*
Верстка *Е. Падалки*

Подписано в печать 31.10.2024.
Формат издания 60 × 90 $^1/_{16}$. Усл. печ. л. 22,4.
Тираж 200 экз.

Academic Studies Press
1577 Beacon Street, Brookline, MA 02446 USA
https://www.academicstudiespress.com

ООО «Библиороссика».
198207, г. Санкт-Петербург, а/я № 8

Эксклюзивные дистрибьюторы:
ООО «Караван»
ООО «КНИЖНЫЙ КЛУБ 36.6»
http://www.club366.ru
Тел./факс: 8(495)9264544
e-mail: club366@club366.ru

Книги издательства можно купить
в интернет-магазине: www.bibliorossicapress.com
e-mail: sales@bibliorossicapress.ru

12+

Знак информационной продукции согласно
Федеральному закону от 29.12.2010 № 436-ФЗ

www.ingramcontent.com/pod-product-compliance
Lightning Source LLC
Chambersburg PA
CBHW071958260326
41914CB00004B/844